义务教育教科书配套教学资源

能力培养与测试

NENGLI PEIYANG YU CESHI

主　编　周东海

物　理

配教科版

八年级　下册

教育科学出版社
·北　京·

出 版 人　李　东
责任编辑　张　霄
责任校对　贾静芳
责任印制　叶小峰
装帧设计　江诗贤

图书在版编目(CIP)数据

能力培养与测试. 物理八年级.下册:配教科版/周东海主编 .—北京:教育科学出版社,2015. 12(2023.1 重印)

ISBN 978-7-5191-0157-2

Ⅰ.①能…　Ⅱ.①周…　Ⅲ.①中学物理课—初中—教学参考资料　Ⅳ.①G634

中国版本图书馆 CIP 数据核字(2015)第 286914 号

能力培养与测试
物理　八年级　下册　配教科版
WULI

出版发行	教育科学出版社		
社　　址	北京·朝阳区安慧北里安园甲 9 号	**邮　　编**	100101
总编室电话	010—64981290	**编辑部电话**	010—64981248
出版部电话	010—64989487	**市场部电话**	010—64989009
传　　真	010—64891796	**网　　址**	http://www.esph.com.cn
经　　销	各地新华书店		
印　　刷	四川省平轩印务有限公司		
开　　本	890 毫米×1240 毫米　1/16	**版　　次**	2015 年 12 月第 1 版
印　　张	12.5	**印　　次**	2023 年 1 月第 8 次印刷
字　　数	278 千	**定　　价**	18.10 元

图书出现印装质量问题,本社负责调换。

编委会

前　　言

以新课程理念贯串教法和学法全过程的教辅丛书——《能力培养与测试》，具有以下突出特点：

●学案式特色教辅

本书严格依据教科版教科书、教师教学用书划分教学课时，每课时按导学案的教辅功能设计三个栏目："教材助读·自主学习""课内探究·展示交流""课时作业·高效训练"。本书突出教师的主导作用和学生的主体地位，其中"课内探究·展示交流"栏目通过课堂上师生合作探究，引导学生突破教材的重点、难点，体验学习的过程和方法。教师可以有效选取该栏目的内容以引导学生在课堂上分析、讨论、交流；学生也可以将此栏目作为听课手册在课堂上记录合作探究的结论。

●全方位培养能力

教辅的核心功能是提升学生的学习能力。本书突出提升能力五步法：自主学习——问题研讨——合作探究——分层训练——放飞思维。丛书设置的每一个栏目都是从培养学生能力的角度出发，环环相扣。课前自主预习，培养自学能力；师生合作突破教材中的重点和难点，互动探究典型例题，总结各种题型的解题方法、技巧、规律，培养探究能力；每单元内设置若干个微课堂讲解，运用所学知识进行拓展、延伸或分析现实生产及生活中的实际问题，突出培养学生积极主动、深入认知的学习思维能力。每章小结中设置考点题型探究，从多角度、多层次培养学生的综合能力。

●教与学科学设计

本书从课堂教与学入手，围绕教师教什么，学生学什么，对教师如何教、学生如何学提出一些合理化的建议，整体设计教学步骤。全书科学地划分课时，每课时梳理教材，力争让基础知识"活"起来；师生合作探究，尽量让课堂交流"动"起来；展示交流典型例题的解题思维和解题技巧，引导学生，让解题思路"亮"起来。针对教学内容，编写训练梯级分明的课时练习和学科能力测评卷，进行高效训练，引导学生把综合能力"升"起来。突出教学步骤的内在联系，注重教法与学法的有机结合。

●导与练层层落实

突出产品实用性，注重教学最优化原则和教育发展性原则。突出基础性、过程性、针对性，适合各层次学生学习使用。强调导、学、考每一个环节步步落实。注重例题讲透、讲出特色，突出例题的鲜活、示范特点。引导学生练在关键点上，练在技巧点上；在练中领会各种题型的命题意图；在练中放飞思维，学会探究；在练中全面提升学习技能。

《能力培养与测试》丛书理念新颖、内容全面、方法独特、深度原创、实用性强，是有效提升您学习能力的好帮手。

由于编写时间紧迫和水平所限，丛书一定还存在不足，诚挚地希望广大读者提出批评和建议，以便再版修订时参考。

在本套丛书的编写过程中，引用了部分相关材料，有的已与原作者取得联系，但有些无法与原作者联系，希望原作者看到此书后，与我们联系，以便支付相应的稿酬。同时我们在此对相关作者表示诚挚的感谢。

《能力培养与测试》编委会

目录

第七章　力

1.力 …… 1
2.力的描述 …… 4
3.弹力　弹簧测力计 …… 7
4.重力 …… 10
5.摩擦力 …… 13
微课堂讲解(一) …… 16
微课堂讲解(二) …… 18
本章小结 …… 20

第八章　力与运动

1.牛顿第一定律　惯性 …… 23
2.力的平衡(2 课时) …… 26
　第 1 课时 …… 26
　第 2 课时 …… 29
3.力改变物体的运动状态 …… 32
微课堂讲解(三) …… 35
微课堂讲解(四) …… 36
本章小结 …… 38

第九章　压强

1.压强(2 课时) …… 40
　第 1 课时 …… 40
　第 2 课时 …… 43
2.液体的压强(2 课时) …… 46
　第 1 课时 …… 46
　第 2 课时 …… 49
3.连通器 …… 52
4.大气压强(2 课时) …… 55
　第 1 课时 …… 55
　第 2 课时 …… 58
微课堂讲解(五) …… 61
微课堂讲解(六) …… 64
本章小结 …… 66

第十章　流体的力现象
1.在流体中运动 …… 69
2.认识浮力 …… 73
3.科学探究:浮力的大小 …… 76
4.沉与浮(2 课时) …… 79
第 1 课时 …… 79
第 2 课时 …… 82
微课堂讲解(七) …… 85
微课堂讲解(八) …… 89
本章小结 …… 92
第十一章　机械与功
1.杠杆(2 课时) …… 95
第 1 课时 …… 95
第 2 课时 …… 98
2.滑轮 …… 101
3.功　功率(2 课时) …… 104
第 1 课时 …… 104
第 2 课时 …… 107
4.机械效率 …… 110
5.改变世界的机械 …… 113
微课堂讲解(九) …… 116
微课堂讲解(十) …… 118
微课堂讲解(十一) …… 120
本章小结 …… 123
第十二章　机械能
1.机械能 …… 126
2.机械能的转化 …… 129
3.水能和风能 …… 132
微课堂讲解(十二) …… 135
本章小结 …… 137
附答案与解析及单元学科能力测评卷

第七章　力

1. 力

教材助读·自主学习

1. 什么是力

力是一个物体对另一个物体的一种作用。

2. 力的作用是相互的

只要有力发生，就一定会涉及两个物体：一个是________物体，另一个是________物体。

大量的事实表明，两物体之间发生力的作用时，每一个物体既是________物体，同时也是________物体。

3. 力的作用效果

力有两种作用效果：可以使物体的____________发生变化，或者使物体发生________。

课内探究·展示交流

一、什么是力

例 1 如图 7-1-1 所示，小明推地面上的箱子，使箱子在地面上运动。在这一过程中，人与箱子之间的力的作用是通过“________”这一动作实现的，施力者是________，受力物体是________。

图 7-1-1

【思路导析】箱子是在小明推的作用下才运动起来的，则人与箱子之间的力的作用是通过“推”这一动作实现的，小明是推力的施力者，箱子是推力的受力物体。

交流·分享

抽象而具体的力

力的概念非常抽象，因为我们无法直接看到力的存在；力又非常具体，我们自身及周围的任何物体，都受到其他物体的力的作用，并同时给其他物体以力的作用。

二、力的作用是相互的

例 2 如图 7-1-2 所示，甲、乙两个人在相同的水平地板上，站在滑板上玩“拔河”游戏。若两人的体重相同，但甲的力气比乙的力气大，则当甲慢慢地拉绳子后，下列判断正确的是　（　　）

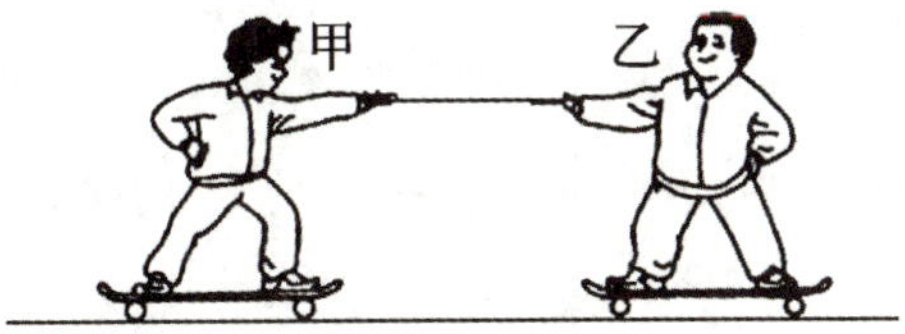

图 7-1-2

A. 甲给乙一个拉力，乙没有给甲拉力

B. 甲及其滑板静止不动，乙及其滑板向左运动

C. 甲及其滑板向右运动，乙及其滑板静止不动

D. 甲及其滑板向右运动，同时乙及其滑板向左运动

【思路导析】当甲拉绳子时，甲通过绳子给乙一个向左的拉力，使乙向左运动。因物体间力的作用是相互的，在甲拉乙的同时，乙一定也通过绳子给甲一个向右的拉力，使甲向右运动。

交流·分享

力与物体之间的关系

(1) 力是依赖物体的存在而存在的，力不能脱离物体而独立存在。

(2) 只要有力的作用，一定至少出现两个物体，一个物体不能单独发生力的作用。

三、力的作用效果

例3 下列给出的现象中，物体运动状态没有发生改变的是　(　　)

A. 苹果从树上落下

B. 汽车匀速转弯

C. 人造卫星绕地球匀速转动

D. 货物被起重机吊起匀速上升

【思路导析】运动状态改变包含三种情况：一是运动的快慢发生了变化；二是运动的方向发生了变化，也就是运动的路径不是直线；三是运动的快慢和方向均发生了变化。总结起来就是：只要物体不是处于静止或匀速直线运动状态，那么它的运动状态就发生了变化。

例4 射箭大致可分为两个过程：先拉弓，后放箭，如图 7-1-3 所示。在第一个过程中，人的拉力的作用效果主要是改变弓弦的________；在第二个过程中，弦对箭的力的作用效果是改变箭的________。

图 7-1-3

【思路导析】在拉弓的过程中，拉力使弓弦变弯，即改变了弓弦的形状，使它发生形变；在放箭的过程中，弦对箭的力使箭由静止变为运动，即改变了箭的运动状态。

课时作业·高效训练

一、选择题

1. 如图 7-1-4 所示，甲小孩拉车，乙小孩坐车，在这个过程中，没有直接发生力的作用的两个物体是　(　　)

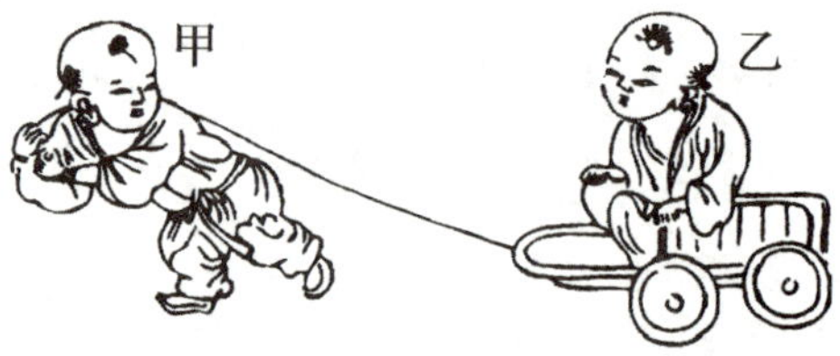

图 7-1-4

A. 甲小孩和绳子　B. 绳子和车

C. 乙小孩和车　D. 甲小孩和乙小孩

2. 在以"力"为主题的辩论赛中，正方和反方提出了许多观点，小明把他们的观点归纳整理如下表。你认为正确的观点有　(　　)

	正方	反方
观点	①两个物体相接触，就一定有力的作用 ③力的产生至少涉及两个物体 ⑤物体受力后运动状态一定改变	②两个物体相接触，但不一定有力的作用 ④一个物体也可以产生力的作用 ⑥物体受力后形状可能会发生改变

A. ①②④　B. ②④⑥

C. ②③⑥　D. ①③⑤

3. 下列过程中，有一个力的作用效果与其他三个不同类，它是　（　　）

A. 把橡皮泥捏成不同造型

B. 进站的火车受阻力缓缓停下

C. 苹果受重力竖直下落

D. 用力把铅球推出

二、填空题

4. 滑板车是中学生喜爱的玩具之一。用脚蹬地，滑板车会沿地面向前运动，这说明力的作用是________的。如果不再蹬地，滑板车的速度会越来越慢，最后停下来，这是因为它在运动过程中受到阻力，这表明力可以改变物体的________。

5. 排球运动员发球时，先将排球抛起，然后向前用力将排球击打出去，如图 7-1-5 所示。排球被击打的瞬间，与手接触的部位向内凹陷，这表明力能改变物体的________；排球由向下运动变成斜向上运动，这表明力能改变物体的____________；运动员向前击打排球时，还感觉到排球向后击打手掌，这又表明了物体间力的作用是________的。

图 7-1-5

三、现象解释

6. 一天，街道上发生了两车相撞的交通事故，一名交警前来处理，他很有把握地说："我一定能找出是哪辆车先撞上另一辆车的！"请你从物理学的角度分析：这名交警能不能找出他说的那辆车？并说明原因。

7. 人们常用"鸡蛋碰石头"来形容自不量力。请你分析：

（1）鸡蛋和石头相碰的过程中，鸡蛋对石头的力与石头对鸡蛋的力哪个大哪个小？

（2）为什么结果是鸡蛋破裂而石头完好？

选做题

8. 请你用几只吹好的气球，设计两个不同的物理实验，来说明下列物理知识。

物理知识	操作方法	实验现象
力可以改变物体的形状		
物体间力的作用是相互的		

2. 力的描述

教材助读·自主学习

1. 力的三要素

力的作用效果不但与力的________、________有关，而且还与力的作用位置，即力的________有关，我们把这三个因素叫作力的三要素。

2. 力的单位

力一般用字母________表示。在国际单位制中，力的单位是________，简称________，用符号________表示。

3. 力的图示与力的示意图

力可以用一条带箭头的线段来表示。线段的长度表示力的________，箭头的方向表示力的________，线段的起点（或终点）表示力的________。这种表示力的方法叫作力的图示。

在分析物体受力时，有时只要在力的作用点画一个长度适当、沿力的方向带箭头的线段来表示力就可以了。这样的图叫力的________。

课内探究·展示交流

一、探究力的作用效果与力的哪些因素有关

例1 力的作用效果与哪些因素有关呢？为了探究这个问题，小明设计了这样的实验：将一个弹性较好的钢片固定在桌边，在钢片上用细线挂钩码（钩码规格相同）。如图7-2-1所示的是小明所设计的实验中的几个步骤：

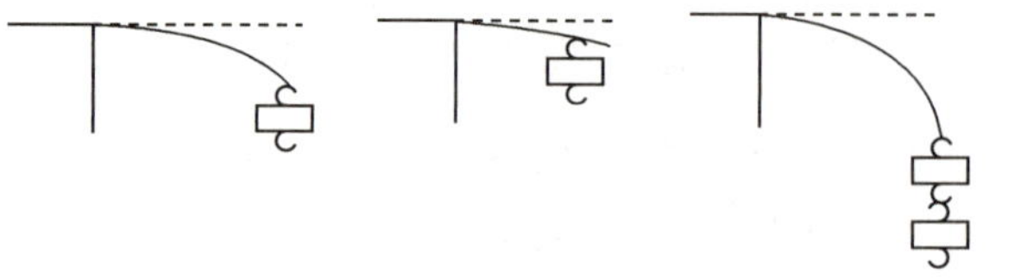

甲　　乙　　丙

图 7-2-1

（1）该实验通过________________来反映力的作用效果；

（2）通过比较甲和丙两图，可以发现：力的作用效果与力的________有关；

（3）通过比较甲和乙两图，可以发现：力的作用效果与力的________有关。

【思路导析】 力的作用效果是可以改变物体的运动状态和形状的，本题中是通过改变物体的形状来反映力的作用效果；甲和乙两图力的大小和方向相同，但作用点不同；甲和丙两图力的作用点和方向相同，但大小不同。

二、力的图示

例2 如图7-2-2所示，放在水平地面上的木箱受到一个向左的推力，推力大小为30 N。在图中用力的图示表示推力。

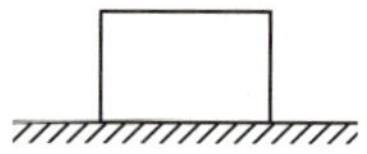

图 7-2-2

【思路导析】 第一步，确定标度的大小：推力的大小为30 N，可以用三个标度（一条长度合适的短线段）表示推力大小，每1个标度表示10 N的力。第二步，确定作用点和力的方向：推力向左，表明力的作用点在箱子的右侧，力的方向向左。第三步，完成作图：以作用点为起点向左画一条线段，线段的长度等于 3 个标度的总长度，在线段的末端画上箭头表示力的方向。

【示范解答】如图 7-2-3 所示。

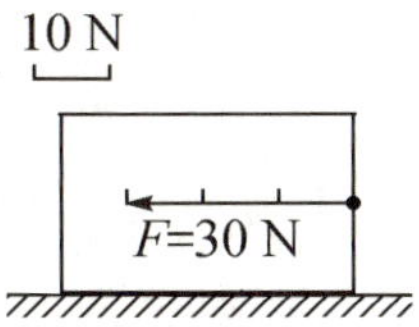

图 7-2-3

三、力的示意图

例 3 小明用 150 N 的力向右沿与水平方向成 30°角的方向向上拉放在水平地面上的一辆小车。请你在图 7-2-4 中做出小明对小车的拉力的示意图。

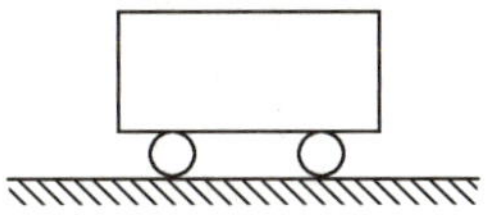

图 7-2-4

【思路导析】因为小明对小车的拉力沿与水平方向成 30°角的方向，所以，可以先过力的作用点作一条水平虚线为参考线，再以力的作用点为起点，沿与虚线成 30°角的方向向上画一条线段，在线段的末端画一个箭头，并在箭头旁标出力的大小。

交流·分享

力的图示与力的示意图的区别

力的图示能严密而准确地把力的三要素都表达出来，而力的示意图只要求表示出物体受力的方向和大小（有时连力的大小也不标注），它便于分析物体的整体受力情况。

课时作业·高效训练

一、选择题

1. 关于力的三要素，下列说法中正确的是（　　）

A. 只要两个力作用在同一点上，产生的效果就相同

B. 只要两个大小相同的力作用在物体的同一点上，产生的效果就相同

C. 只要力的三要素中的两个相同，那么这两个力作用的效果就相同

D. 必须是两个大小相等、方向相同的力作用在物体上的同一点，产生的效果才会相同

2. 下课后，小明用桌面上放置的一个文具盒（如图 7-2-5 甲所示）做实验，他用大小、方向都相同的力从不同的位置推文具盒，如图 7-2-5 乙、丙所示，发现文具盒偏移原位置的情况不同。这次实验可以说明与力的作用效果有关的因素是（　　）

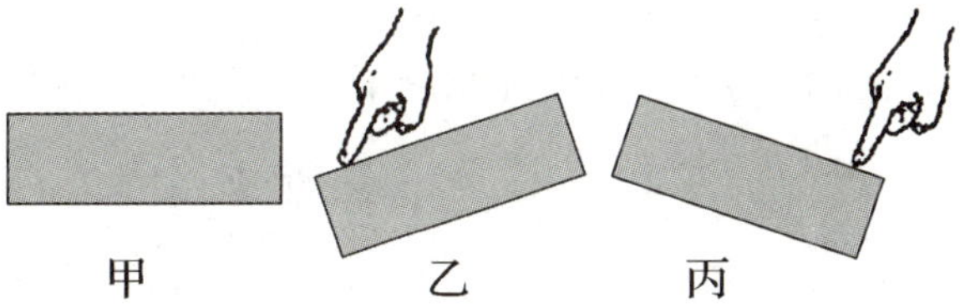

图 7-2-5

A. 力的大小

B. 力的方向

C. 力的作用点

D. 力的类型

3. 放在水平地面上的木箱受到地面的支持力为 30 N，图 7-2-6 是四位同学分别做出的木箱受到的支持力的图示，其中作图不完整的是（　　）

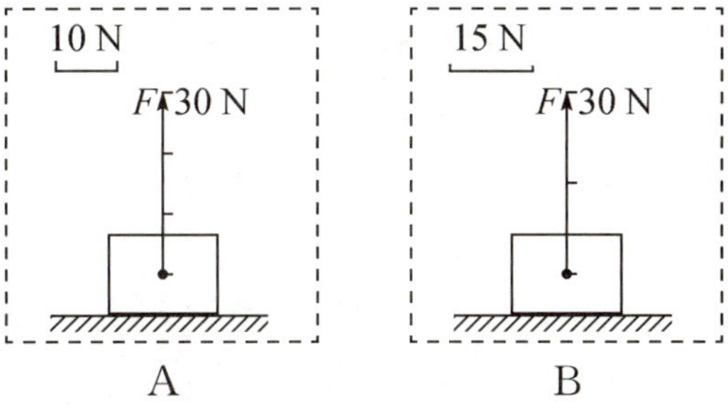

图 7-2-6

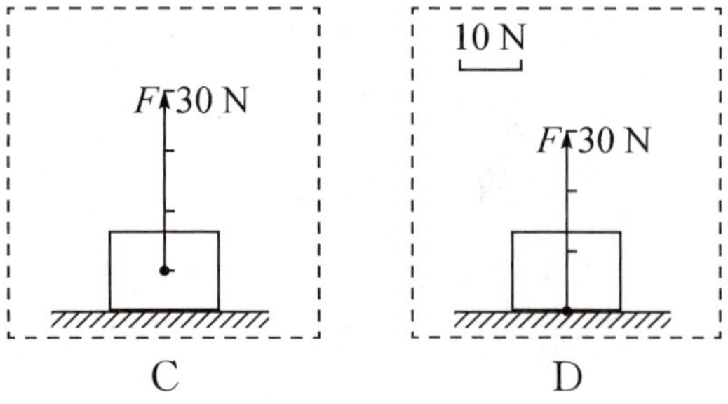

图 7-2-6（续）

二、填空题

4. 有下列现象：①用力揉面团；②篮球撞击在篮板上被弹回；③用力压小皮球，球变扁了；④一阵风把地面上的灰尘吹得漫天飞舞。其中，物体因受力而改变了运动状态的是________，物体因受力而改变了形状的是________。（均填序号）

5. 打台球时，用力越大，球运动的距离越远，而且台球总是沿着所受力的方向运动。这两个现象顺次表明力的作用效果与力的________和力的________有关。

6. 力的图示可以直观而准确地描述一个物体所受力的__________、__________和__________。除了力的图示外，还有一种描述力的图，叫作力的__________。

三、作图题

7. 如图 7-2-7 所示，在斜面上的小车受到与斜面平行且向上的 150 N 的拉力，用力的图示表示这个拉力。

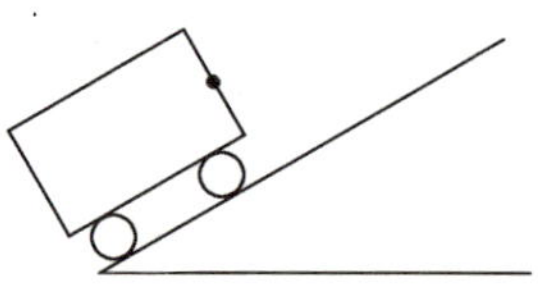

图 7-2-7

8. 如图 7-2-8 所示，小康同学拉着木箱在水平地面上匀速前进，请做出木箱受到的绳子拉力的示意图。

图 7-2-8

选做题

9. 如图 7-2-9 所示是用同一个扳手、同样大的力拧同一个螺帽的几种方式：甲、乙两种方式都能将螺帽拧紧，丙方式能将螺帽拧松。

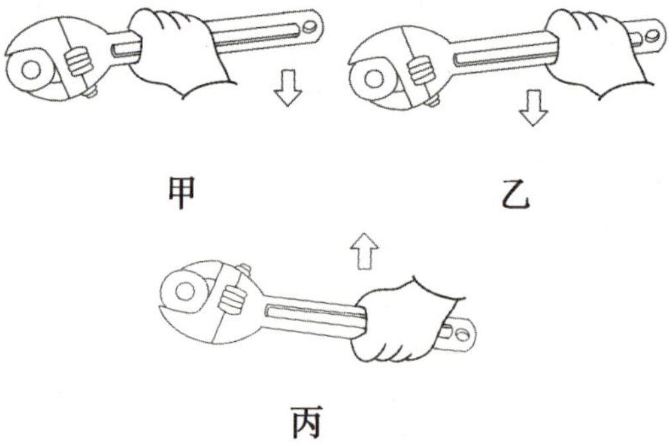

图 7-2-9

(1) 通过比较________两图所示的方式，可以说明力的作用效果与力的作用点有关。

(2) 通过比较________两图所示的方式，可以说明力的作用效果与力的方向有关。

(3) 通过比较甲、丙两种方式不能说明力的作用效果与力的大小有关，原因是____。

3. 弹力　弹簧测力计

教材助读·自主学习

1. 弹力

物体在受力发生________时，要恢复原状，就会对跟它________的物体施加力，这种力就叫作弹力。

2. 测力计及其原理

（1）测量力的________的仪器叫作测力计。实验室最常用的测力计是____________。

（2）弹簧是弹簧测力计的主要工作部件，弹簧的特性是：在一定范围内，弹簧受到的________越大，它________得越长。

3. 测力计的使用

使用任何一种测力计之前，首先要知道它的________，即允许测量的最大力是多少；再要看清刻度板上的________和________；然后观察测力计的指针是否与____________对齐，若没有对齐，要进行________。测力时，要使测力计弹簧伸长方向与________方向一致，弹簧不要靠在刻度板上。

4. 相互作用力

两个物体之间的一对相互作用力，总是大小________，方向________，且作用在____________上。

课内探究·展示交流

一、弹力的产生

例 1 如图 7-3-1 所示，一个光滑斜面上固定一个竖直挡板，在挡板和斜面之间放置一个球，球静止。下列有关球与挡板或斜面之间是否存在弹力的说法中正确的是（　　）

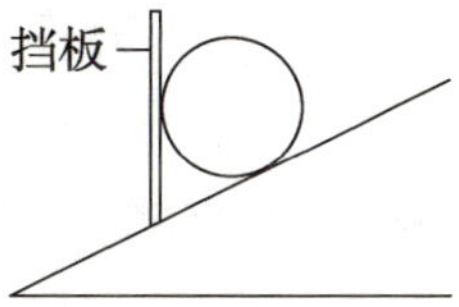

图 7-3-1

A. 斜面对球产生弹力，挡板对球不产生弹力

B. 斜面对球不产生弹力，挡板对球产生弹力

C. 斜面和挡板对球都产生弹力

D. 斜面和挡板对球都不产生弹力

【思路导析】球在斜面上对斜面要产生一个压力，方向垂直斜面向下；如果没有挡板，球会沿斜面滚下，因此，球对挡板产生了挤压作用，球受到了挡板的弹力。

二、探究：弹簧的伸长跟受到的拉力的关系

例 2 某实验小组探究弹簧伸长量与所受拉力的关系，实验测得一根弹簧的有关数据如下表。

弹簧所受拉力/N	0	0.4	0.8	1.2	1.6	2.0	2.4	2.8	3.0
弹簧的伸长量/cm	0	0.7	1.5	2.3	3.2	4.0	4.8	5.7	6.6

（1）请你根据他们的实验数据，在图 7-3-2 上描点，再把这些点连起来，画出弹簧所受拉力与伸长量关系的图像。

（2）根据图像总结出弹簧伸长量与所受拉力的关系。

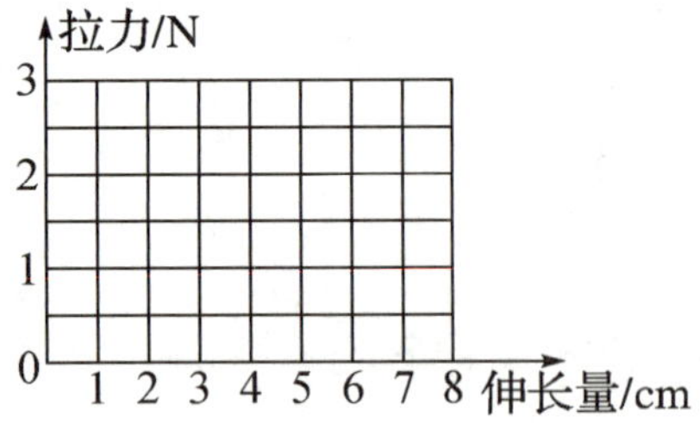

图 7-3-2

三、弹簧测力计的读数

例 3 如图 7-3-3 所示是正在使用的弹簧测力计，这个弹簧测力计的量程为______N，分度值为________ N。此时，挂钩所受拉力的大小为________ N。

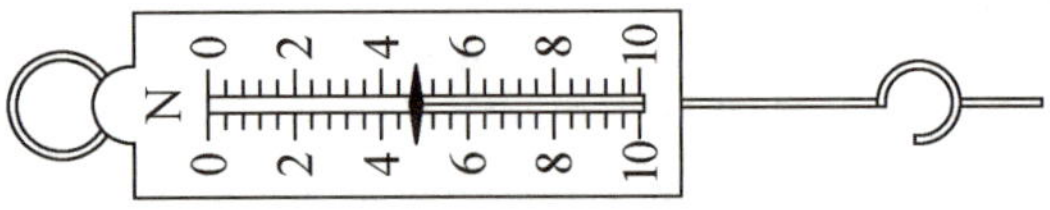
图 7-3-3

【思路导析】弹簧测力计的刻度盘上的最大刻度数是 10 N，它就是此弹簧测力计的量程；每个大格表示2 N，每个大格中包含 5 个小格，则它的分度值（最小刻度值）为 0.4 N；弹簧测力计的指针指在 4 后的第 2 个刻度线处，则此时的示数为 4 N＋0.4 N×2＝4.8 N。

四、相互作用力

例 4 已知足球放在桌子上，而桌子立于地球表面。下列两个力是一对相互作用力的是（　　）

A. 足球对桌子的压力与桌子对地球的压力

B. 桌子对地球的压力与地球对桌子的支持力

C. 足球受到的重力与桌子对足球的支持力

D. 桌子受到的重力与地球对桌子的支持力

【思路导析】一对相互作用力必定是大小相等，方向相反，作用在同一直线上，作用在不同的物体上，且同时产生同时消失的。

课时作业·高效训练

一、选择题

1. 如图 7-3-4 所示是小刚自己制作的"多级弓弩"。它的巧妙之处是，把弦拉到 1、2、3 三个不同的位置挂住，扣动扳机，就可以使箭槽里的箭产生不同的射程。要使箭的射程最大，弦应该拉至（　　）

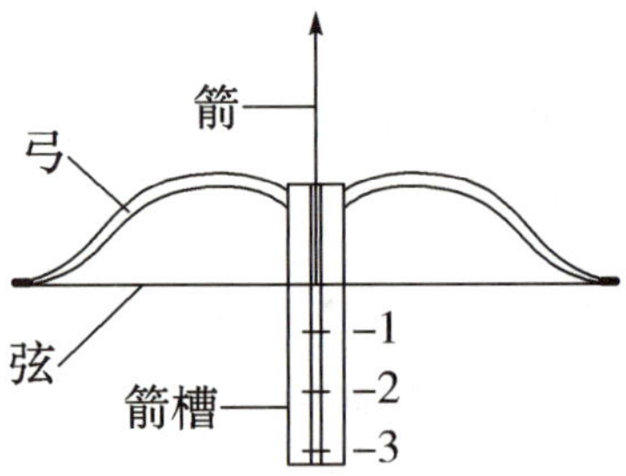

图 7-3-4

A. 位置 1　　B. 位置 2

C. 位置 3　　D. 任意位置

2. 小明自制了一个弹簧测力计，测得弹簧原长为 2 cm，当受到 5 N 的拉力时，弹簧伸长 0.5 cm。在弹性限度范围内，当弹簧受力后长度为 3 cm 时，所受拉力大小为（　　）

A. 6 N　　B. 10 N

C. 15 N　　D. 20 N

3. 某同学用弹簧测力计测量一个拉力的大小，弹簧测力计的示数如图 7-3-5 所示。下列关于弹簧测力计的说法正确的是（　　）

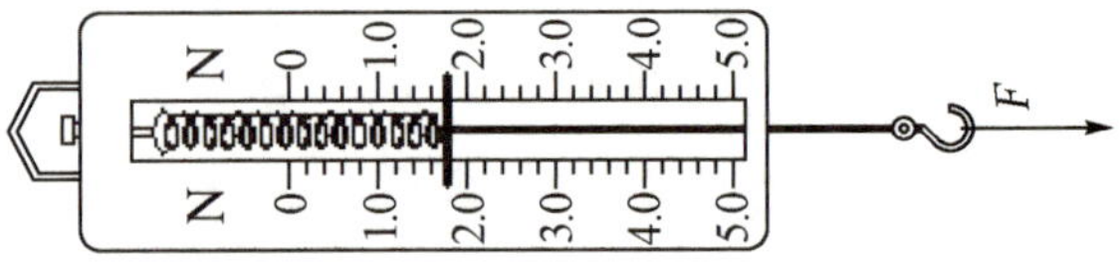

图 7-3-5

A. 弹簧测力计的量程是 1 N

B. 弹簧测力计的分度值为 0.1 N

C. 弹簧测力计的示数为 1.4 N

D. 加在该弹簧测力计上的拉力不能超过 5 N

二、填空题

4. 如图 7-3-6 是一种常见的订书机，钉槽内的订书钉之所以不会松脱，是因为固定在槽内后部的弹簧给订书钉一个向________的________力。在使用过程中，随着订书钉的减少，弹簧给订书钉的这个力会________（填“增大”“减小”或“不变”）。

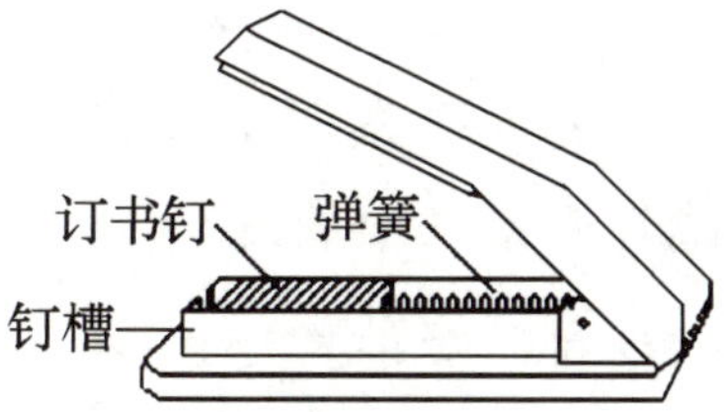

图 7-3-6

5. 小红在练习使用弹簧测力计过程中，发现弹簧测力计在没有受到拉力时，指针的位置如图 7-3-7 所示，接下来她应该调整__________，使其回到________。如果小红没有经过以上调整就直接使用此弹簧测力计，则测量结果将比实际的力的大小偏________。

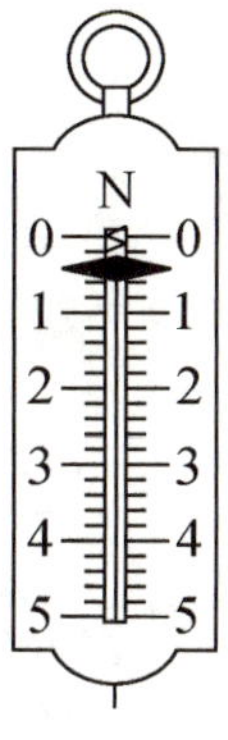

图 7-3-7

三、作图题

6. 如图 7-3-8 所示，一个小球从高处下落到竖直放置的弹簧上并压缩弹簧向下做减速运动，忽略空气阻力，画出小球所受弹力 F 的示意图。

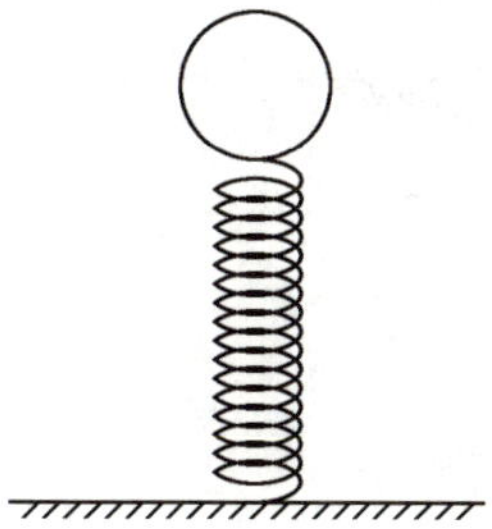

图 7-3-8

选做题

7. 为了研究弹簧的伸长量与拉力大小的关系，小华同学用一根弹簧进行了多次实验，实验数据如下表。

拉力 F/N	0	2	4	6	8	10	12
弹簧长度 L/cm	5	6	7	8	9	9	9

（1）根据实验数据，张翔同学得出了“弹簧的伸长量与所受拉力成正比”的实验结论。李红同学认为不完善。请写出你认为正确的实验结论表述：____。

（2）该弹簧的原长为________cm，用它制成弹簧测力计，量程为________N。

（3）如果你也进行该实验，你认为在实验中应注意的事项有：____。（写出一项即可）

4. 重力

教材助读·自主学习

1. **什么是重力**

地面附近物体由于地球________而受到的力叫作重力。重力用符号________表示。

2. **重力的大小**

物体所受的重力跟它的________成正比，重力与质量的关系式可以写成如下公式______________。

式中G表示________，单位为________，m表示________，单位为________，g等于________。

3. **重力的方向**

重力的方向总是________________的。

4. **重力的作用点——重心**

重力在物体上的________叫作重心。质地均匀、外形规则的物体的重心，在它的__________上。________物体的支撑面，________它的重心，有助于提高物体的稳定程度。

课内探究·展示交流

一、重力的产生

例1 有关重力的产生，下列说法正确的是 （　　）

A. 物体只有接触到地球，才会受到重力

B. 地球吸引物体的力，大于物体吸引地球的力

C. 地球吸引地面附近的物体，物体也吸引地球

D. 地球吸引物体，物体不吸引地球

【思路导析】地面附近的物体，无论与地球是否接触，都要受到重力的作用；地球对物体的吸引力，与物体对地球的吸引力是一对相互作用力，它们大小相等、方向相反。

交流·分享

重力的产生无需接触

地球对它附近的物体的吸引力，不需要物体与地球接触就能产生，如空中飞行的飞机或小鸟、抛向空中的篮球等物体都受到重力，从这一点上讲，重力与弹力、压力、支持力等力的产生条件不同。

二、重力的大小

例2 甲物体的质量为1.5 kg，它所受重力为________N；乙物体所受的重力为30 N，其质量为________kg。(g取10 N/kg)

【思路导析】将$m_{甲}=1.5$ kg、$g=10$ N/kg代入重力和质量的关系式$G=mg$，可求出甲物体所受的重力$G_{甲}$；将重力$G_{乙}=30$ N、$g=10$ N/kg代入重力和质量的关系式$G=mg$的变形式$m=\frac{G}{g}$，可求出乙物体的质量。

交流·分享

重力与质量关系式 $G=mg$ 的应用

在利用公式 $G=mg$ 进行计算时，要注意公式中的单位的统一：质量 m 的单位是“kg”、常数 g 的单位是“N/kg”时，重力 G 的单位才对应着“N”。利用此公式变形，还可以在知道物体重力的情况下，求出其质量。常数 $g=9.8$ N/kg，它的含义是：质量为 1 kg的物体，在地面附近受到的重力为 9.8 N。切不可认为1 kg=9.8 N！

三、重力的方向

例 3 一个铁球正在从斜面上滚下，如图 7-4-1 所示。图中画出了铁球受到的重力的几个方向，其中正确的是　（　　）

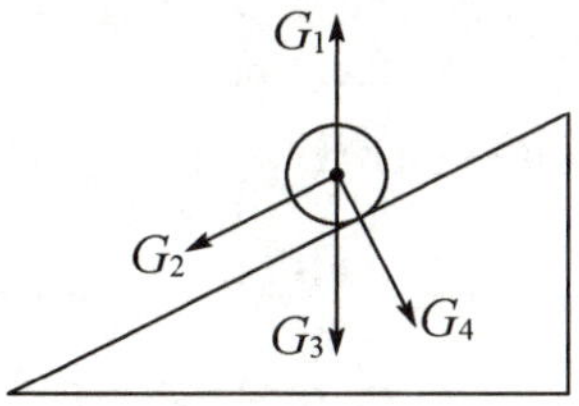

图 7-4-1

A. G_1　　B. G_2　　C. G_3　　D. G_4

【思路导析】物体所受重力的方向与所处位置无关，总是竖直向下的，即与水平方向垂直向下。

四、重力的作用点——重心

例 4 在图 7-4-2 中，甲和乙的质量分布都是均匀的。请你在图中标出重心的位置，并画出重力示意图。

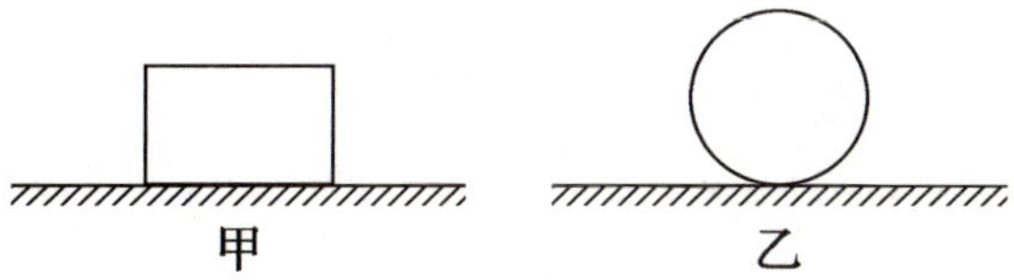

图 7-4-2

【思路导析】形状规则、质地均匀的物体的重心在它们的几何中心上。重力的方向总是竖直向下。

课时作业·高效训练

一、选择题

1. 宇宙飞船在绕地球的轨道中正常飞行时，宇航员处于“失重”状态。在这种状态下，如果宇航员进行科学实验，下列物理量中不能进行测量的是　（　　）
   A. 用刻度尺测量物体的长度
   B. 用温度计测量水的温度
   C. 用弹簧测力计测拉力
   D. 用弹簧测力计测物体的重力
2. 关于重力，下列说法中正确的是（　　）
   A. $G=mg$ 表明物体受到的重力跟它的质量成正比
   B. $m=\frac{G}{g}$表明物体的质量跟它受到的重力成正比
   C. 物体受到的重力是由物体质量产生的
   D. 以上说法都不对
3. 关于物体的重心，下列说法中正确的是　（　　）
   A. 重心一定在物体上
   B. 物体的重心在物体的几何中心上
   C. 重心指物体所受重力的作用点
   D. 物体的重心在物体的中间位置
4. 图 7-4-3 是小宇发明的一种检验平面是否水平的装置，在竖直的木板上用细绳吊起一个小重物，把它放在待检测的平面上就可以检测出平面是否水平。使

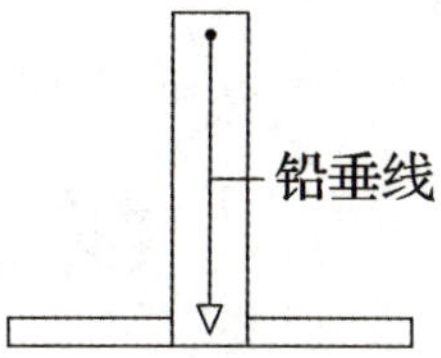

图 7-4-3

用时，如果铅垂线静止时偏向左边，则表明平面　　（　　）

A. 左低右高　　B. 左高右低

C. 水平　　D. 无法判断

5. 小刚发现，学校的欢迎展牌（如图 7-4-4 所示）经常被风吹倒，于是他提出了一些防止展牌被吹倒的措施，你认为合适的是　　（　　）

图 7-4-4

A. 将展牌的支架做得更高些

B. 在展牌的中空支架的下部灌些沙子

C. 选用密度小的材料来做展牌，使展牌更轻些

D. 将展牌支架之间的夹角做得更大一些

二、填空题

6. 一个小石块放在手掌上静止时，对石块施力的物体有________和________。如果竖直向上抛出石块，在上升的过程中，石块受到________个力的作用。(空气阻力不计)

7. 如图 7-4-5 所示，起重机吊起物体时，如果钢丝绳能承受的最大拉力是 1.5×10^4 N，则最多可吊起质量为________kg 的物体。(g 取 10 N/kg)

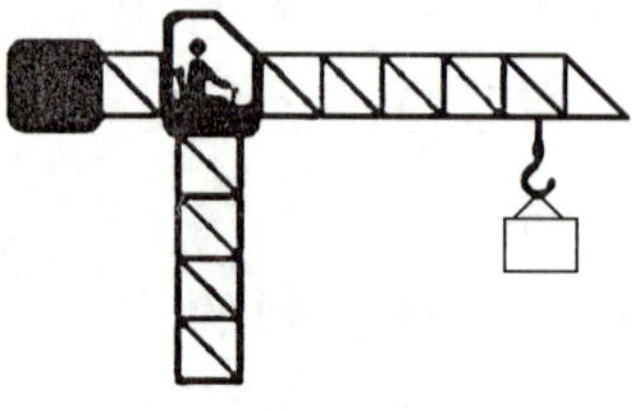

图 7-4-5

三、作图与实验题

8. 如图 7-4-6 所示，在天花板上用细线吊着一个重 0.6 N 的铁环。请你用力的图示画出铁环受到的重力。

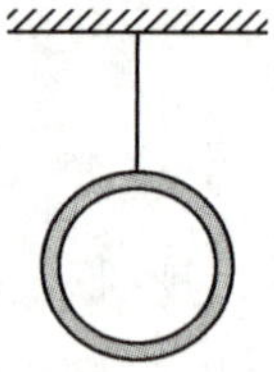

图 7-4-6

9. 某物理实验小组的同学做“探究物体所受重力大小与物体质量的关系”的实验记录的数据如下表：

实验物体	质量 m (kg)	重力 G (N)	比值 G/m (N/kg)	比值 G/m 的平均值 (N/kg)
物体 1	0.1	0.99	9.9	
物体 2	0.2	1.96	9.8	
物体 3	0.3	2.91	9.7	

(1) 在实验过程中，需要的测量工具有________和________；

(2) 上表空白处的“比值 $\frac{G}{m}$ 的平均值”大小为________________；

(3) 分析表中实验数据，得出的结论是________________。

选做题

10. 一根绳子所能承受的拉力是 2.0×10^4 N，请你通过计算说明：它能否拉起 10 块叠放在一起的长 2 m、宽 1 m、厚 1 cm 的钢板？($\rho_{钢}=7.8\times10^3$ kg/m³，g 取10 N/kg)

5. 摩擦力

教材助读·自主学习

1. 滑动摩擦力

(1) 一个物体在另一个物体表面上发生________时，在两个物体接触面之间会产生________物体相对运动的力，这个力叫作滑动摩擦力。

(2) 滑动摩擦力的大小与作用在接触面的压力有关，接触面受到的压力越大，滑动摩擦力就越______；滑动摩擦力的大小还跟接触面的____________有关，接触面越________，滑动摩擦力越大。

2. 静摩擦与滚动摩擦

两个相对________的物体之间产生的摩擦叫作静摩擦。一个物体在另一个物体上________时，物体所受到的摩擦叫作滚动摩擦。

3. 摩擦的利和弊

对于有益的摩擦，常用增加________或使接触面更__________的方法增大它；对于有害的摩擦，需要减小它，摩擦除了可以用滚动代替滑动来减小外，还可使摩擦面______来减小。

课内探究·展示交流

一、探究滑动摩擦力的大小与哪些因素有关

例1 为了探究滑动摩擦力的大小跟哪些因素有关，给你准备了长木板、木块、砝码、弹簧测力计、粗布等器材。请你完成下列问题。

(1) 如果按照如图 7-5-1 所示的方式分步探究，那么，在实验过程中，必须用弹簧测力计拉动木块，使其在水平接触面上做____________运动，只有这样，弹簧测力计显示的拉力大小才等于木块受到的________力的大小。

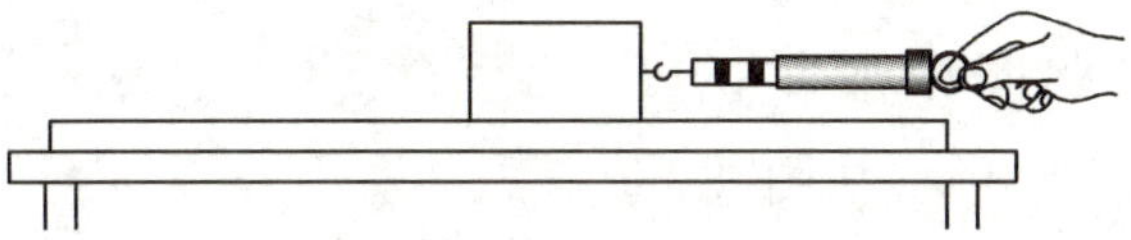

图 7-5-1

(2) 下表是某实验小组在实验过程中记录的数据：

实验次数	接触面	压力 F/N	摩擦力 F_f/N
1	木块与木板	8	1.6
2	木块与木板	12	2.4
3	木块与粗布	12	5.0

①分析比较第 1 次和第 2 次实验的数据，可得出的结论是：________________________________。

②分析比较第______次和第______次的实验数据，可得出的结论是：在压力相同时，接触面越粗糙，滑动摩擦力越大。

交流·分享

滑动摩擦力的产生条件与方向

滑动摩擦力的产生条件：①两个物体要相互接触；②物体间要有压力；③两个物体要发生相对滑动。

滑动摩擦力的方向：一个物体所受的滑动摩擦力，总是阻碍着该物体的相对滑动，因此滑动摩擦力的方向总是与物体的相对运动方向相反。

二、判断摩擦的类型

例 2 装修工人在给墙面刷涂料时，常用如图 7-5-2 所示的两种方法，关于这两种工具与墙面产生的摩擦，下列说法正确的是（　　）

A. 甲、乙都是滚动摩擦

B. 甲、乙都是滑动摩擦

C. 甲是滚动摩擦，乙是滑动摩擦

D. 甲是滑动摩擦，乙是滚动摩擦

甲　　乙

图 7-5-2

【思路导析】观察题图中所示的工具可知，甲图中的工人是用滚轮刷涂料，工人在使用滚轮的过程中，滚轮在墙面上滚动，轮与墙之间产生滚动摩擦；乙图中的工人是用板刷刷涂料，工人在使用板刷的过程中，刷子前端的刷毛在墙面上滑动，刷毛与墙之间产生滑动摩擦。

三、增大有利摩擦，减小有害摩擦

例 3 如图 7-5-3 所示的做法中，目的是减小摩擦的是（　　）

A. 运动鞋底装鞋钉

B. 轴承中装有滚珠

C. 汽车轮胎刻有花纹

D. 用力握紧球拍

图 7-5-3

【思路导析】A 和 C 都是通过使接触面更粗糙来增大摩擦；B 是改滑动为滚动来减小摩擦；D 是通过增大压力来增大摩擦。

课时作业·高效训练

一、选择题

1. 下面事例中，属于滑动摩擦的是（　　）

A. 行进中的汽车前轮受到的摩擦

B. 在地面上滚动的圆木桶受到的摩擦

C. 擦黑板时，黑板擦受到的摩擦

D. 在台面上滚动的乒乓球受到的摩擦

2. 如图 7-5-4 所示，在两次压力不同的情况下，用弹簧测力计在木板上拉着木块做匀速直线运动。这一实验能初步探究（　　）

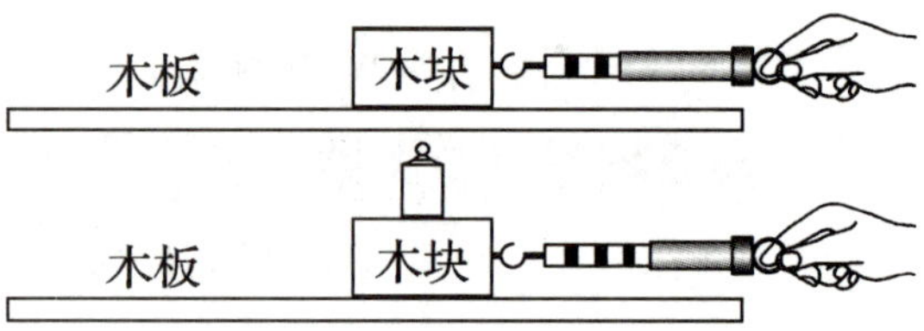

图 7-5-4

A. 滑动摩擦力的大小与接触面的粗糙程度的关系

B. 滑动摩擦力的大小与压力的关系

C. 滚动摩擦力的大小与接触面的粗糙程度的关系

D. 滚动摩擦力的大小与压力的关系

3. 教室的门关不紧，常被风吹开。小明在门与门框之间塞入硬纸片后，门就不容易被风吹开了。下列解释合理的是（　　）

A. 门被风吹开是因为门没有受到摩擦力的作用

B. 门没被风吹开是因为风吹门的力小于摩擦力

C. 塞入硬纸片是通过增大压力来增大摩擦

D. 塞入硬纸片是通过减小接触面的粗糙程度来减小摩擦

4. 自行车在我国是很普遍的代步工具，长期骑自行车上学或上班，既节约能源，又减少污染，还可以锻炼身体，一举多得。自行车在制造和使用上有许多地方与摩擦知识有关，下列做法是为了减小摩擦力的是（　　）

A. 在轮胎上刻有花纹

B. 在踏板上包有橡胶

C. 急刹车时用力捏刹车把

D. 定期在转轴处加润滑油

二、填空题

5. 做作业写错字后，我们常用橡皮将错字擦掉，此时橡皮与纸之间的摩擦属于________摩擦。劣质橡皮质硬，擦字常打滑，字擦不干净，这是因为物体表面越光滑，摩擦力越________。小星用橡皮轻轻擦字没擦干净，然后他稍加用力就擦干净了，这是通过____________来增大橡皮与纸之间的摩擦。

三、实验与探究

6. 在“研究影响滑动摩擦力的大小的因素”的实验中，某同学将如图 7-5-5 甲的实验装置改进为如图乙所示的装置：将弹簧测力计一端固定，另一端钩住木块，木块下面是一长木板，实验时拉着长木板沿水平地面向右运动。

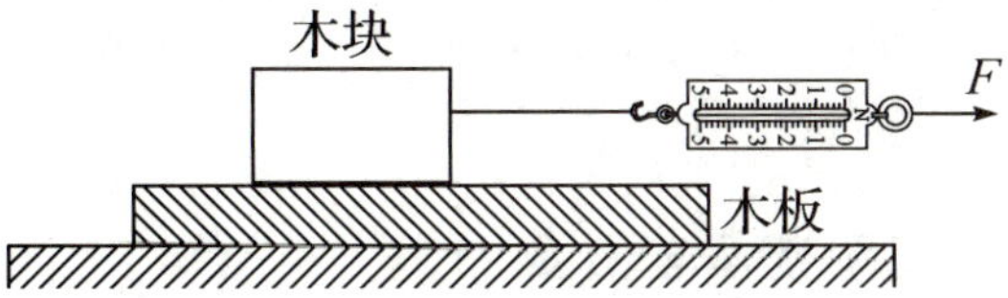

图 7-5-5

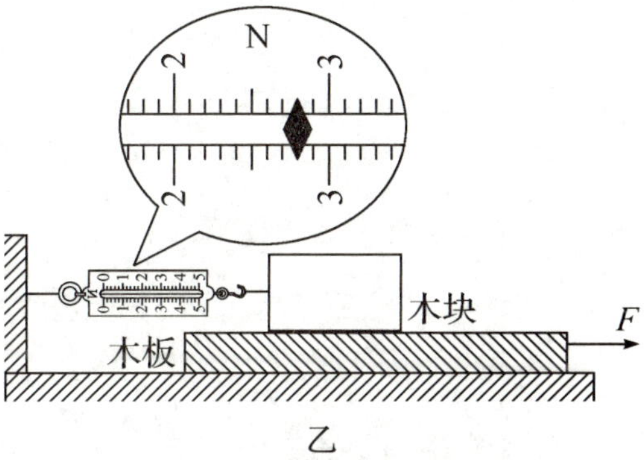

图 7-5-5（续）

（1）水平向右拉动长木板，弹簧测力计示数如图乙所示。木块所受的滑动摩擦力为________N。

（2）将木块沿竖直方向截去一半后，测得木块所受的滑动摩擦力变为原来的一半。由此得出：滑动摩擦力的大小随接触面积的减小而减小。你认为他得出的这一结论正确吗？为什么？

选做题

7. 一辆停在冰面上的空车，司机把车发动起来想把车开走，但车后轮只是空转，车却不能前进。正好当时有一群小孩在冰上玩，司机请这些小孩都上车，再次发动汽车，就将车开动了。请说出司机应用什么物理原理解决了这个难题。

微课堂讲解（一）

力的图示和力的示意图的做法

微型讲解

画力的图示和力的示意图，实际上就是用图的形式来表示力的三要素。

画力的图示的一般步骤：①确定力的作用点；②确定力的大小的标度，所画的力的大小是这个标度的整数倍，作图时一般以 2～5 倍为宜；③以力的作用点为起点（或终点），沿力的方向画一条线段，线段的长短表示力的大小；④在线段的末端标上表示方向的箭头；⑤在箭头附近写上表示力的符号。

画力的示意图的一般步骤：①确定力的作用点；②以力的作用点为起点（或终点），沿力的方向画一条线段，线段的长短表示力的大小；③在线段的末端标上表示方向的箭头；④在箭头附近写上表示力的符号。

【例 1】 如图微 1-1 所示，放在水平桌面上的物体受到大小为 5 N、方向与水平方向成 30°角的斜向上的推力的作用，请在图中画出这个推力的图示。

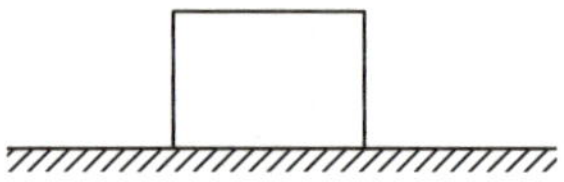

图微 1-1

【思路导析】 首先确定作用点，作用点在受力物体上，本题没有特别指明作用在物体上的哪个位置，所以我们把作用点放在受力物体上任何可以施加推力的位置即可。再确定标度，可以确定为 1 个标度是 2.5 N。力的方向是与水平面成 30°角斜向上，所以先过作用点作一条水平线（用虚线表示），然后再沿力的方向画一条线段，线段的长短表示力的大小，在线段的末端标上箭头，并在箭头附近写上力的符号和大小。

【示范解答】 如图微 1-2 所示。

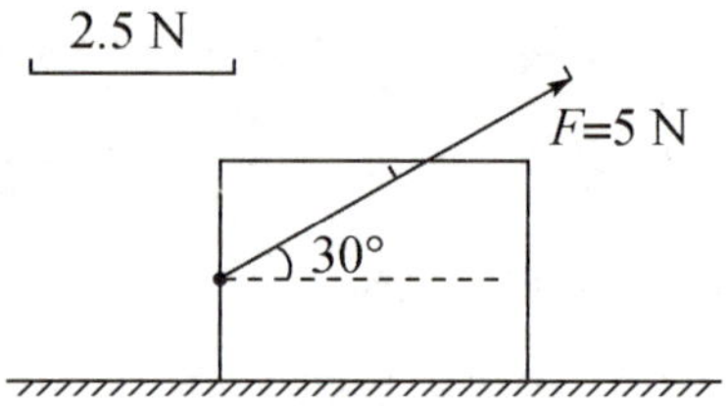

图微 1-2

【例 2】 如图微 1-3 所示，画出小车受到的水平向右的 150 N 的拉力示意图。

图微 1-3

【思路导析】 首先确定力的作用点，然后以力的作用点为起点（或终点），沿水平向右的方向画一条线段，在线段的末端标上表示方向的箭头，在箭头附近写上表示力的符号和大小。

【示范解答】 如图微 1-4 所示。

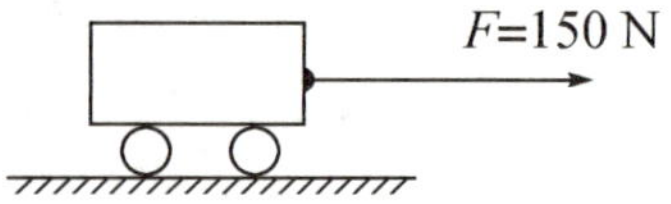

图微 1-4

针对练习

1. 如图微 1-5 所示，所受重力大小为 G 的物体静止在斜面上，请在图中画出物体所受重力的示意图。

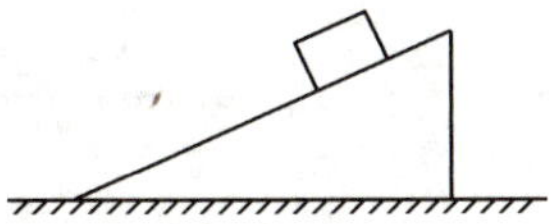

图微 1-5

2. 如图微 1-6 所示，一个桃子静止在水平桌面上，请画出桃子所受桌面对它的支持力的示意图。

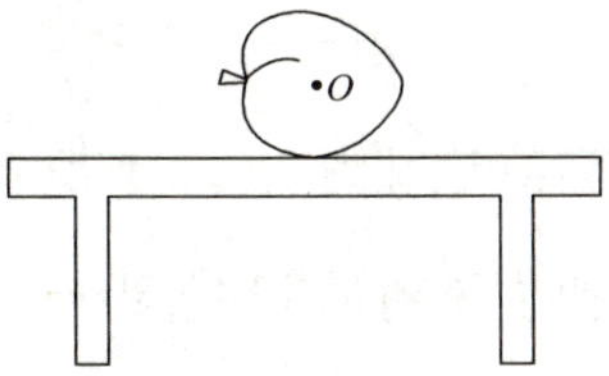

图微 1-6

3. 如图微 1-7 所示，物体放在水平地面上，对地面的压力是 15 N，请画出压力的示意图。

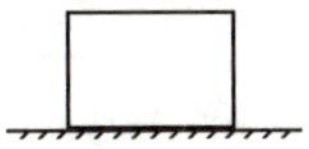

图微 1-7

4. 在图微 1-8 中，物体受到水平向右、大小为 2 N 的拉力 F。用力的图示法画出拉力 F。

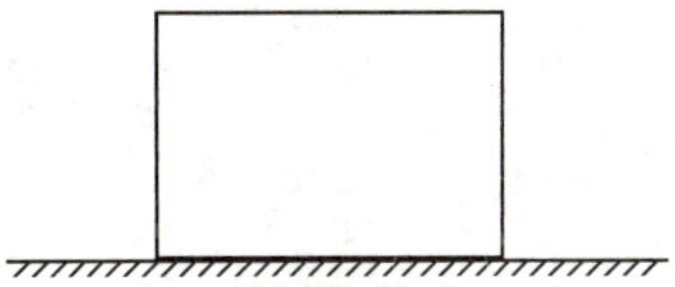

图微 1-8

5. 如图微 1-9 所示，斜面上的物体受到沿斜面向上的大小为 20 N 的拉力作用而静止在斜面上，请用力的图示法画出拉力 F。

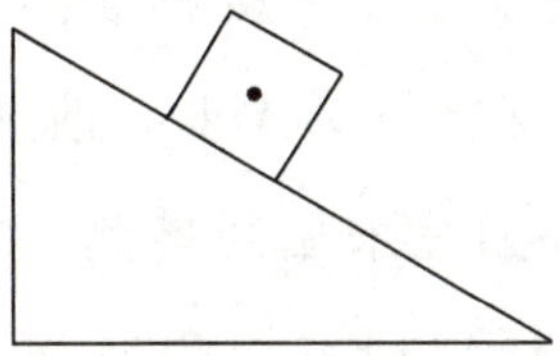

图微 1-9

微课堂讲解（二）

探究影响滑动摩擦力大小的因素

微型讲解

本实验的主要考点如下：

1. 实验用到的主要探究方法是控制变量法，在探究滑动摩擦力与压力的关系时，要保持接触面的粗糙程度不变，改变压力；在探究滑动摩擦力与接触面的粗糙程度的关系时，要保持压力不变，改变粗糙程度。

2. 摩擦力是采用间接测量的方法来进行测量的，所以研究对象应该放在水平桌面上，弹簧测力计要沿水平方向匀速拉动物体，这样拉力才等于摩擦力，弹簧测力计的示数才等于摩擦力的大小。

3. 在分析归纳得出结论时，一定不要少了结论成立的前提条件。

【例】 在“探究滑动摩擦力的大小与什么因素有关”的实验中，同学们提出了以下猜想：

A. 滑动摩擦力的大小与接触面受到的压力大小有关；

B. 滑动摩擦力的大小与接触面的粗糙程度有关；

C. 滑动摩擦力的大小与接触面面积的大小有关。

某小组根据猜想进行了以下实验，如图所示（图微 2-1 中的木块、长木板完全相同）。

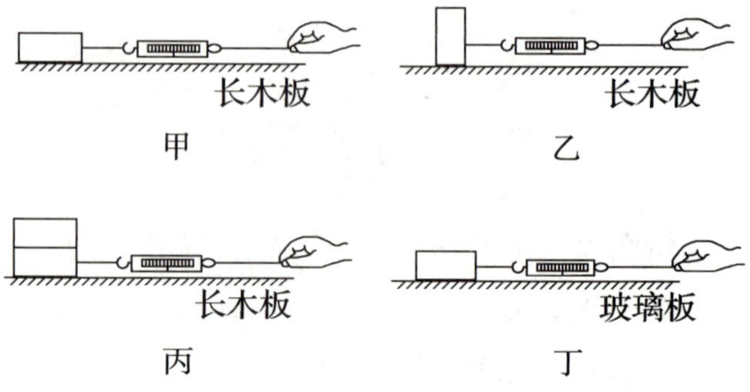

图微 2-1

(1) 用弹簧测力计匀速拉动木块，使它沿水平方向滑动的目的是________________。

(2) 利用图________和图________可探究猜想 A。

(3) 利用图________和图________可探究猜想 B。

(4) 利用图________和图________可探究猜想 C。

【思路导析】 摩擦力不宜直接测量，用弹簧测力计匀速拉动木块，使它沿水平方向滑动的目的是使拉力的大小与________相等，从而测出摩擦力。本实验中用到的是控制变量法，要探究 A，就要保证________和________相同，而________不同；要探究 B，就要保证________和________相同，而________不同；要探究 C，就要保证________和________相同，而________不同。

针对练习

1. 用图微 2-2 中所示的装置探究摩擦力跟接触面积、接触面的粗糙程度的关系。

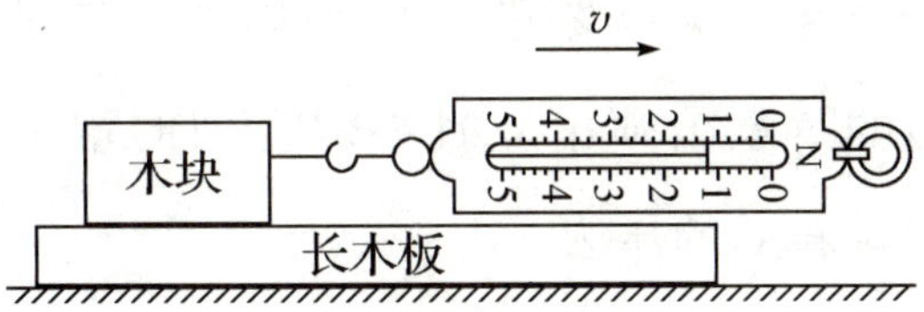

图微 2-2

（1）实验所用器材有：木块、长木板、棉布、毛巾、________。

（2）实验时，用弹簧测力计水平拉动木块，使它沿长木板________，从而测出木块与长木板之间的滑动摩擦力。

（3）第一次实验中弹簧测力计的示数如图微 2-2 所示为______N，分析表中数据可以得到的结论是________________________________。

实验序次	1	2	3
接触面情况	木块和长木板	木块和棉布	木块和毛巾
摩擦力/N		1.9	2.4

（4）实验结束后，小丽同学想探究摩擦力是否与接触面的大小有关，她用弹簧测力计测出木块在水平面上的摩擦力，然后将木块沿竖直方向锯掉一半，测得摩擦力的大小也变为原来的一半。她由此得出：当接触面的粗糙程度一定时，接触面越小，摩擦力越小。你认为她的结论正确吗？________，理由是________________________。

2. 在“探究影响滑动摩擦力大小的因素”实验中，

（1）将物体 A 置于水平木板上，用弹簧测力计沿水平方向拉动，使其____________，这时弹簧测力计拉力的大小等于滑动摩擦力的大小。

（2）小明设计了如图微 2-3 所示的实验方案，通过实验得到了正确的结论。

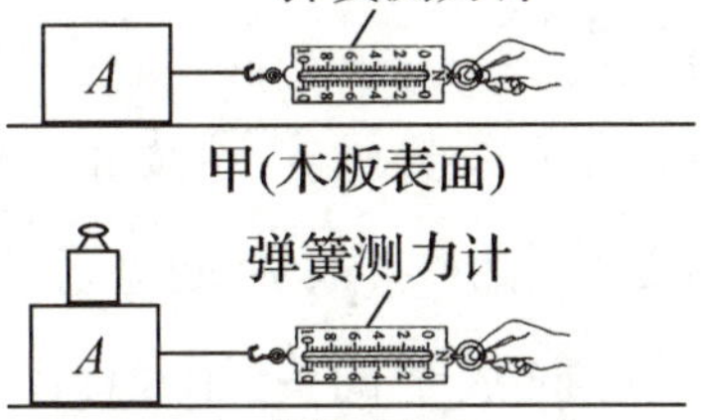

图微 2-3

下列各种现象中，利用了该实验结论的是______（填字母）。

A. 汽车在结冰的路面行驶时，在车轮上缠绕铁链

B. 用力压住橡皮，擦去写错的字

C. 移动很重的石块时，在地上铺设滚木

本章小结

考点题型探究

考点 1　力的认识

1. (2019·广西桂林)足球运动员在发任意球时，能使足球由静止飞出绕过人墙钻入球门。该现象说明　　(　　)

A. 力的作用是相互的

B. 力可以改变物体的形状

C. 力可以改变物体的运动状态

D. 以上说的都不对

考点 2　力的描述

2. (2021·山东济宁)请按要求完成下列作图。

如图 7-1 所示，顽皮的小象用力向下压跷跷板，猴子被弹起。不计空气阻力，请画出此时猴子的受力示意图。

图 7-1

3. (2021·山东聊城)如图 7-2 所示，用一根细绳拴着一个沙袋，甩起来，使沙袋绕手做圆周运动，请画出此时沙袋的受力示意图(不考虑空气对沙袋的作用)。

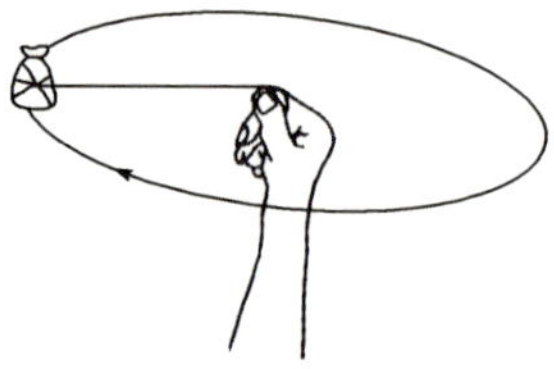

图 7-2

4. 均匀实心小球从斜面滚下的过程中，在某一时刻的位置如图 7-3 所示，用力的示意图画出此时小球受到的重力和小球对斜面的压力。

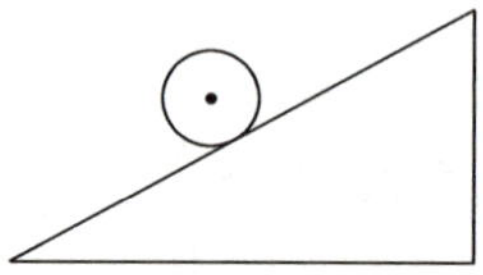

图 7-3

5. 如图 7-4 所示，O 为乒乓球的重心，请在图中分别作出该乒乓球竖直上升、下落过程中的受力示意图。(乒乓球在运动过程中均受到空气阻力 F 的作用，不计空气的浮力作用)

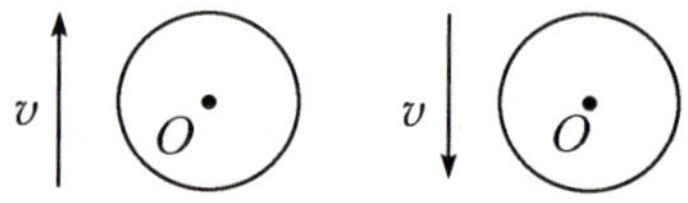

图 7-4

考点 3　弹力　力的测量

6. 某同学探究弹簧伸长量与所受弹力的关系，将弹簧悬挂在铁架台上，刻度尺固定在弹簧一侧，弹簧轴线和刻度尺都在竖直方向上，在弹簧下端依次增加相同规格的钩码，数据记录如下表：

所挂钩码个数 n/个	0	1	2	3	4	5	6
弹簧长度 l/cm	12.56	13.11	13.65	14.2	14.73	15.29	
伸长量 Δl/cm	0	0.55	1.09	1.64	2.17	2.73	

（1）在数据记录表中，有一个记录不规范的数据是__________；根据记录的数据可知，所用刻度尺的分度值是__________。

（2）请在如图 7-5 所示的坐标图中画出弹簧的伸长量 Δl 与所挂钩码个数 n 的关系图像。根据图像可知，当挂 6 个钩码时，弹簧的伸长量为________ cm（未超过弹簧的弹性限度）。

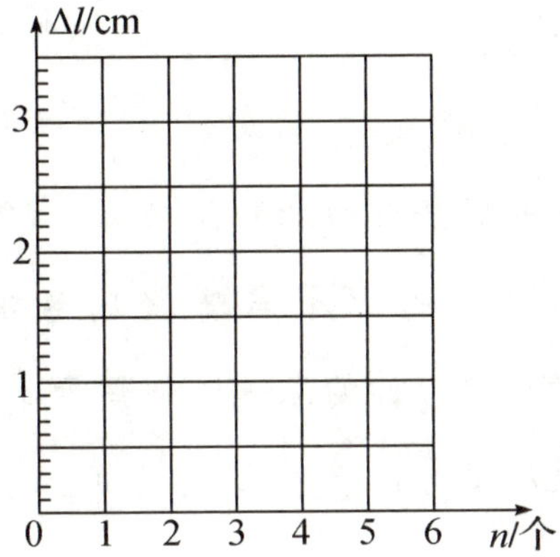

图 7-5

考点 4　摩擦力

7. 如图 7-6 所示，一台用皮带传动的机器，因长时间使用，皮带与轮间出现打滑现象，致使转速变慢，下列办法中能提高它的转速的是　　（　　）

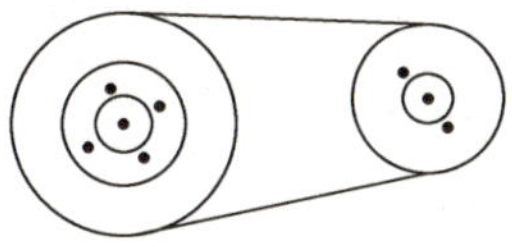

图 7-6

A. 把传动的皮带换成更结实更长的

B. 把传动的皮带张紧一些

C. 把传动的皮带放松一些

D. 在皮带上加些润滑油

8. 在图 7-7 所示的措施中，为了减小摩擦的是　　（　　）

A. 机械表保养时上油

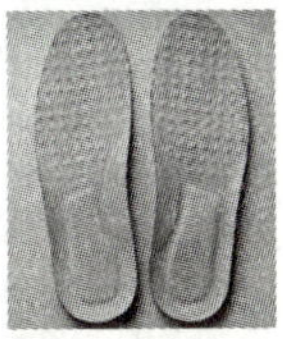

B. 防滑垫表面做得凹凸不平

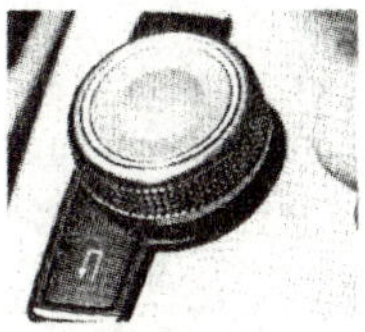

C. 旋钮侧面制有条纹

D. 轮胎上制有花纹

图 7-7

9. 为了探究影响物体所受滑动摩擦力大小的因素，某小组同学利用木块 A、砝码 B、弹簧测力计等进行实验。实验中，他们先在同一水平桌面上分别以不同的速度匀速拉动木块，然后通过在木块 A 上增加砝码 B 来改变 A 对桌面的压力大小，并用弹簧测力计测量木块 A 受到的滑动摩擦力大小，研究过程如图 7-8（a）（b）和（c）所示，三次实验中木块 A 的速度大小关系为 $v_1=v_3>v_2$，请仔细观察图中的操作和测量结果，然后归纳得出初步结论。

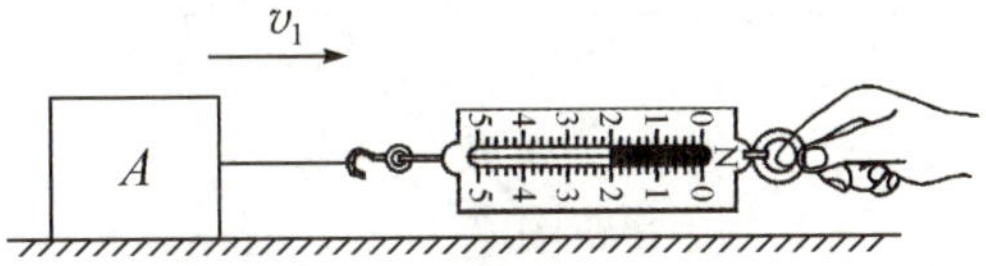

（a）

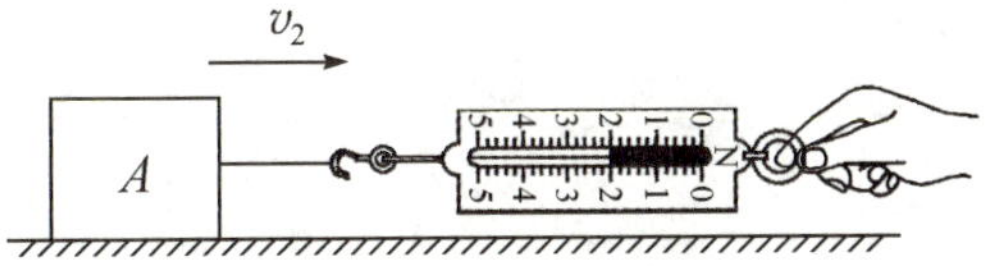

（b）

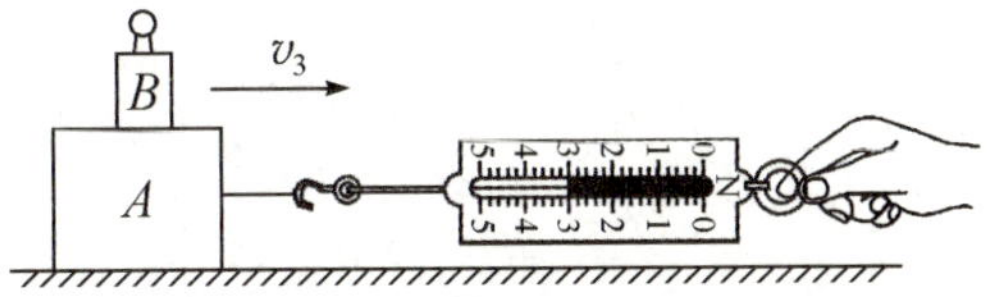

（c）

图 7-8

（1）比较（a）和（b）两图可知：________________。

（2）比较（a）和（c）两图可知：________________。

考点 5　重力

10. 在探究重力的大小跟什么因素有关的实验中，得到如下数据：

m/kg	0.1	0.2	0.3	0.4	0.5	0.6	0.7
G/N	0.98	1.96	2.94	3.92	4.90	5.88	

（1）本实验中用到的测量器材有________和________。

（2）分析表中数据可知：物体的质量为 0.7 kg 时，它受到的重力是________N。

（3）图 7-9 中，关于物体重力的大小与其质量的关系，正确的是________。

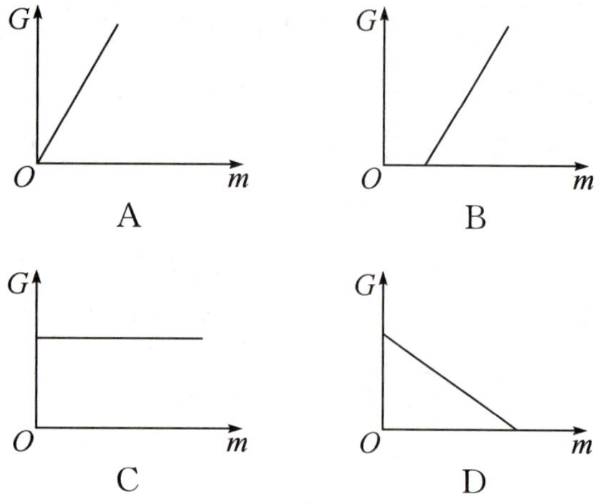

图 7-9

最新考情分析

命题规律

纵观近几年全国各地中考试题，本章内容在中考中的命题特点如下：

1. 从题型来看，主要包括选择题、填空题、作图题、实验与探究题等。

2. 从命题角度来看，常以体育运动、生活经历中与力密切相关的情景为背景命题。

3. 从考查内容来看，主要包括：（1）力的概念及力的作用效果；（2）弹力、摩擦力的大小与哪些因素有关；（3）弹簧测力计的原理、使用及读数方法；（4）重力的产生及重力的三要素；（5）力的示意图。

4. 从考查能力来看，主要考查同学们的想象能力、归纳概括能力、作图能力、知识的迁移应用能力等。

第八章　力与运动

1. 牛顿第一定律　惯性

教材助读·自主学习

1. **牛顿第一定律**

(1) 内容：一切物体在不受外力作用时，总保持______________状态或________状态。这就是著名的牛顿第一定律。

(2) 理解：在自然界中不受任何外力的物体是不存在的，物体所受合外力为零的运动状态与不受力的运动状态是________的。

2. **惯性**

(1) 概念：一切物体都有保持自身原有的________状态或______________状态的性质。我们把物体的这种性质叫作惯性。

(2) 理解：一切物体不管它是否受力，也不管它是否运动和怎样运动，都具有惯性，惯性是一切物体固有的________。

课内探究·展示交流

一、探究力如何改变物体运动状态

例1 木板上铺上粗糙程度不同的材料，小车自斜面顶端由静止开始滑下，比较小车在水平面上运动的距离（如图 8-1-1 所示）。伽利略、牛顿等科学家曾多次做过类似的实验，并在此基础上通过分析、推理得出著名的牛顿第一定律。请回答下列问题：

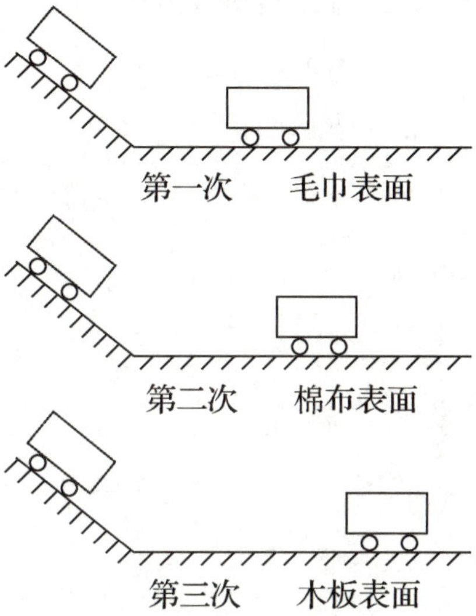

图 8-1-1

(1) 为了得出科学结论，三次实验中________每次都从斜面上同一位置由静止自由下滑，这样做的目的是______________________________；

(2) 三次实验中，小车在________表面上速度减小得最慢，是因为在该表面受到的阻力最________；

(3) 进一步推理可知，若水平面绝对光滑（小车不受阻力），则小车会在水平面上做________运动。

二、对牛顿第一定律的理解

例2 现今，人类发射的探测器已飞出了太阳系，如果探测器所受外力全部消失，那么探测器将　　　（　　）

A. 沿原路径返回地球

B. 沿原方向做减速直线运动

C. 沿原方向做加速直线运动

D. 沿原方向做匀速直线运动

【思路导析】探测器原来是运动的，如果在运动过程中所受的外力全部消失，由牛顿第一定律可知，探测器将按照原来的方向和速度做匀速直线运动。

交流·分享

如何理解牛顿第一定律

（1）“一切物体”表明该定律对所有物体都适用；（2）“不受外力”是该定律的适用条件；（3）“总保持匀速直线运动状态或静止状态”是指原来运动的物体将保持匀速直线运动状态，原来静止的物体将保持静止状态。

三、对惯性现象的分析

例3 下列现象中涉及惯性知识的是（　　）

A. 行驶在积雪路面上的汽车车轮加上铁链

B. 树上熟透的苹果，沿竖直方向落下

C. 在马路上骑自行车不宜太快，以防止交通事故

D. 市区禁止机动车鸣笛

【思路导析】A项中行驶在积雪路面上的汽车车轮加上铁链是为了增大摩擦，防滑；B项中树上熟透的苹果沿竖直方向落下是受重力作用的结果；D项中市区禁止机动车鸣笛是为了控制噪声污染。这些现象都与惯性知识无关。只有C项中的现象是为了预防惯性造成的危害。

课时作业·高效训练

一、选择题

1. 小船在水面匀速航行，小明在甲板中央竖直向上跳起，则小明下落时（　　）

A. 仍在起跳点

B. 在起跳点前

C. 在起跳点后

D. 可能从船后部落水

2. 当汽车刹车时，乘客向前倾倒；而当汽车做匀速直线运动时，乘客站立较稳。在这两种情况中（　　）

A. 前者有惯性，后者没有惯性

B. 后者有惯性，前者没有惯性

C. 两者都有惯性

D. 两者都没有惯性

3. 匀速竖直上升的气球下端用绳子拴着一个小石头，当绳子突然断了以后，小石头的运动情况是（不计空气阻力）（　　）

A. 将立即加速下降

B. 减速上升一段距离后再加速下降

C. 由于惯性，将继续匀速上升

D. 匀速上升一段距离后再加速下降

二、填空题

4. 如图8-1-2所示，将一张纸条一端放在桌上，另一端紧捏在手中。在纸条边上压一个钢笔帽，用手指猛击纸条，可以观察到纸条出来而钢笔帽仍留在原处。这是因为纸条被快速抽出时，钢笔帽由于________要保持原来的________状

态。纸条被抽出说明力可以改变物体的________。

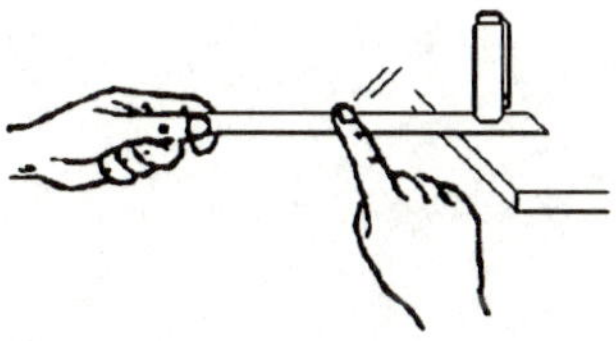

图 8-1-2

5. 一滑板爱好者在如图 8-1-3 所示的半圆形滑道上练习滑板。他从滑道一侧的 A 点由静止滑行到 B 点，最后又到达另一侧的 C 点。他能从 A 点到达最低点 B 点是由于________的作用；他由 B 点继续滑向 C 点是由于________。滑道表面越粗糙，他从 B 点滑向 C 点时，距 C 点的距离越________（填“远”或“近”）。

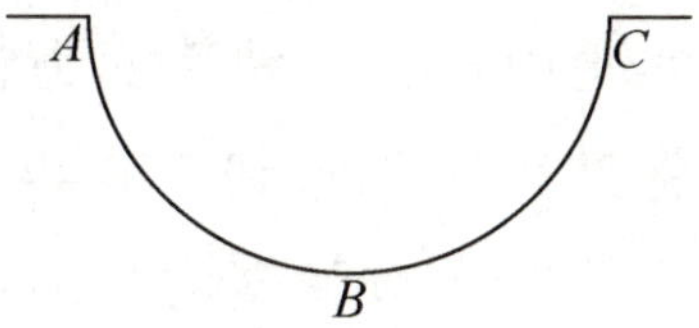

图 8-1-3

三、解释现象

6. 小星坐在沿东西方向直线行驶的火车上，火车突然刹车，小星观察到面前水平小桌上原来静止的一个熟鸡蛋突然朝着自己滚动过来。

(1) 请你解释鸡蛋突然滚动的原因。

(2) 若小星面向西坐着，请判断火车行驶的方向。

选做题

7. 为了模拟研究汽车超载和超速带来的安全隐患，小亮同学设计了如图 8-1-4 甲、乙、丙所示的探究实验。将 A、B、C 三个小球先后从同一装置，高度分别为 h_A、h_B、h_C 的位置滚下（$m_A = m_B < m_C$，$h_A = h_C > h_B$），推动小木块运动一段距离后静止，请你对以下问题进行解答：

(1) 选择甲、丙两图所示实验进行比较，是用来研究____________带来的安全隐患。

(2) 选择甲、乙两图所示实验进行比较，可以得到的结论是____________。

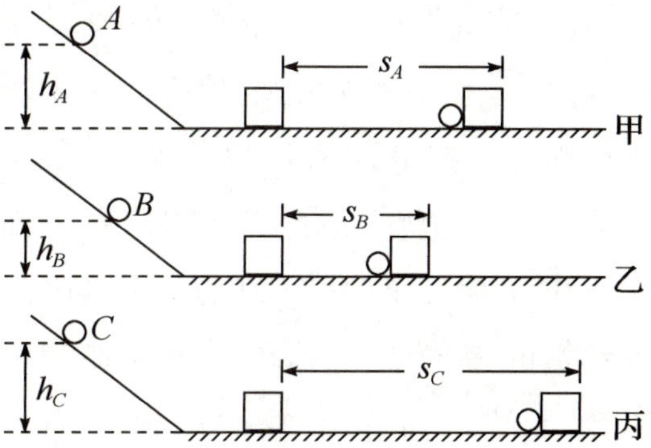

图 8-1-4

2. 力的平衡（2课时）

第1课时

教材助读·自主学习

1. 合力与分力

一个力对物体的作用与几个力________对物体的作用，如果产生的________相同，这个力就叫作那几个力的合力，那几个力就叫作这个力的________。

2. 力的合成

（1）已知________求________就叫作力的合成。

（2）同一条直线上二力的合成规律

沿同一直线的两个方向相同的力的合力，其大小等于这两个力的大小之________，其方向跟这两个力的方向相________。

沿同一直线的两个方向相反的力的合力，其大小等于这两个力的大小之________，其方向与这两个力中较大的力的方向相________。

课内探究·展示交流

一、探究同一直线上二力的合成规律

例1 利用如图8-2-1所示的装置探究同一直线上二力合成的规律时，首先用两个弹簧测力计沿相反方向拉A端，使A端到达某一点O并记录下该点的位置，然后在表格中记录下两个拉力的大小与方向，再将弹簧的B端固定，用一个弹簧测力计拉弹簧A端，仍将A拉伸到O点，记录此时拉力的大小和方向。

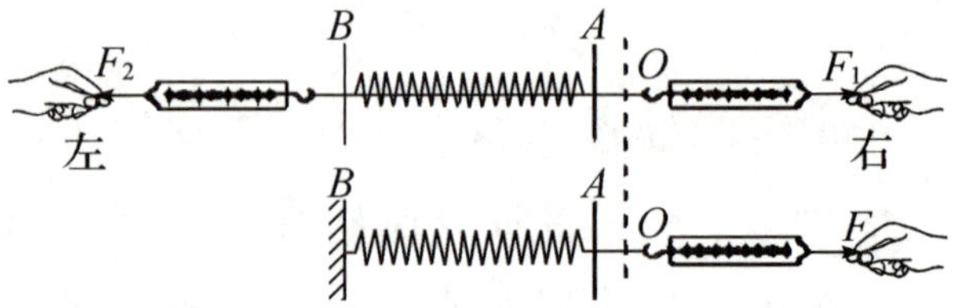

图8-2-1

施力情况	大小	方向
用两个弹簧测力计	$F_1=2.5$ N	向右
	$F_2=1$ N	向左
用一个弹簧测力计	$F=1.5$ N	向右

（1）此实验的目的是为了探究同一直线上方向________的二力的合成。

（2）实验中用一个弹簧测力计拉弹簧时，仍要将弹簧A端拉到O点再读数。这样做是为了使两次对弹簧的拉力产生相同的________。

（3）从表格记录的数据中你能得到的关于同一直线上合力与分力的大小关系是__________。（用字母表示）

【思路导析】（1）实验过程中，用两个弹簧测力计拉弹簧时，用力方向是相反的，所以是探究同一直线上方向相反的二力的合成。（2）拉力使弹簧被拉长，当长度和方向都相同时，说明拉力的作用效果相同。（3）分析表格数据可以发现，合力等于二分力之差。

二、已知分力求合力

例2 如图8-2-2所示，小明和小宇共同将放在操场东边的小车推到西边，小明在前面拉车，拉力是50 N，小宇在后面推

车，推力是 40 N，拉力与推力均沿水平方向。则小车受到的合力大小和方向分别是（　　）

A. 10 N，方向向西

B. 10 N，方向向东

C. 90 N，方向向西

D. 90 N，方向向东

图 8-2-2

【思路导析】 小明和小宇对车都施加了向西的力，即二力的方向相同，合力的大小为二力大小之和，方向向西。

三、已知合力和其中一个分力，求另一个分力

例 3 力 F_1 和 F_2 是同一直线上的两个力，它们的合力的大小为 30 N，方向向左。已知 F_1 的大小为 40 N，关于 F_2 的大小和方向，下列说法正确的是（　　）

A. F_2 的大小一定是 70 N

B. F_2 的大小一定是 10 N

C. F_2 的方向一定向右

D. F_2 的方向可能向左，也可能向右

【思路导析】 因力 F_1 的方向不明确，且合力比 F_1 小，因此，在同一直线上和力 F_1 产生大小为 30 N、方向向左的合力的 F_2 就有两种可能：一是大小为 70 N，方向向左，此时 F_1 的方向向右；二是大小为 10 N，方向向右，此时 F_1 的方向向左。

课时作业 · 高效训练

一、选择题

1. F 是 F_1 和 F_2 的合力，下列说法中正确的是（　　）

A. F 就是 F_1 与 F_2 的和

B. F 对物体的作用效果与 F_1、F_2 共同作用在这个物体上的效果相同

C. F_1、F_2 和 F 是同物体施加的三个力

D. F_1、F_2 和 F 是同时作用于物体上的三个力

2. 一个物体受到两个力的作用，且这两个力的三要素相同，则该物体（　　）

A. 受到的合力大小为零

B. 受到的合力大小等于二力之和

C. 合力的大小不能确定

D. 合力方向无法确定

3. 把一个质量是 0.5 kg 的篮球竖直向上抛出，假定运动过程中空气对它的阻力恒为0.5 N，则篮球在竖直上升和降落过程中所受力的合力分别是（g 取 10 N/kg）（　　）

A. 5.5 N　5 N　　B. 5.5 N　4.5 N

C. 4.5 N　5.5 N　　D. 5 N　4.5 N

4. （多选）作用在同一物体上，并且在同一直线上的两个力，$F_1=30$ N，$F_2=50$ N，下列情况可能的是（　　）

A. 合力的大小是 80 N，方向与 F_1 的方向相反

B. 合力的大小是 80 N，方向与 F_2 的方向相同

C. 合力的大小是 20 N，方向与 F_1 的方向相同

D. 合力的大小是 20 N，方向与 F_2 的方向相同

5. 如图 8-2-3 所示，一个物体受到同一直线上的三个力作用，三个力的大小分别为：$F_1=7$ N、$F_2=4$ N、$F_3=9$ N。这三个力的合力大小和方向分别是（　　）

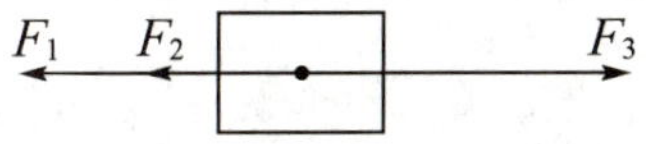

图 8-2-3

A. 20 N、向左

B. 6 N、向右

C. 6 N、向左

D. 2 N、向左

二、填空题

6. 如图 8-2-4 所示，有一根固定在地面上的弹簧，先用竖直向上的两个力 F_1、F_2把弹簧拉长 5 cm，弹簧恢复原长后，再用竖直向上的一个力 F 将弹簧竖直向上拉长 5 cm。则力______可以看成是力______和力______的合力。

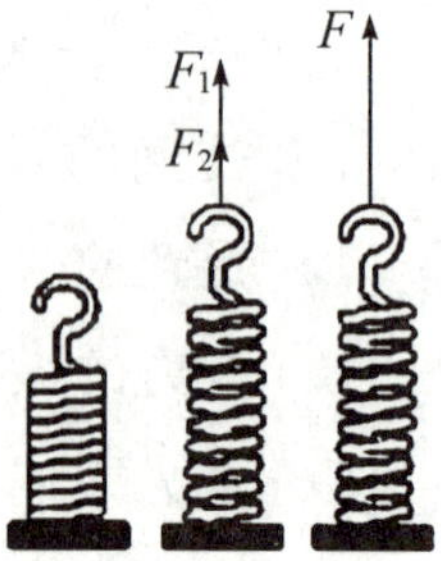

图 8-2-4

7. 如图 8-2-5 所示，甲、乙两个人推一张桌子，甲用30 N的水平力向右推，乙用50 N 的水平力向左推，则甲、乙对桌子推力的合力大小为______ N，方向向________。要想使桌子所受推力的合力为 0，方法是________________________。

图 8-2-5

三、实验与探究

8. 为了探究同一直线上二力的合成规律，王老师在课堂上用力的合成演示器完成了如下操作：①如图8-2-6所示，弹簧的左端用钢钉固定在木板上的 O 点，在弹簧的右端系上两根细绳并让细绳分别跨过滑轮 M、N，在下端分别挂上 2 个和 3 个钩码，记下弹簧的右端所拉至的位置 A。②取下其中的一根细绳及其下端所挂的钩码，在另一根细绳的下端共挂上 5 个钩码，弹簧的右端再次被拉至 A 点。③换用数量不同的钩码，重复上述实验。

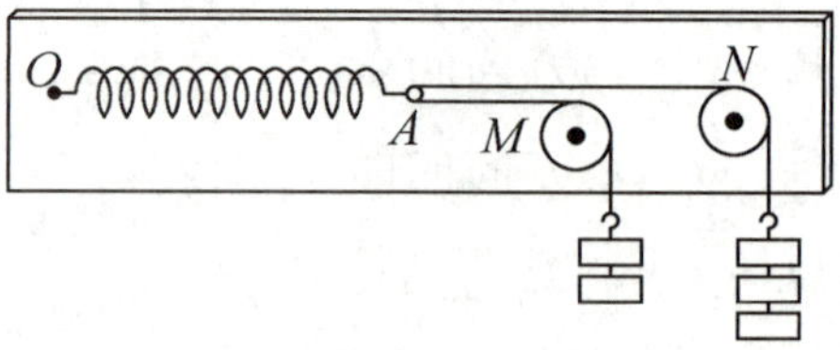

图 8-2-6

(1) 王老师的上述实验是为了探究同一直线上方向相________的两个力的合成规律。

(2) 步骤①中的两根细绳下的钩码数代表的是两个________的大小，步骤②中的一根细绳下的钩码数代表的是__________的大小。（填“合力”或“分力”）

(3) 换用数量不同的钩码重复实验的目的是____________________________________。

(4) 这次探究得出的结论的表达式是____________________________________。

选做题

9. 如图 8-2-7 甲所示，物体 A 始终只受同一直线上的两个力 F_1、F_2的作用，F_1、F_2的大小随时间的变化如图 8-2-7 乙所示。请你分析，在 $0\sim t_1$这段时间内，物体所受的合力大小如何变化？合力的方向如何？

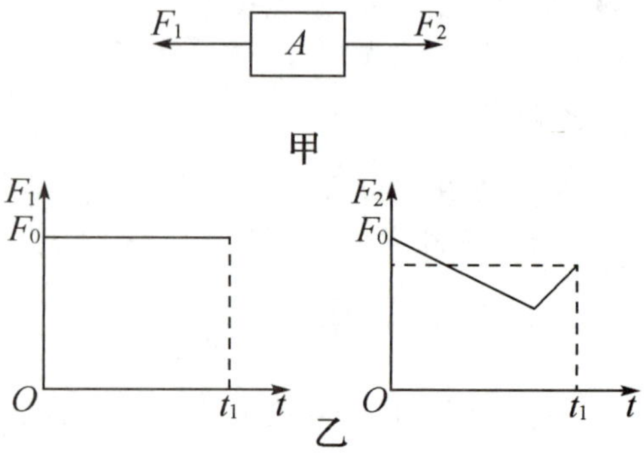

图 8-2-7

答案与解析

第七章　力

1. 力

【教材助读·自主学习】

2. 施力　受力　受力　施力
3. 运动状态　形变

【课内探究·展示交流】

【例 1】 推　小明　箱子

【例 2】 D

【例 3】 D

【例 4】 形状　运动状态

【课时作业·高效训练】

1. D（解析：两个小孩、绳子、车子等物体之间的力的作用必须通过相互接触才能发生，甲、乙两个小孩没有相互接触，因此他们之间没有发生力的作用。）
2. C（解析：力的存在必须有受力物体和施力物体，物体受力可能只有形状发生改变。）
3. A（解析：B、C、D 均是改变了物体的运动状态，A 是改变了物体的形状。）
4. 相互　运动状态
5. 形状　运动状态（或运动方向）　相互
6. 交警不能找出他说的那辆车。因为两辆车之间撞击时力的作用是相互的，它们的撞击是同时发生、不分先后的。
7. (1) 鸡蛋对石头的力与石头对鸡蛋的力大小相等。

   (2) 因为石头比鸡蛋壳要坚硬，所以，尽管两者之间的力的大小相等，但作用效果不同。
8.

物理知识	操作方法	实验现象
力可以改变物体的形状	手用力捏气球	气球变形了
物体间力的作用是相互的	将两个气球相互接触并挤压	两个气球都被压扁

2. 力的描述

【教材助读·自主学习】

1. 大小　方向　作用点
2. F　牛顿　牛　N
3. 大小　方向　作用点　示意图

【课内探究·展示交流】

【例 1】 (1) 钢片的形变程度　(2) 大小　(3) 作用点

【例 3】 如图所示。

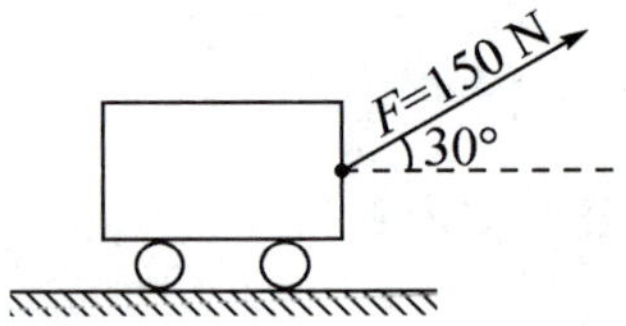

【课时作业·高效训练】

1. D（解析：力的三要素均影响力的作用效果，三要素相同，作用效果才会相同。）
2. C（解析：小明两次对文具盒施加的作用力的大小和方向都相同，只是力的作用点不同。）
3. C（解析：力的图示的四个要素是力的大小、方向、作用点和标度，C 选项中缺标度。）

4. ②④　①③

5. 大小　方向

6. 大小　方向　作用点　示意图

7. 如图所示。

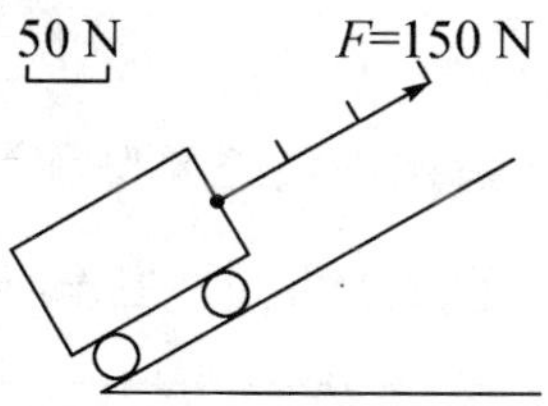

8. 如图所示。

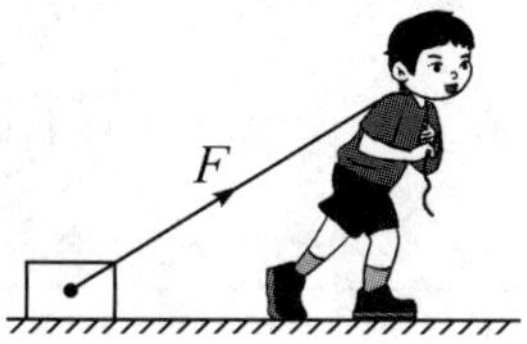

9. (1) 甲、乙　(2) 乙、丙

(3) 甲、丙两图中的两个力的作用点和方向都不同，且甲、丙两图中的力的大小相等

3. 弹力　弹簧测力计

【教材助读·自主学习】

1. 形变　接触

2. (1) 大小　弹簧测力计　(2) 拉力　伸长

3. 测量范围　分度值　单位　零刻度线　调零　受力

4. 相等　相反　同一直线

【课内探究·展示交流】

【例 1】 C

【例 2】 (1) 如图所示。　(2) 在一定范围内，弹簧受到的拉力越大，它伸长得越长。

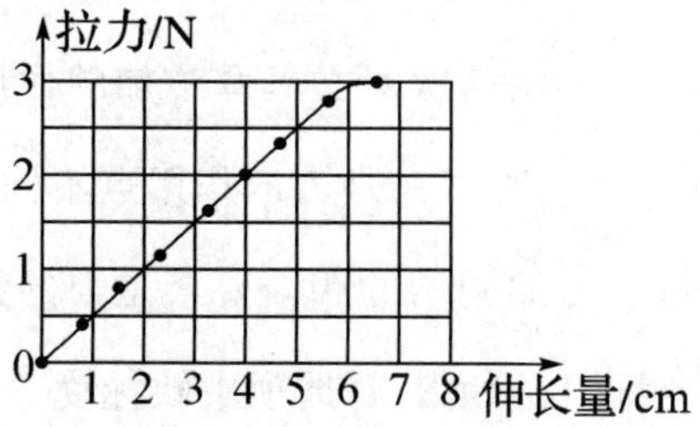

【例 3】 10　0.4　4.8

【例 4】 B

【课时作业·高效训练】

1. C（解析：弦拉至位置 3 时，弓的形变程度最大，产生的弹力最大，能使箭射得最远。）

2. B（解析：弹簧受力后长度为 3 cm，弹簧伸长 1 cm，由受到 5 N 的拉力弹簧伸长 0.5 cm 可知，此时弹簧受到的拉力大小为 10 N。）

3. D（解析：弹簧测力计最大刻度值为 5 N，这意味着该弹簧测力计的最大测量值为 5 N，它承受的拉力不能超过 5 N。）

4. 前　弹　减小

5. 指针的位置　零刻度　大

6. 如图所示。

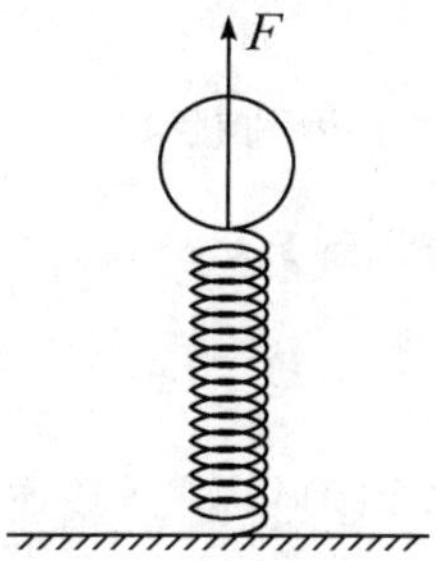

7. (1) 在一定范围内，弹簧的伸长量与所受拉力成正比

(2) 5　8

(3) 实验时，每次拉力的增加量不能过大

4. 重力

【教材助读·自主学习】

1. 吸引　G

2. 质量　$G=mg$　重力　牛顿（N）　质量　千克（kg）　9.8 牛/千克

3. 竖直向下

4. 作用点　几何中心　增大　降低

【课内探究·展示交流】

【例 1】C

【例 2】15　3

【例 3】C

【例 4】如图所示。

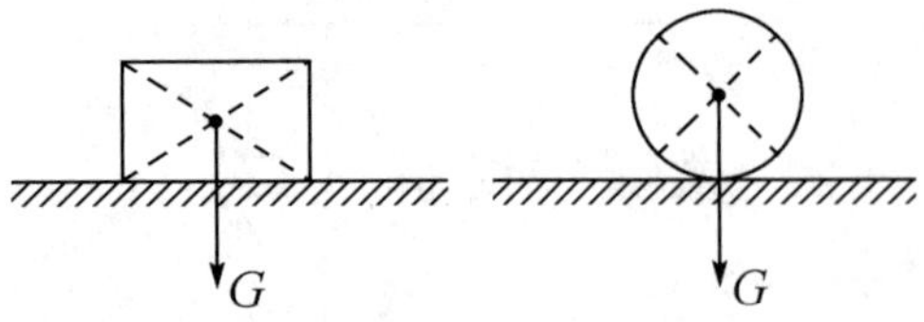

【课时作业·高效训练】

1. D（解析：用弹簧测力计测物体的重力，是在地面附近的物体对弹簧测力计产生拉力的情况下进行的，宇宙飞船中的物体处于失重状态，物体不对弹簧测力计产生拉力，无法测出重力。）

2. A（解析：重力是由于地球的吸引而产生的，其大小与质量成正比。）

3. C（解析：质地均匀、外形规则的物体，重心在其几何中心上。）

4. A

5. B（解析：降低重心和增大底面积可以提高稳度。）

6. 手掌　地球　一

7.1 500

8. 如图所示。

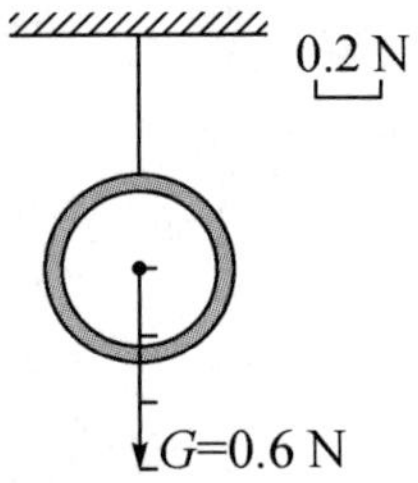

9.（1）天平　弹簧测力计　（2）9.8

（3）物体所受重力与物体质量成正比

10. 每块钢板的体积为

$V=2\ m\times1\ m\times0.01\ m=0.02\ m^3$

10 块钢板的总质量为

$m=10\rho_{钢}V$

$=10\times7.8\times10^3\ kg/m^3\times0.02\ m^3=1.56\times10^3\ kg$

10 块钢板的总重力为

$G=mg=1.56\times10^3\ kg\times10\ N/kg$

$=1.56\times10^4\ N$

因为 $2.0\times10^4\ N>1.56\times10^4\ N$，所以绳子能拉起这些钢板。

5. 摩擦力

【教材助读·自主学习】

1.（1）相对滑动　阻碍　（2）大　粗糙程度　粗糙

2. 静止　滚动

3. 压力　粗糙　分离

【课内探究·展示交流】

【例 1】（1）匀速直线　滑动摩擦　（2）①在接触面粗糙程度相同时，物体之间的压力越大，滑动摩擦力越大　②2　3

【例 2】C

【例 3】B

【课时作业·高效训练】

1. C（解析：A、B 和 D 都属于滚动摩擦。）

2. B（解析：木块与木板之间产生的是滑动摩擦力，且两次实验中接触面的粗糙程度相同，只改变了压力大小。）

3. C（解析：门关不紧是由于门与门框间的间隙过大，由此造成最大静摩擦力太小，塞入纸片后间隙减小，压力增大，使得最大静摩擦力也增大。）

4. D（解析：定期在转轴处加润滑油，油膜能使转轴处的接触面相互隔离，从而减小摩擦力。）

5. 滑动　小　增大压力

6.（1）2.8　（2）不正确。没有考虑到压力也减半了。

7. 汽车起动时是地面对汽车后轮施加一个向前的摩擦力作用，才使汽车向前运动，冰面上的空车对冰面的压力小，产生的摩擦力小，在车上装载一群小孩，用增大压力的方式增大了摩擦力。

微课堂讲解（一）

【针对练习】

1. 如图所示。

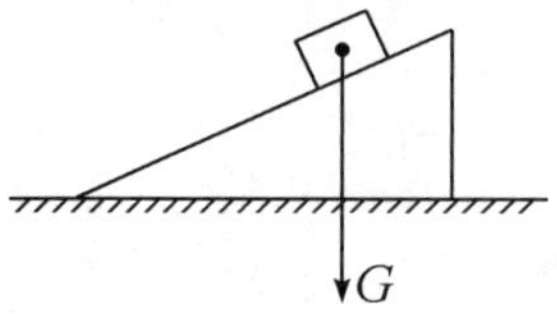

2. 如图所示。

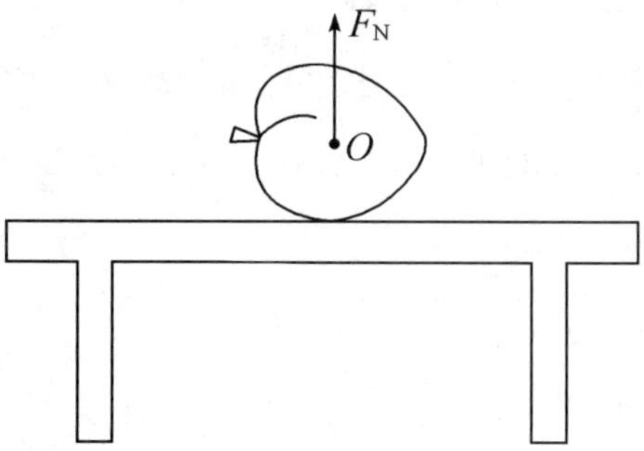

3. 如图所示。

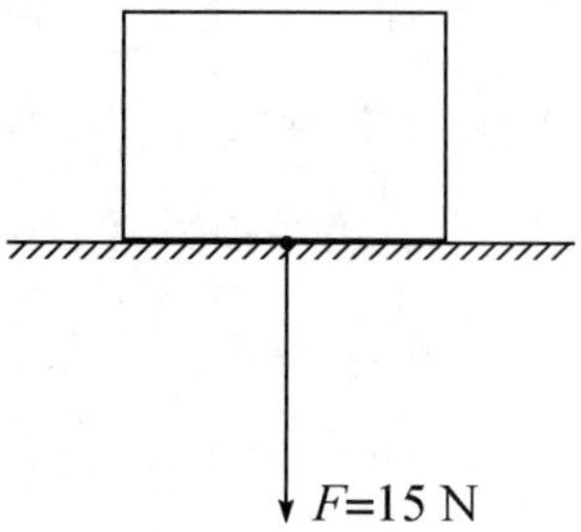

4. 如图所示。

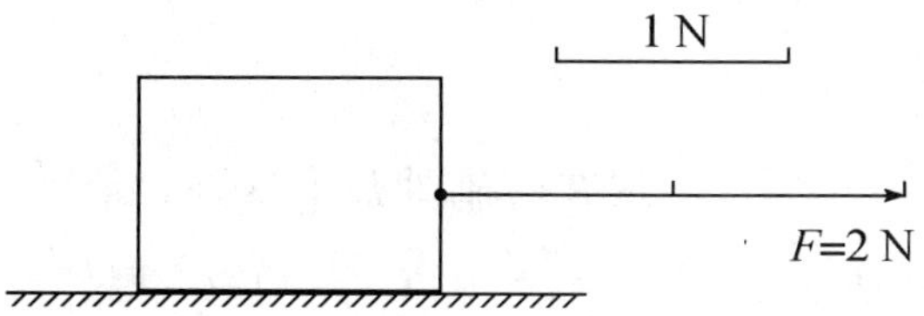

5. 如图所示。

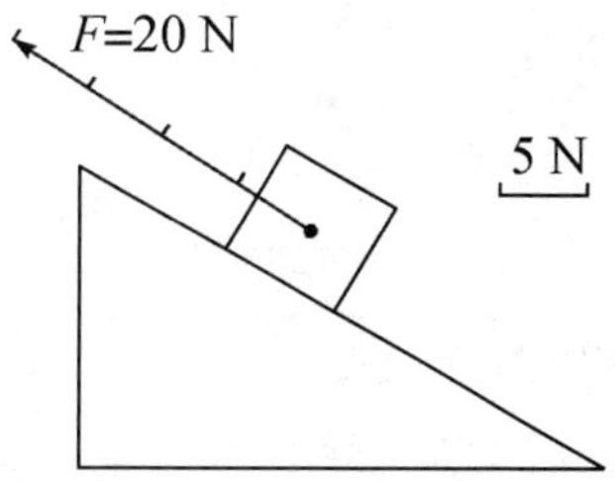

微课堂讲解（二）

【微型讲解】

【例】（1）使弹簧测力计的示数等于摩擦力的大小

（2）甲　丙（或丙　甲）

（3）甲　丁（或丁　甲）

（4）甲　乙（或乙　甲）

摩擦力的大小　接触面的粗糙程度　接触面积　压力　压力　接触面积　接触面的粗糙程度　压力　接触面的粗糙程度　接触面积

【针对练习】

1.（1）弹簧测力计　（2）匀速滑动　（3）1.2　当压力相同时，接触面越粗糙，滑动摩擦力越大　（4）不正确　没有控制压力大小不变

2.（1）匀速滑动　（2）B

本 章 小 结

1. C

2. 如图所示。

3. 如图所示

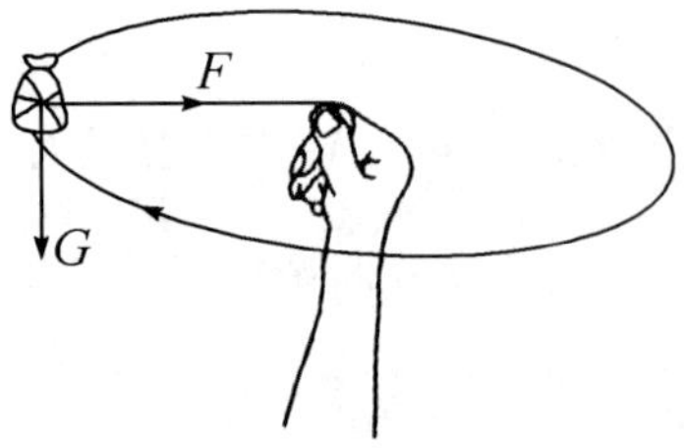

4. 如图所示

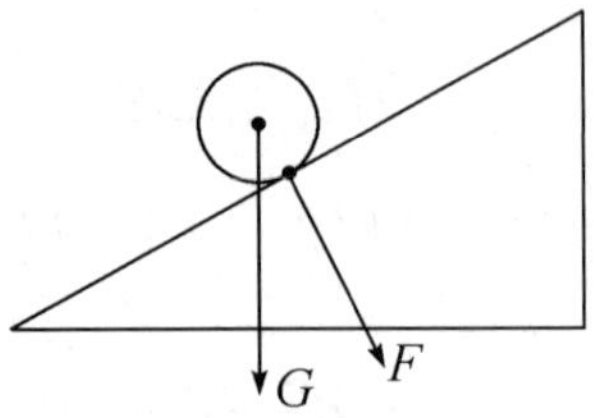

5. 如图所示

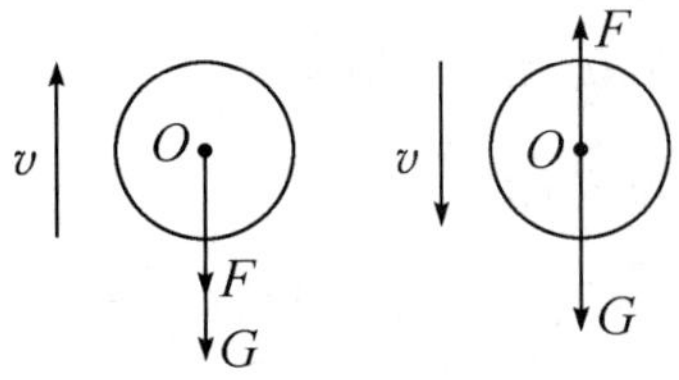

6. (1) 14.2　1 mm

(2) 关系图像如图所示　3.28

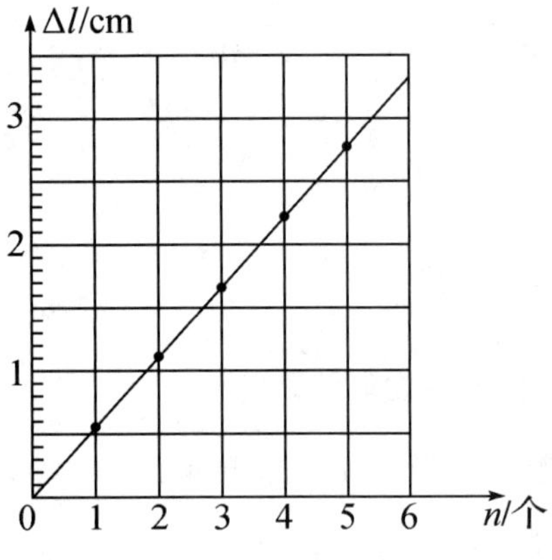

7. B　8. A

9. (1) 在压力和接触面的粗糙程度都相同时，滑动摩擦力的大小与物体运动速度无关

(2) 在接触面粗糙程度相同时，压力越大，滑动摩擦力越大

10. (1) 天平　弹簧测力计　(2) 6.86　(3) A

第八章　力与运动

1. 牛顿第一定律　惯性

【教材助读·自主学习】

1. (1) 匀速直线运动　静止　(2) 等效

2. (1) 静止　匀速直线运动　(2) 属性

【课内探究·展示交流】

【例 1】(1) 小车　使小车运动到水平面上的初速度相同　(2) 木板　小　(3) 匀速直线

【例 2】D

【例 3】C

【课时作业·高效训练】

1. A（解析：小明原来与船一起做匀速直线运动，当他跳起离开甲板后，由于惯性他要保持原来在水平方向的运动状态，即在空中与船在水平方向保持相同的运动方向和运动速度，所以下落后，仍然落在起跳点。）

2. C（解析：惯性是物体的固有属性，物体在任何情况下都具有惯性。本题中，当汽车刹车时，乘客的脚随车一起停止运动，而上身由于惯性要保持原来的运动状态，所以向前倾倒。当汽车做匀速直线运动时，乘客与汽车一起做匀速直线运动。）

3. B（解析：由于惯性，绳子断了之后小石头还将保持向上的运动状态，但由于受到重力作用，所以最终会掉下来。）

4. 惯性　静止　运动状态

5. 重力　惯性　远

6. (1) 鸡蛋原来与小桌一起做匀速直线运动，当火车突然刹车时，小桌虽然减速，但鸡蛋由于惯性仍然要保持原来的运动状态，所以会向原

来的运动方向滚动。

(2) 火车突然刹车，鸡蛋滚动，说明火车行驶方向与鸡蛋滚动方向相同；鸡蛋向小星滚过来，小星面向西，即火车向东行驶。

7.(1) 超载　(2) 在质量不变时，速度越大，安全隐患越大

2. 力的平衡 (2课时)

第1课时

【教材助读·自主学习】

1. 同时　效果　分力

2.(1) 分力　合力　(2) 和　同　差　同

【课内探究·展示交流】

【例1】(1) 相反　(2) 效果　(3) $F=F_1-F_2$

【例2】C

【例3】D

【课时作业·高效训练】

1. B（解析：合力是与几个分力等效的力。）

2. B（解析：三要素相同的力大小、方向和作用点是相同的，也作用在同一直线上。）

3. B（解析：上升过程中重力和阻力均竖直向下，下降过程中重力竖直向下而阻力竖直向上。）

4. BD（解析：此题应该分为两个力方向相同和方向相反两种情况。）

5. D（解析：F_1与F_2同向，二力的合力$F=11$ N，这个合力与F_3方向相反，它们的合力大小为2 N，方向向左。）

6. F　F_1　F_2

7.20　左　让甲、乙二人的推力大小相等

8.(1) 同　(2) 分力　合力

(3) 避免偶然性，使结论更加可靠

(4) $F=F_1+F_2$

9. 在$0\sim t_1$这段时间内，物体所受的合力大小先变大，后变小；合力方向始终与F_1相同。（解析：从图像可以看出，力F_1始终不变，而力F_2开始时等于F_1，后来变小，减小到一定值时，又开始变大，但始终小于F_1。因为二力方向相反，所以，二力的合力先随F_2的减小而增大，后随F_2的增大而减小，方向始终与F_1相同。）

第2课时

【教材助读·自主学习】

1. 静止　匀速直线运动

2. 静止　匀速直线运动

3.(1) 两　(2) 一个　相等　相反　同一条直线　零

【课内探究·展示交流】

【例1】C

【例2】(1) 相反　钩码的个数　(2) 转动　同一直线　(3) 用剪刀将卡片从中间剪成两块

【例3】A

【例4】900

【课时作业·高效训练】

1. C（解析：沿斜面匀速下滑的木块做匀速直线运动，处于平衡状态，受的力一定是平衡力。其余物体的运动状态都发生了改变，受到的力不是平衡力。）

2. A（解析：闹钟静止在水平桌面上时，受到的重力竖直向下，受到的桌面给的竖直向上的支持力，这两个力大小相等，方向相反，且作用在同一直线上，所以是一对平衡力。其余各组

中的两个力不是作用在同一个物体上，或者方向不相反，所以它们不是平衡力。）

3. A

4. C（解析：这对平衡力由原来的 30 N 同时突然减小到20 N后，仍然是一对平衡力，物体的运动状态不变。）

5. 20　西

6. 1 000　1 000　1 000

7. （1）静止　（2）砝码的个数　（3）转动　同一直线　（4）<　是

8. 甲　乙　丙、丁

3. 力改变物体的运动状态

【教材助读·自主学习】

1. （1）快慢　方向　（2）力　运动状态

2. 运动状态　速度　方向

【课内探究·展示交流】

【例 1】（1）小车、光滑的长木板　（2）用力推着小车在水平放置的光滑长木板上运动，撤去推力，小车继续在木板上运动。

【例 2】 D

【例 3】 C

【例 4】 C

【课时作业·高效训练】

1. D（解析：做匀速直线运动的物体，速度的大小和方向都没有发生改变，因此其运动状态没有发生变化。）

2. C（解析：金属镖头在下落的过程中会受到重力的作用而使其运动轨迹不再是直线。）

3. A（解析：宇宙飞船返回地面时，向下运动，只有让缓冲火箭向与其运动方向相同的方向喷火，才能让飞船减速。）

4. 速度大小　方向　吸引

5. 重力　大　发生　运动状态会发生改变

6. （1）快　（2）①②③（或④⑤⑥，或⑦⑧⑨）（3）摩托车的动力虽然比卡车小，但摩托车的质量比卡车小得多，所以启动比卡车快。

7. 状态　10　16

微课堂讲解（三）

【微型讲解】

【例】 如图所示。

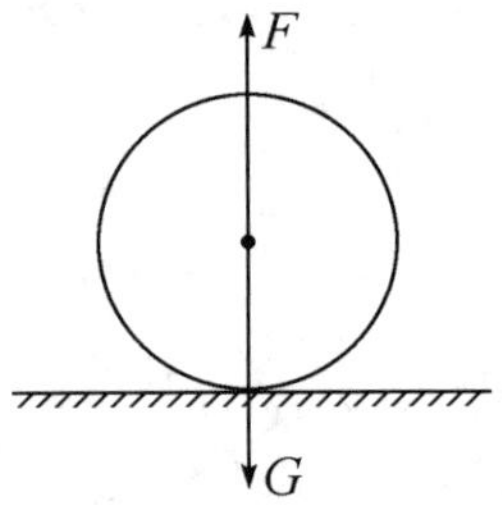

【针对练习】

1. 如图所示。

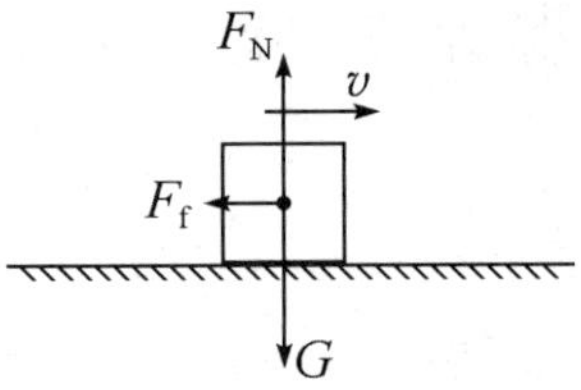

2. 如图所示。

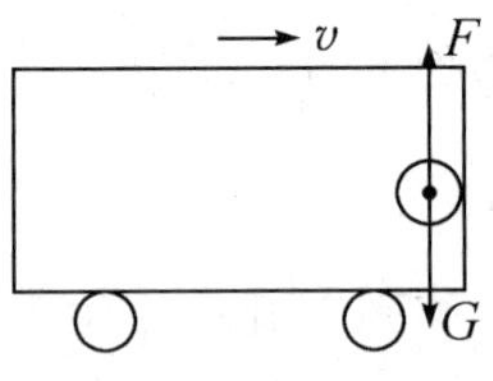

3. 如图所示。

4. 如图所示。

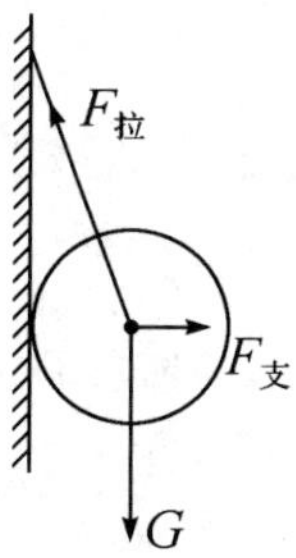

5. 如图所示。

6. 如图所示。

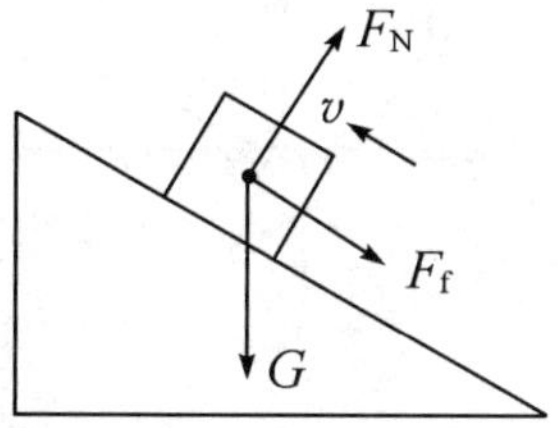

微课堂讲解（四）

【微型讲解】

【例】 B

【针对练习】

1. D（解析：选项C中桌面受到的压力等于瓶子受到的重力。）

2. C（解析：粉笔刷受到四个力：重力、摩擦力、吸引力和支持力，并保持平衡。）

3. C（解析：A、B中两力均是平衡力，D中两力方向相同。）

4. C（解析：A中两力方向相同且不是作用在同一物体上，B中两力不是作用在同一物体上，D中两力方向相同，大小不等，也不是作用在同一物体上。）

5. A（解析：B中两力不在同一直线上，C中两力方向相同且不是作用在同一物体上，D中两力是一对相互作用力。）

6. D（解析：此时桌面对词典的支持力和词典所受重力是一对平衡力，词典对桌面的压力和桌面对词典的支持力是一对相互作用力。）

7. D（解析：牛在水平方向上受到拉力和摩擦力的作用，这两个力是一对平衡力。）

本章小结

1. A　2. C　3. C　4. D　5. A

6. 二力平衡条件　静止　相等　相反

7. D

第九章　压强

1. 压强（2课时）

第1课时

【教材助读·自主学习】

1.（1）压力　受力面积　（2）单位面积　压力

（3）$\frac{F}{S}$　（4）帕斯卡　帕　Pa　1

2. 液体　气体

3. 增大　减小　减小　增大

【课内探究·展示交流】

【例1】（1）凹陷程度（或凹陷深度）（2）在受力面积相同时，压力越大，压力的作用效果越明显　（3）在压力相同时，受力面积越小，压力的作用效果越明显

【例3】 B

【课时作业·高效训练】

1. C

2. C（解析：两块砖的接触面积是以砖的宽为边长的正方形的面积，其大小为 $12\ cm \times 12\ cm = 144\ cm^2$。）

3. B

4. A（解析：一个普通中学生的质量约为 50 kg，站在水平地面上时对地面的压力约为 500 N；站立时，脚底的受力面积约为 $500\ cm^2$。由压强的公式可估算出一个普通中学生对地面的压强约为 10^4 Pa。）

5. 500　2.5×10^4

6. 增大受力面积　减小　大

7. 趴在冰面上慢慢爬行，增大受力面积，从而减小人对冰面的压强，这样可以脱离险境。

8. (1) 大象对地面的压力大小等于大象所受重力大小，为

$F = G = mg = 6 \times 10^3\ kg \times 10\ N/kg = 6 \times 10^4\ N$

(2) 大象四脚着地时对地面的压强

$$p = \frac{F}{S} = \frac{6 \times 10^4\ N}{4 \times 600 \times 10^{-4}\ m^2} = 2.5 \times 10^5\ Pa$$

9. (1) B　(2) 天平、刻度尺　(3) 用天平测出作业本的质量 m，用刻度尺测出作业本的长度 L 与宽度 d

(4) $p = \frac{mg}{Ld}$

第 2 课时

【教材助读·自主学习】

1. 垂直　单位面积　压力

2. 压力　受力面积　(1) 压力　(2) 受力面积

3. $F = pS$　$S = \frac{F}{p}$

【课内探究·展示交流】

【例 1】 C

【例 2】 D

【课时作业·高效训练】

1. A（解析：根据图像可以求出两种物质的密度之比，此时压强之比就是密度之比。）

2. C（解析：砖对水平地面的压力始终等于砖受到的重力，因此平放时的压力等于立放时的压力。因为平放时的受力面积大于立放时的受力面积，因此，平放时的压强要比立放时的压强小。）

3. B（解析：由物体的质量可求得物体对桌面的压力为27 N；根据密度公式可求得铝块的体积为 $1 \times 10^{-3}\ m^3$，进而求得铝块的底面积即受力面积为 $0.01\ m^2$；最后由压强公式可求得压强为 2.7×10^3 Pa。）

4. 减小　增大

5. 受力面积　压强

6. 600　1.5×10^4（解析：人站立时对水平地面的压力等于自身重力，即 $F = G = mg = 600\ N$；对地面产生的压强为 $p = \frac{F}{S} = \frac{600\ N}{2 \times 0.02\ m^2} = 1.5 \times 10^4\ Pa$。）

7. 如图所示。

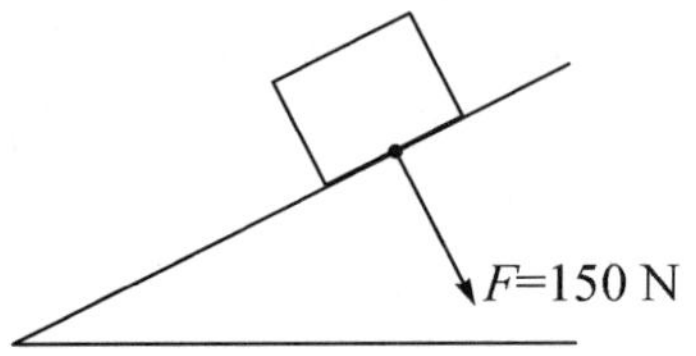

8. (1) 石碑受到的重力大小：

$G = mg = 4.2 \times 10^3\ kg \times 10\ N/kg = 4.2 \times 10^4\ N$；

(2) 因水平面上物体的压力和自身的重力相等，所以，石碑对水平地面的压强：

$$p = \frac{F}{S} = \frac{G}{S} = \frac{4.2 \times 10^4\ N}{0.5\ m^2} = 8.4 \times 10^4\ Pa。$$

9. 正方体对水平地面的压强为 $p = \frac{F}{S} = \frac{\rho g S h}{S} = \rho g h$，因为两物体对水平地面的压强相同，即 $\rho_甲 g h_甲 = \rho_乙 g h_乙$，且 $h_甲 > h_乙$，所以 $\rho_甲 < \rho_乙$。

2. 液体的压强（2 课时）

第 1 课时

【教材助读·自主学习】

1. 重力　流动

2. 相等　增大

3. ρgh　液体压强　Pa　液体的密度　kg/m^3　深度　m　9.8 N/kg

【课内探究·展示交流】

【例 1】底部　侧壁

【例 2】（1）密度　（2）深度　（3）在同一深度，液体向各个方向的压强都相等

【例 3】7.062×10^7

【课时作业·高效训练】

1. D（解析：微小压强计就是通过 U 形管液面的高度差来反映液体压强的大小。）

2. A（解析：侧面的橡皮膜鼓出，表明液体对容器的侧壁产生了压强；底部的橡皮膜鼓出，表明液体对容器的底部产生了压强；同一深度处，液体对容器底和容器侧壁产生的压强大小相等。）

3. B

4. B（解析：液体内部向各个方向都有压强，液体的深度越大，压强越大。）

5.10　30　B

6. 大　B

7. （1）同种液体中，液体内部的压强随深度的增加而增大

（2）1、4（或 2、5 或 3、6）

8. 由 A 点的压强 $p_A=\rho_{液}gh_A$ 可得

$$\rho_{液}=\frac{p_A}{gh_A}=\frac{540\ \text{Pa}}{10\ \text{N/kg}\times0.04\ \text{m}}=1.35\times10^3\ \text{kg/m}^3$$

B 点的深度为 $h_B=20\ \text{cm}-4\ \text{cm}=16\ \text{cm}=0.16\ \text{m}$，

液体对 B 点产生的压强为

$p_B=\rho_{液}gh_B=1.35\times10^3\ \text{kg/m}^3\times10\ \text{N/kg}\times0.16\ \text{m}=2.16\times10^3\ \text{Pa}$

第 2 课时

【教材助读·自主学习】

1. （1）液体的密度　深度　（2）深度　深度　密度　密度

2. $\rho_{液}gh$　pS

【课内探究·展示交流】

【例 1】C

【例 2】B

【课时作业·高效训练】

1. A（解析：深度相同时，比较液体密度，密度大的压强大。）

2. A（解析：橡皮膜在甲、乙两部分液体中所处的深度相同，从橡皮膜的鼓出方向来看，甲液体产生的压强大于乙液体产生的压强，所以，甲部分中的液体的密度大于乙部分中液体的密度。）

3. A

4. 深度越小的地方压强越小　3×10^4

5. 6　5×10^3

6. （1）水对容器底的压强：

$p_1=\rho gh=1\times10^3\ \text{kg/m}^3\times10\ \text{N/kg}\times0.3\ \text{m}$
$=3\times10^3\ \text{Pa}$，

水对容器底的压力大小：

$F_1=p_1S=3\times10^3\ \text{Pa}\times100\times10^{-4}\ \text{m}^2=30\ \text{N}$；

（2）容器重：

$G_1=20\ \text{N}$,

水重：

$G_2=m_{水}g=10\ \text{kg}\times10\ \text{N/kg}=100\ \text{N}$,

容器对水平桌面的压力：

$F_2=G_1+G_2=20\ \text{N}+100\ \text{N}=120\ \text{N}$,

容器对水平桌面的压强：

$p_2=\dfrac{F_2}{S}=\dfrac{120\ \text{N}}{100\times10^{-4}\ \text{m}^2}=1.2\times10^4\ \text{Pa}$。

7. $=$　$=$　$>$　$>$

3. 连通器

【教材助读·自主学习】

1. 开口　连通
2. 相平
3. 船闸

【课内探究·展示交流】

【例 1】 B　C

【例 2】 A

【例 3】 (1) 闸室　上　(2) 相平　上游水道　闸室　(3) 闸室　下　(4) 相平　闸室　下游水道

【课时作业·高效训练】

1. C
2. A
3. B（解析：闸室中的水位比下游水位高，此时如果打开闸门，落差很大的水会快速从闸室流向下游，船在其中非常危险。正确的操作是先打开阀门 B，使闸室和下游构成连通器，让闸室中的水经阀门 B 流向下游，待到闸室和下游的水面相平时，再打开下游闸门，船就可以平静地在没有落差的水面上从闸室驶向下游。）
4. 2×10^5　连通器
5. 连通器　相等　左
6. 左　不能　左
7. 两把水壶装的水一样多；因为两把水壶的壶嘴等高，根据连通器的原理，两壶的最高水位是一样的，又因为壶身的粗细相同，所以装的水一样多。
8. 由连通器原理可知，当水和水银静止时，U 形管两侧液体压强相等，如图所示，设水和水银的交界面为 MN，水面、水银面到 MN 的距离分别为 h_1、h_2。

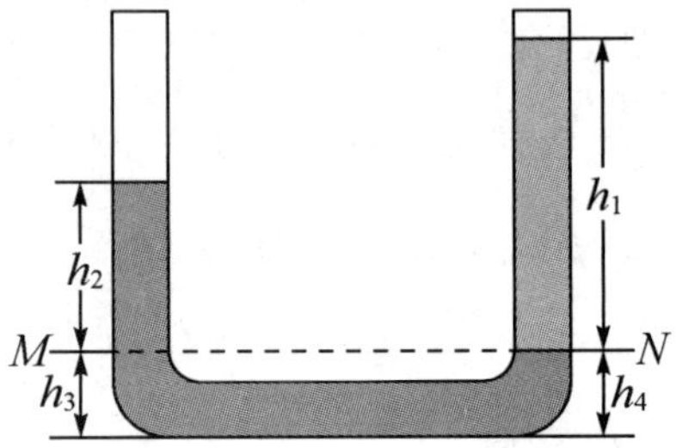

$p_{左}=\rho_{水银}g\ (h_2+h_3)\ =\rho_{水银}gh_2+\rho_{水银}gh_3$

$p_{右}=\rho_{水}gh_1+\rho_{水银}gh_4$

又因为 $h_3=h_4$，则有 $\rho_{水银}gh_2=\rho_{水}gh_1$，

将已知量代入可求得

$h_1=13.6h_2=13.6\times2\ \text{cm}=27.2\ \text{cm}$

则两管中液面高度差为

$\Delta h=h_1-h_2=27.2\ \text{cm}-2\ \text{cm}=25.2\ \text{cm}$

4. 大气压强（2 课时）

第 1 课时

【教材助读·自主学习】

1. 压强　大气压　马德堡半球
2. 标准大气压　1.01×10^5
3. 减小

【课内探究·展示交流】

【例 1】 进入瓶内　大气压

【例 2】 AD

【例 3】 C

【课时作业·高效训练】

1. C（解析：硬纸片将内部的水和外部大气隔离，内部只有高度不大的水柱，大气压足够支撑起这么高的水柱。）

2. D

3. B（解析：做托里拆利实验时，如果操作正确，玻璃管内水银柱上端为真空，气压为零。如果管内混入少量空气，作用在水银柱上端的压强就会增大，使水银柱高度减小，测量值变小。）

4. B（解析：在一楼时，玻璃瓶内、外气压一定，玻璃管内水柱高度一定，从一楼拿到五楼后管外大气压减小，水柱上升。）

5. 低于　高　小

6. cabd　大气压

7. 大气压的大小相当于 750 mm 高水银柱产生的压强，大小为 $p=\rho gh=13.6\times10^3\ \text{kg/m}^3\times 9.8\ \text{N/kg}\times0.75\ \text{m}\approx1.0\times10^5\ \text{Pa}$

第 2 课时

【教材助读·自主学习】

1. 大气压　大气压

2. pS　大气压力

3. 水银气压计　$\frac{F}{S}$

【课内探究·展示交流】

【例 1】B

【例 3】（1）G　$\frac{G}{S}$　（2）吸盘内的空气没有完全挤出（或吸盘的气密性不好；实验过程中有外部空气进入吸盘）

【课时作业·高效训练】

1. D

2. B（解析：向烧瓶底浇冷水会使瓶内上方的空气遇冷收缩，气压减小，使水的沸点降低。）

3. D（解析：甲图中，活塞下行，阀门 B 关闭，阀门 A 下方的压强大于阀门 A 上方的压强，阀门 A 下方的水冲开阀门 A，涌到活塞上面；乙图中，活塞上行，阀门 A 关闭，阀门 B 下方的压强大于阀门 B 上方的压强，阀门 B 下方的水冲开阀门 B。）

4. B（解析：大拇指指甲的面积约为 $S=1\ \text{cm}^2=10^{-4}\ \text{m}^2$，指甲受到的压力约为 $F=pS=10^5\ \text{Pa}\times10^{-4}\ \text{m}^2=10\ \text{N}$。）

5. 等于　大于　小于

6. 4.5×10^6　屋顶下方也受到同样大小的大气压力，内外压力相互抵消

7. 吸盘的面积为

$$S=\pi\left(\frac{D}{2}\right)^2=3.14\times\left(\frac{0.3}{2}\ \text{m}\right)^2\approx0.07\ \text{m}^2$$

因为 $p_{外}=p_{内}+\frac{G}{S}$，所以吸盘内外大气压的差为

$$p_{外}-p_{内}=\frac{G}{S}=\frac{125.6\ \text{N}}{0.07\ \text{m}^2}\approx1.79\times10^3\ \text{Pa}$$

微课堂讲解（五）

【微型讲解】

【例 1】4 000　8 000

【例 2】变大　7.21×10^7

【例 3】6.13×10^4　0.77　0.1　1.75　114

【针对练习】

1. C（解析：受力面积为书的底面积。）

2. B（解析：压强与受力面积之积就是压力，压力等于空气受到的重力。）

3.0.2　2.00　500　500

4.30

5.980　1.96

6. 杯底受到的压强

$p=\rho gh=950\ kg/m^3\times 10\ N/kg\times 0.1\ m=950\ Pa$

杯底受到的压力

$F=pS=950\ Pa\times 50\times 10^{-4}\ m^2=4.75\ N$

7. (1) 他的重力大小：

$G=mg=65\ kg\times 10\ N/kg=650\ N$；

(2) 他在站立时对地面的压力大小：

$F=G=650\ N$，

对地面的压强：

$p=\frac{F}{S}=\frac{650\ N}{130\times 10^{-4}\ m^2\times 2}=2.5\times 10^4\ Pa$。

8. (1) 18.50（解析：由图知，刻度尺上 1 cm 之间有 10 个小格，所以一个小格代表的长度是 0.1 cm=1 mm，即此刻度尺的分度值为 1 mm；课本左侧与零刻度线对齐，右侧与 18.50 cm 刻度线对齐，所以课本的长度为 $L=18.50$ cm。）

(2) 书对水平桌面的压力

$F=G=mg=0.24\ kg\times 10\ N/kg=2.4\ N$

书对桌面的压强

$p=\frac{F}{S}=\frac{2.4\ N}{4.8\times 10^{-2}\ m^2}=50\ Pa$

(3) 书由平放改为立放，压力不变，受力面积变小，对桌面的压强变大。

微课堂讲解（六）

【微型讲解】

【例】(1) 排尽注射器内的空气　(3) 6.00　(4) 9×10^4　(5) 橡皮帽密封性不好（合理即可）

【针对练习】

1. (1) 注射器带刻度部分的长度 L，拉动弹簧测力计时的拉力 F

(2) $\frac{FL}{V}$

(3) $\frac{10(p_0V-FL)}{V\Delta p}$

2. (1) ④塑料吸盘的直径 D（或半径 r）

⑤$p=\frac{4Mg}{\pi D^2}\left(或\ p=\frac{Mg}{\pi r^2}\right)$

(2) 吸盘内有空气；吸盘及挂钩、细绳具有一定的质量；测量吸盘的直径误差较大；吸盘脱离水平板后还有少许细沙注入

(3) ①将橡胶管注满水，用两个铁夹夹紧橡胶管的两端，一端浸没于装有水的水盆中，另一端用细绳提至 10 m 以上高处；

②松开橡胶管底部的铁夹，待橡胶管内水面下降至静止时，用卷尺测出水盆内水面至水柱上表面的竖直高度，计为 h；

③大气压强的表达式：$p=\rho_水 gh$。

本章小结

1. C　2. C　3. B

4. 1 296　3.24×10^5

5. D

6. 1.03×10^8　6.18×10^7

7. 大气压　不变

8. B

9.

实验目的	工具序号	操作（简述）
求证：大气压是存在的	①②	将平板玻璃压在灌满水的塑料瓶口，倒置
探究：液体压强与深度的关系	①③	用锥子在装满水的塑料瓶瓶身的上、中、下三处各扎一个孔

10. 根据题图可知，活塞上表面受到大气压作用，

大小始终不变；活塞下表面受到的压强为大气压与 h 高的水柱产生的压强差的绝对值。当 h 越来越大时，活塞下表面受到的压强越来越小，故活塞上、下表面的压强差越来越大，由 $F=pS$ 可知，活塞受到上、下表面的压力差越来越大，因此当筒内、外水面高度差 h 逐渐变大时，拉力 F 逐渐变大。

11. A

第十章　流体的力现象

1. 在流体中运动

【教材助读·自主学习】

1. 小　大
2. 凸　平　大于　上

【课内探究·展示交流】

【例 1】 乙　a

【例 2】（1）甲　乙（或甲　丙）　（2）气体流速越大，压强越小

【例 3】 8　上　大　大

【课时作业·高效训练】

1. C（解析：B 管中的空气流速快，压强较小，使塑料瓶 A 中压强变小，乒乓球被空气从塑料瓶中压到 B 管中，再被风从 B 管中吹出。）
2. B
3. B（解析：水翼船在水中会获得升力，所以水翼的安装和飞机相似。）
4. C（解析：横管中的冷水流速大，带动 T 形管内的气体流动，气体压强变小，热水在大气压的作用下沿直管上升，与冷水混合成温水。）
5. 大于　大　小　大于
6. 小于　上
7. 从刻度下方到上方，标注的风级由小变大。因为风力探头的形状是上凸下平，当有风沿水平方向吹过探头时，探头上方的空气流速大于下方空气流速，下方的空气对探头的压强大于上方，使探头受到一个向上的升力，导致指针向上偏转，而且，风级越大，这个升力就越大，指针向上偏转的角度也越大。
8. 饮料瓶将向上方移动。饮料瓶沿图中方向旋转时，周围的空气也被带动沿此方向旋转，电风扇从右侧向饮料瓶吹风，使得饮料瓶上方的空气流速大于下方空气流速，下方空气对饮料瓶产生的压强大于上方的压强，饮料瓶就向上移动。

2. 认识浮力

【教材助读·自主学习】

1. 上　浮力
2. 增大　上　下　上
3. 压强差

【课内探究·展示交流】

【例 1】（1）0　（2）大于　上

【例 2】 D

【例 3】 2　竖直向上

【课时作业·高效训练】

1. A（解析：鱼出水后就不会再受到浮力的作用。）
2. C（解析：浮力的方向是竖直向上的。）
3. ABCD
4. D（解析：正方体下底面所处的深度比上底面大，受到的水的压力比上底面大。）
5. 上　水　40
6. 停留在水底　上浮　物体上下表面存在压强差

7. 如图所示。

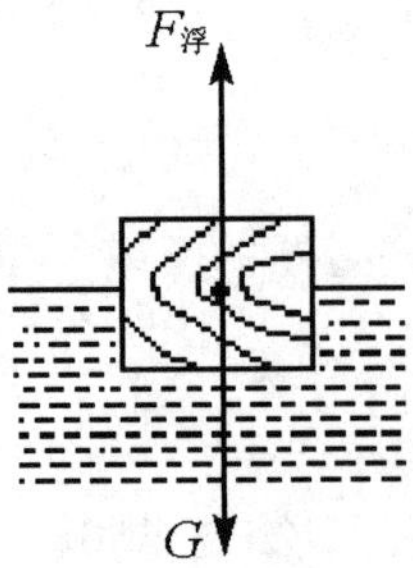

8. (1) 放入水中会下沉的物体也受到水的浮力

(2) 在水中拿起一块石块或铁块要比在空气中感觉轻

(3) 先用细线系住一个铁块，挂在弹簧测力计下，测出其重力；再将铁块慢慢浸没到水中，观察弹簧测力计的示数变化，作出判断。

9. 甲物体受到的力：重力和浮力；乙物体受到的力：重力、浮力、压力、支持力、摩擦力；丙物体受到的力：重力、压力、支持力；丁物体受到的力：重力、浮力、支持力。

3. 科学探究：浮力的大小

【教材助读·自主学习】

1. 体积　无　有

2. 上　重力　$F_浮=G_排$

3. 体积　密度　气

【课内探究·展示交流】

【例 1】(1) 物体排开液体的体积　(2) 密度　(3) A、C　3

【例 2】10　0.1

【例 3】$1.29\ kg/m^3\times10\ N/kg\times8\ m^3$　103.2　$103.2\ N-90\ N$　13.2

【课时作业·高效训练】

1. A

2. B (解析：往水中滴加浓盐水后，溶液的密度会增大，对石块的浮力会增大，弹簧测力计的示数会变小。)

3. A (解析：物体完全浸入液体之后，浮力大小与深度无关。)

4. D (解析：浸在液体中的物体所受的浮力只与物体排开液体的体积和液体的密度有关，与其他因素无关。)

5. 上浮　液体的密度

6. 增大　减小

7. 10^{-3}　10

8. 铝球的体积为

$V=\frac{m}{\rho_铝}=\frac{810\ g}{2.7\ g/cm^3}=300\ cm^3=3\times10^{-4}\ m^3$

当它浸没在水中时，排开水的质量为

$m_排=\rho_水V=1.0\times10^3\ kg/m^3\times3\times10^{-4}\ m^3=0.3\ kg$

受到的浮力

$F_浮=m_排g=0.3\ kg\times10\ N/kg=3\ N$

9. (1) 水对鹅卵石的压强

$p_水=\rho_水gh=1.0\times10^3\ kg/m^3\times10\ N/kg\times0.5\ m$

$=5\times10^3\ Pa$

鹅卵石受到的压强

$p=p_水+p_{大气}=5\times10^3\ Pa+1.013\times10^5\ Pa$

$=1.063\times10^5\ Pa$

(2) 鹅卵石排开水的体积

$V_排=V_石=\frac{m}{\rho_石}=\frac{1.25\ kg}{2.5\times10^3\ kg/m^3}=5\times10^{-4}\ m^3$

鹅卵石受到的浮力

$F_浮=\rho_水gV_排$

$=1\times10^3\ kg/m^3\times10\ N/kg\times5\times10^{-4}\ m^3=5\ N$

(3) 鹅卵石受到的重力

$G=mg=1.25\ kg\times10\ N/kg=12.5\ N$

受到的支持力大小

$F=G-F_{浮}=12.5\ N-5\ N=7.5\ N$

4. 沉与浮（2 课时）

第 1 课时

【教材助读 · 自主学习】

1. (1) 上浮　(2) 下沉　(3) 悬浮

2. 下沉　上浮　悬浮

3. 小于

【课内探究 · 展示交流】

【例 1】 C

【例 2】 C

【课时作业 · 高效训练】

1. C（解析：物体受到的重力为 1.2 N，根据溢出的水可求出物体受到的浮力为 1 N。比较二者大小可知物体将沉到杯底。）

2. C（解析：鱼鳔的体积的改变可以引起鱼排开水的体积的变化，从而导致浮力的变化，而鱼受到的重力是不变的。）

3. D（解析：物体密度均匀且悬浮，表明其密度等于水的密度。分成大小不同的两块后，两块的密度均等于水的密度，它们仍悬浮在水中。）

4. 5　悬浮　5

5. $F_A=F_B=F_C$　ρgV　ρ

6. (1) 该冲锋舟受到的重力

$G=mg=180\ kg\times 9.8\ N/kg=1\ 764\ N$

(2) 该冲锋舟放在水平地面上时，对水平地面的压力

$F=G=1\ 764\ N$

对水平地面的压强

$p=\frac{F}{S}=\frac{1\ 764\ N}{2\ m^2}=882\ Pa$

(3) 该冲锋舟满载时受到的浮力

$F_{浮}=G_{排}=m_{排}g=1.2\times 10^3\ kg\times 9.8\ N/kg=1.176\times 10^4\ N$

7. (1) 向外拉注射器的活塞　(2) 向内推注射器的活塞

第 2 课时

【教材助读 · 自主学习】

1. $G_{物}=F_{浮}$

【课内探究 · 展示交流】

【例 1】 漂浮　<　=

【课时作业 · 高效训练】

1. B（解析：两物体体积相同，甲容器中物体排开水的体积较大，所以受到的浮力较大。）

2. AD

3. A（解析：舰载机起飞后，航母所受的总重力变小，但浮力仍然等于重力，因此所受的浮力变小，排开海水体积减小，航母将上浮。）

4. D（解析：物体受到的浮力 $F_{浮}=\rho_{水}gV_{排}=F-\frac{F}{5}=\frac{4F}{5}$，由此可知 $V_{排}=V_{物}=\frac{\frac{4}{5}F}{\rho_{水}g}$；物体的质量为 $m=\frac{F}{g}$，将 $V_{物}$ 和 m 的表达式代入 $\rho=\frac{m}{V_{物}}$ 可计算出物体的密度为 $1.25\times 10^3\ kg/m^3$。）

5. 0.6×10^3　1.2　0.8

6. 3×10^6　3×10^6　220

7. (1) 船满载时受到的浮力

$F_{浮}=G_{排}=m_{排}g=100\times 10^3\ kg\times 10\ N/kg=10^6\ N$

(2) 货物对船的压力

$F=G_{货}=8\times 10^3\ kg\times 10\ N/kg=8\times 10^4\ N$

货物对船的压强

（2）请你设计一个实验方案来验证另一个猜想（写出简要的实验步骤，分析可能出现的现象并得出结论）。

四、综合与应用题（第 17 题 12 分，第 18 题 14 分，共 26 分）

17．如图测 6-8 所示是轻轨车站的设计方案，与站台连接的轨道有一个小坡度。从节能的观点看，这种设计的优点是什么？

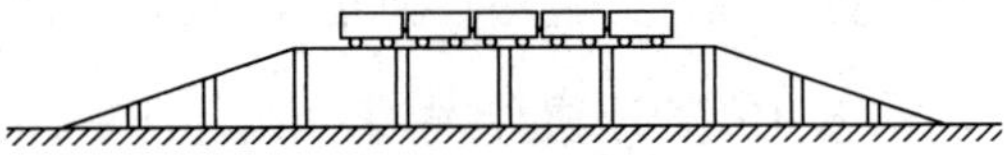

图测 6-8

18．如图测 6-9 所示，质量为 40 g 的金属小球从导轨的 a 处自由滑下，依次经过 b 处、c 处，到达 d 处时恰好停下。求：（g 取 10 N/kg）

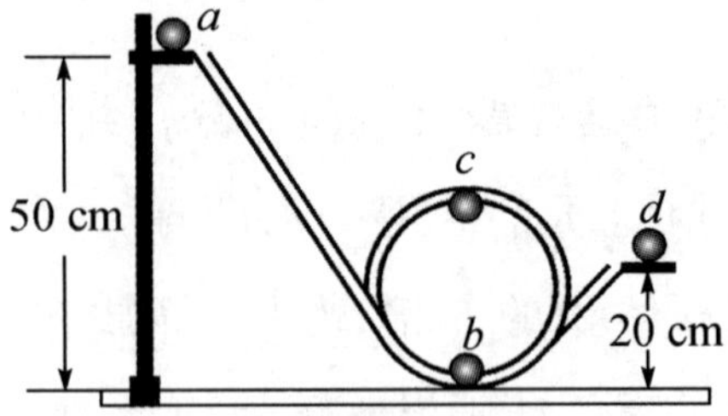

图测 6-9

（1）在从 a 处到 b 处的过程中，重力所做的功。

（2）在整个运动过程中，小球克服导轨摩擦消耗的机械能。

班级：________ 姓名：________ 学号：________ 得分：________

弥 封 线

单元学科能力测评卷（六）

时间：90 分钟　　分值：100 分

一、单项选择题（每题 3 分，共 30 分）

1. 有相同质量的甲、乙两球，甲球体积是乙球体积的 5 倍，甲球静放在水平地面上，而乙球则沿水平地面滚动，那么（　　）

A. 甲球的势能比乙球的小

B. 乙球的动能比甲球的大

C. 甲球的机械能比乙球的大

D. 上述三种说法都正确

2. 如图测 6-1 所示，苹果树上有甲、乙、丙三个质量相等的苹果，它们分别在不同的位置上，则具有的重力势能最大的苹果是（　　）

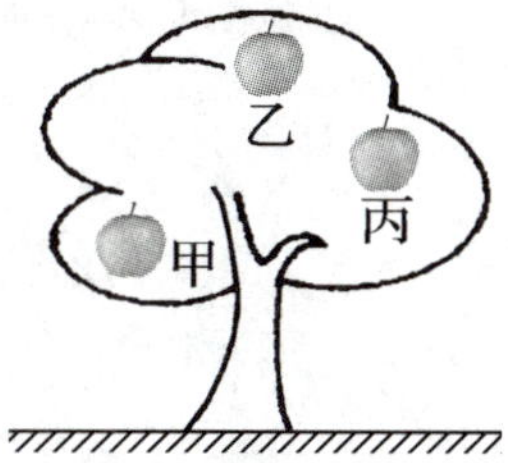

图测 6-1

A. 甲　B. 乙　C. 丙　D. 一样大

3. 下面实例中，由重力势能转化成动能的是（　　）

A. 风吹动风车转动

B. 拉弯的弓把箭射出去

C. 拧紧的发条带动钟表指针转动

D. 秋千从高处向低处摆动

4. 下列实例中，动能转化为势能的是（　　）

A. 石头从山坡上滑下

B. 汽车在平直公路上行驶

C. 热气球匀速上升

D. 足球滚上斜坡

5. 滑板运动员从高处平台的末端水平飞出，落在低处的水平地面上，若不计空气阻力，则运动员在下落过程中（　　）

A. 重力势能转化为动能，机械能增大

B. 重力势能转化为动能，机械能不变

C. 动能转化为重力势能，机械能增大

D. 动能转化为重力势能，机械能减小

6. 从高空中直升机上由静止释放一个物体，不计空气阻力，释放时物体的机械能为 500 J，那么（　　）

A. 释放时物体的重力势能小于 500 J

B. 下落过程中物体的机械能减小

C. 物体落地时的动能是 500 J

D. 物体落地时的机械能大于 500 J

7. 两发飞行中的炮弹，如果具有相同的机械能，那么（　　）

A. 它们的质量一定相等

B. 它们的速度一定相等

C. 它们的高度一定相等

D. 它们具有的动能与势能之和一定相等

8. 在歼-20 飞机加速向上运动的过程中，关于飞行员的能量分析，下列说法正确的是（　　）

②竖直向上拉动弹簧测力计使之缓慢匀速上升（保持 O 点位置不变），在此过程中弹簧测力计的读数为 F，利用刻度尺分别测出 A、B 两点上升的高度为 h_1、h_2，回答下列问题。

（1）杠杆机械效率的表达式为 $\eta=$________。（用已知或测量的物理量符号表示）

（2）本次实验中，若提升的钩码重一定，则影响杠杆机械效率的主要因素是____________________。

（3）若只将钩码的悬挂点由 A 移至 C，O、B 位置不变，仍将钩码提升相同的高度，则杠杆的机械效率将________（填“变大”“变小”或“不变”）。

四、综合与应用题（第 19 题 13 分，第 20 题 14 分，共 27 分）

19. 小海同学在学习了液压技术后，饶有兴趣地对汽车升降台进行了观察，他发现升降台下方的关键部件是液压杆，如图测 5-14 所示。他查阅相关资料后，了解到液压杆内部液体的工作压强一般在 10 MPa 以上，1 MPa=10^6 Pa。小海编制了下面的计算题，请大家一起来完成。

图测 5-14

（1）当 50 MPa 的压强作用于面积为 40 cm^2 的活塞上时，求压力大小。

（2）汽车总质量是 1 800 kg，升降台匀速地将其竖直向上抬升 6 m，求升降台对汽车所做的功。（g 取 10 N/kg）

20. 装卸工人用如图测 5-15 所示的滑轮组匀速提升质量为 80 kg 的货物，所用的拉力 F 为 500 N，绳子自由端在 50 s 内被匀速拉下 4 m。计算：（g 取 10 N/kg）

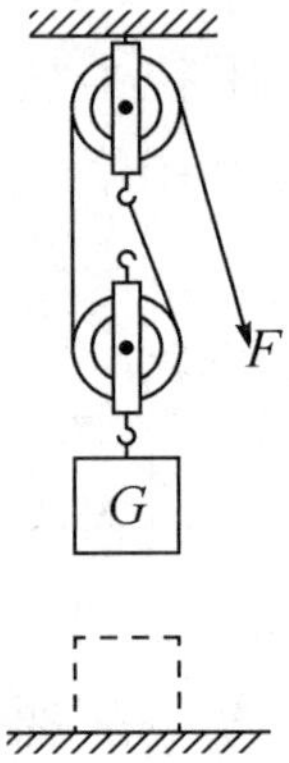

图测 5-15

（1）提升前货物静止在地面上，与地面的接触面积为 0.04 m^2，货物对地面的压强。

（2）提升时绳子自由端的速度。

（3）拉力 F 的功率。

（4）此滑轮组的机械效率。

班级：________ 姓名：________ 学号：________ 得分：________

物理 八年级下册 配教科版

弥 封 线

单元学科能力测评卷（五）

时间：90 分钟　　分值：100 分

一、单项选择题（每题 3 分，共 30 分）

1. 如图测 5-1 所示，用大小相等的拉力 F 分别沿斜面和水平面拉木箱，拉力方向和运动方向始终一致，运动时间 $t_{ab} > t_{cd}$，运动距离 $s_{ab} = s_{cd}$，比较两种情况下拉力所做的功和功率　　（　　）

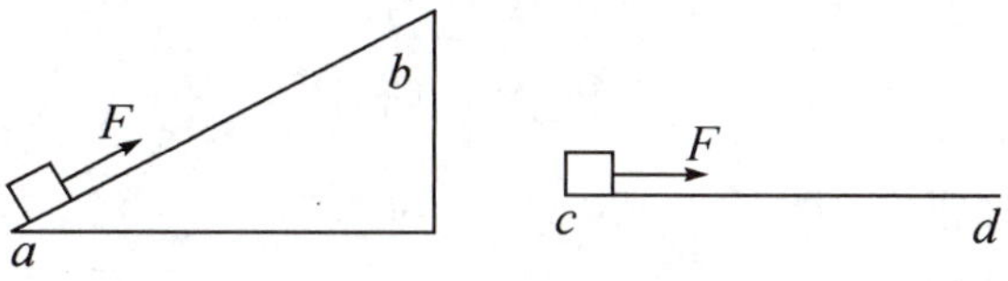

图测 5-1

A. ab 段做功较多

B. ab 段与 cd 段做的功一样多

C. ab 段功率较大

D. ab 段与 cd 段的功率一样大

2. 体重相同的小红和小田从一楼爬到五楼，他们同时出发，小红先到，小田后到。此过程中　　（　　）

A. 小红做功多

B. 小田做功多

C. 小红的功率大

D. 小田的功率大

3. 皮划艇是我国奥运优势项目之一，如图测 5-2 所示，比赛中运动员一手撑住桨柄的末端（视为支点），另一手用力划桨。下列说法正确的是　　（　　）

图测 5-2

A. 为省力，可将用力划桨的手靠近支点

B. 为省力，可将用力划桨的手远离支点

C. 为省距离，可将用力划桨的手远离支点

D. 将用力划桨的手靠近支点，既能省力又能省距离

4. 如图测 5-3 所示，用起瓶器开启瓶盖时，可看作是　　（　　）

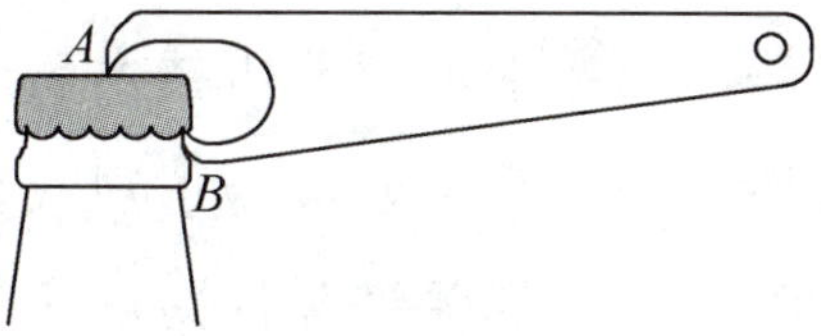

图测 5-3

A. 以 B 点为支点的费力杠杆

B. 以 B 点为支点的省力杠杆

C. 以 A 点为支点的费力杠杆

D. 以 A 点为支点的省力杠杆

5. 如图测 5-4 所示，一根横杆的左端能绕 O 点转动，右端吊有一个重物 G，用绳子将横杆的中部和一个固定的弧形支架连接，绳子的上端能在弧形支架上自由移动，并且在移动的过程中能保持横杆水平不动。在绳子的上端从 A 点移到 B 点再到 C 点的过程中，绳子上的拉力　　（　　）

四、综合与应用题（第 16 题 10 分，第 17 题 14 分，共 24 分）

16. 一个重力为 3 N 的实心铁块 A，与实心正方体木块 B 叠放在圆筒形容器底部，底部水平，如图测 4-8 所示。实心木块的密度为 0.6×10^3 kg/m^3，边长为 10 cm。求：（g 取10 N/kg）

（1）实心木块的重力；

（2）实心木块对容器底部的压强；

（3）若不断缓慢向容器中倒水，直到水注满容器；当木块稳定时，求木块露出水面的体积。

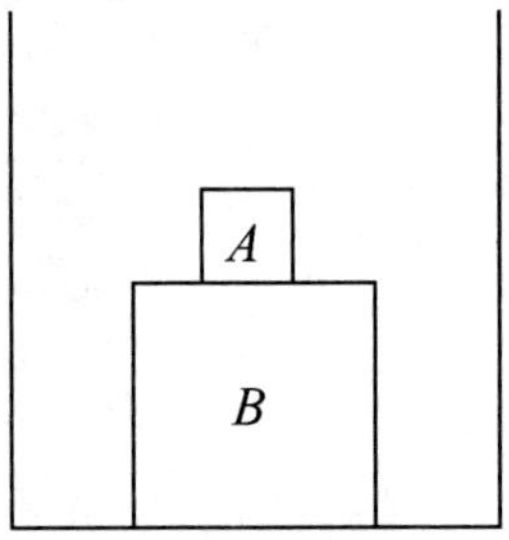

图测 4-8

17. 有一空心铝球质量为 2.7 kg，放入水中刚好能悬浮，则：（$\rho_{铝}=2.7\times10^3$ kg/m^3，g 取 10 N/kg）

（1）铝球所受的浮力为多大？

（2）铝球的体积为多大？

（3）铝球的空心体积为多大？

（4）此时容器中水深 50 cm，水对容器底的压强有多大？

班级：________ 姓名：________ 学号：________ 得分：________

物理 八年级下册 配教科版 弥 封 线

单元学科能力测评卷（四）

时间：90 分钟　　分值：100 分

一、单项选择题（每题 4 分，共 36 分）

1. 以下选项中，不能用“流体压强与流速的关系”解释的是　（　　）

A. 乒乓球运动员拉出的“弧圈球”

B. 一只正在漂流的“橡皮船”

C. 正在空中飞翔的“雄鹰”

D. 地面上刮起的“龙卷风”

2. 先在量筒中装入一定量的水，水面对应的刻度如图测 4-1 甲所示；然后用细线系住鹅卵石，把它放入到量筒中，水面对应的刻度如图乙所示。则这块鹅卵石所受的浮力为（g 取 10 N/kg）　（　　）

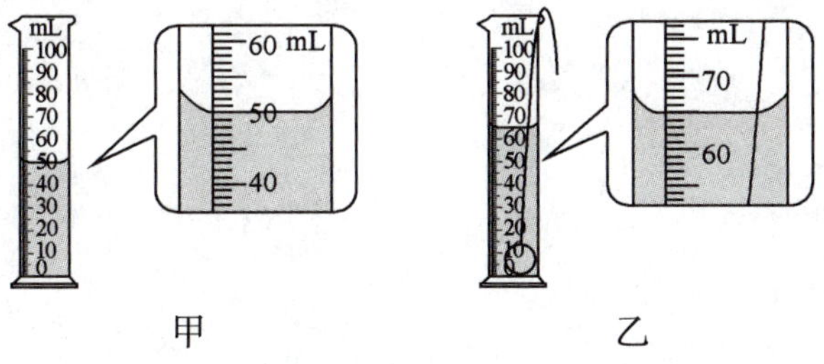

图测 4-1

A.0.5 N　　B.0.65 N

C.0.15 N　　D. 无法计算

3. (2019·江西)“远征号”潜水艇在南海执行任务，根据任务的要求，潜水艇需要在不同深度处悬浮，若海水密度保持不变，则下列说法错误的是　（　　）

A. 潜水艇排开海水的体积相等

B. 潜水艇所受的重力大小不相等

C. 潜水艇所受浮力大小相等

D. 潜水艇所受的浮力与重力大小相等

4. 某同学在实验室进行实验探究“影响浮力大小的因素”，图测 4-2 是其中的一次实验情景，根据图示可以知道，该同学这次操作的目的是　（　　）

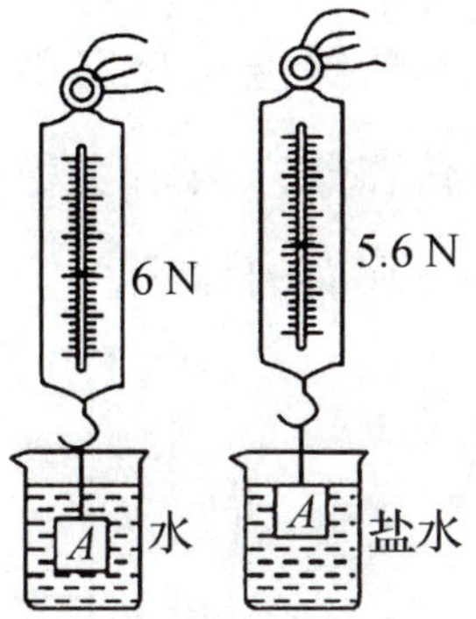

图测 4-2

A. 探究物体所受浮力大小与其浸入的深度的关系

B. 说明物体所受浮力大小跟排开液体的体积大小有关

C. 探究物体所受浮力大小与液体密度的关系

D. 验证阿基米德原理 $F_{浮}=G_{排}$

5. 如图测 4-3 所示，图中给出甲、乙、丙三种物质质量与体积的关系，其中甲、丙为固体，乙为液体（足够多），则下列说法正确的是　（　　）

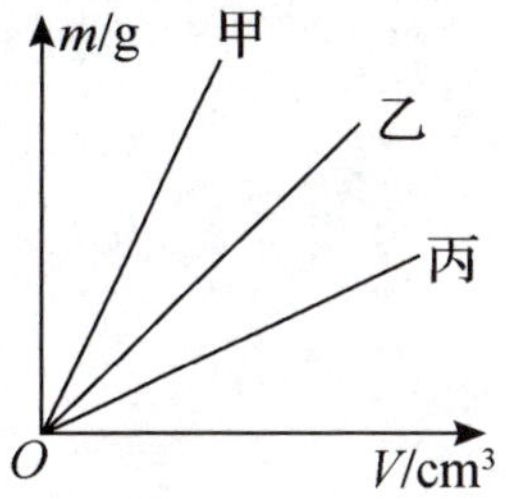

图测 4-3

【评估交流】

洋洋同学说：我们的实验原理是________，操作过程规范，较方便地估测出了大气压强。

瑞瑞同学说：在操作过程中，我发现存在____________________、____________________等问题，尽管我们的操作规范，但估测的结果误差较大。洋洋认真思考后，同意了瑞瑞的意见，然后他们继续一起探讨如何改进方案，尽量减少测量误差。根据洋洋和瑞瑞同学的实验记录及自我评估情况，请你回答：洋洋和瑞瑞测出的大气压强 $p=$__________（用字母表示）；实验时洋洋同学将吸盘四周沾上水，这样做的目的是____________。要准确测量，应该利用课本中介绍的________。

四、综合与应用题（第 16、17 题各 12 分，共 24 分）

16. 在日常生活中，为了提高烹煮食物的温度，缩短烹煮的时间，人们利用水的沸点随气压的升高而升高的性质制造出了高压锅，某种规格的高压锅出气口的直径为 3.2 mm，计算出它的面积约为 8 mm^2。要使锅内的气压达到 2 个标准大气压，请你帮助计算该高压锅应配的限压阀的质量为多少克。（设外界气压为 1 个标准大气压，1 个标准大气压取 10^5 Pa，g 取 10 N/kg）

17. 孝感城区每天清晨都要进行洒水，若一辆洒水车的空车质量为6 t，水罐容积为 5 m^3。车轮与地面的总接触面积为 0.5 m^2。问：（g 取 10 N/kg，$\rho_水=1.0\times10^3$ kg/m^3）

（1）该车最多能装水的质量为多少？

（2）洒完一半水时，洒水车对地面的压强为多少？

（3）若罐内水深 1.5 m，则水对罐底的压强为多少？

单元学科能力测评卷（三）

时间：90 分钟　　分值：100 分

一、单项选择题（每题 4 分，共 32 分）

1. 小明参加了杂技社团，他常常在平整松软的土地上练习单脚站立和单手倒立。当他单脚站立时，在地面上留下了一个凹陷的鞋印；当他单手倒立时，留下了一个凹陷的手掌印，那么（　　）

A. 单脚站立时对地面的压力大于单手倒立时对地面的压力

B. 单脚站立时对地面的压力小于单手倒立时对地面的压力

C. 手掌印凹陷的深度大于鞋印凹陷的深度

D. 手掌印凹陷的深度等于鞋印凹陷的深度

2. 如图测 3-1 所示，甲、乙两个正方体物块放在水平地面上，甲的边长大于乙的边长。甲对地面的压强为 p_1，乙对地面的压强为 p_2。若要使乙对地面的压强也变为 p_1，可以采用的方法是（　　）

A. 若甲、乙密度相等，将甲放到乙上

B. 若甲、乙密度相等，将乙沿竖直方向截去一部分

C. 若甲、乙质量相等，将甲放到乙上

D. 若甲、乙质量相等，将乙沿水平方向截去一部分

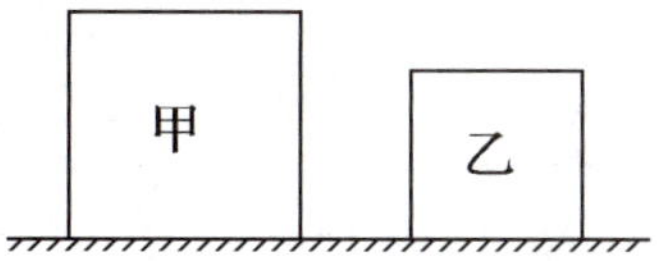

图测 3-1

3. 用如图测 3-2 所示的压强计探究液体内部的压强，若两个压强计的橡皮膜在左、右两杯液体中所处的深度相同，左、右杯中液体的密度分别为 ρ_1、ρ_2，则由图可知（　　）

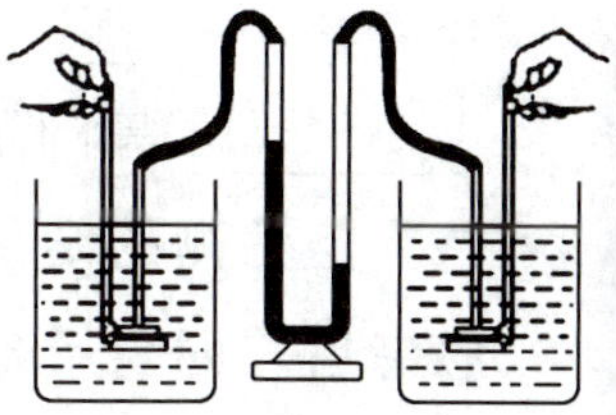

图测 3-2

A. $\rho_1>\rho_2$

B. $\rho_1<\rho_2$

C. $\rho_1=\rho_2$

D. 条件不足，无法判断

4. 如图测 3-3 所示，底面积不同的圆柱形容器 A 和 B 分别盛有甲、乙两种液体，两液面相平且甲的质量大于乙的质量。则此时液体对各自容器底部的压强 p_A、p_B 和压力 F_A、F_B 的关系是（　　）

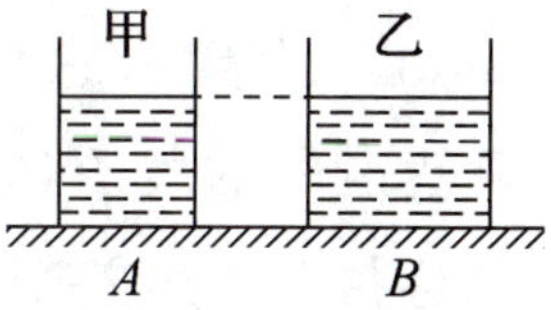

图测 3-3

A. $p_A<p_B$，$F_A=F_B$

B. $p_A<p_B$，$F_A>F_B$

C. $p_A>p_B$，$F_A=F_B$

D. $p_A>p_B$，$F_A>F_B$

5. 如图测 3-4 所示，底部相通的玻璃管上有三个竖管，左管上端开口，中间的 A 管和右边的 B 管上端封闭。现在向容器

所示的方法进行了实验探究，得到如下表所示的实验数据。

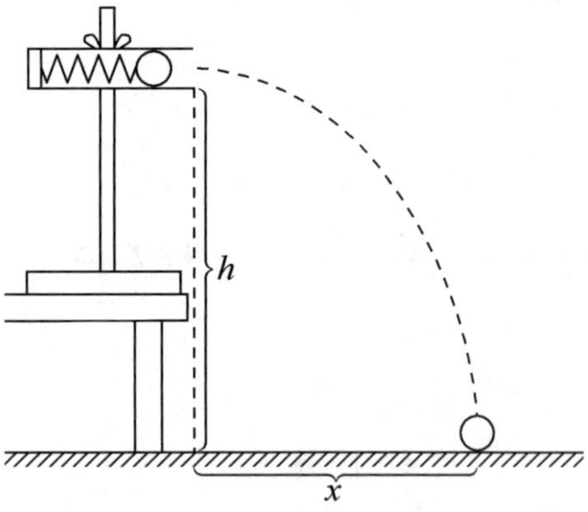

图测 2-10

实验序号	钢球质量 m/kg	抛出点离地高度 h/m	水平抛出的速度 v/($m \cdot s^{-1}$)	落地时间 t/s	落地点与抛出点的水平距离 x/m
1	10	2	1	0.64	0.64
2	20	2	1	0.64	0.64
3	10	2	2	0.64	1.28
4	10	4	2	0.91	1.82

请你通过分析回答以下问题：

(1) 为了验证猜想一，应选用实验序号为________的两组实验进行对比分析；

(2) 为了验证猜想二，应选用实验序号为________的两组实验进行对比分析；

(3) 为了验证猜想三，应选用实验序号为________的两组实验进行对比分析；

(4) 可以得出实验结论：水平抛出的钢球落地时间与__________有关，与__________和__________无关，同时还可得出“落地点与抛出点的水平距离与__________和__________有关”的实验结论。

四、综合与应用题（13 分）

19. 电动自行车已成为大众化的一种交通工具，在使用时人们经常遇到的问题是：一次充满电后行驶不能达到说明书的里程数。为探明原因，小明用家里的电动自行车进行了测试。他骑车在平直的路面上由静止开始运动，获得如图测 2-11 所示的速度和牵引力随时间变化的关系图像。

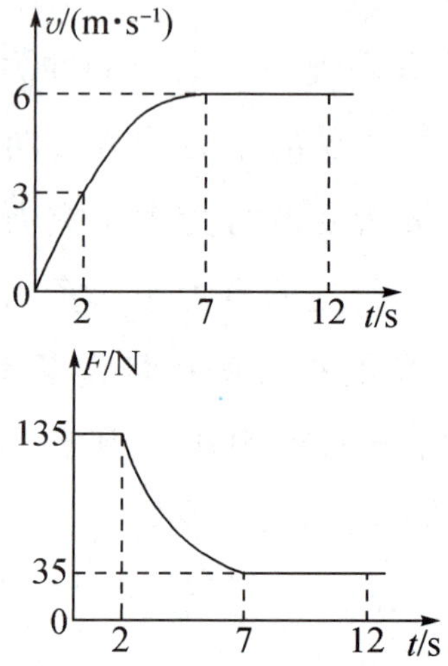

图测 2-11

(1) 由图可知电动自行车的运动特点是____________________；7～12 s 它受到的摩擦力是______N。电动自行车匀速行驶 120 m 所用的时间为________s。

(2) 小明又在不同负重情况下沿同一路面进行了测试，得到了一次充满电的最大行驶里程如下表，由此可以看出负重与最大行驶里程的关系是____________________。你认为产生这种现象的原因是______________________________。

负重/kg	60	80	100	120	140
一次充满电连续行驶最大里程/km	20	16.7	14.3	12.5	11.1

单元学科能力测评卷（二）

时间：90 分钟　　分值：100 分

一、单项选择题（每题 4 分，共 36 分）

1. 一个跳水运动员起跳后仍然向上运动，下列有关说法中正确的是（空气阻力不能忽略）（　　）
   A. 运动员受到一个向上的冲力
   B. 运动员所受的合力的方向向上
   C. 运动员所受的合力大于重力
   D. 运动员所受的合力小于重力

2. 重为 0.5 N 的小石块在竖直下落，若石块在空中所受的阻力小于其重力，则下落过程中受到的合力大小（　　）
   A. 等于 0.5 N
   B. 等于 0
   C. 大于 0.5 N
   D. 小于 0.5 N

3. 关于力和运动的关系，下列说法正确的是（　　）
   A. 物体受到力的作用时就会运动
   B. 物体不受力的作用时处于静止状态
   C. 物体运动速度越大，惯性越大
   D. 物体运动状态改变时，一定受到力的作用

4. 某地发生水灾，政府组织飞机向灾区投放救灾物资，如图测 2-1 所示，飞机在灾区上空沿水平方向飞行，P 是物资投放区的正上方飞机要经过的点，要想将救灾物资准确地投放到投放区，则飞机投放时刻应该选择在（　　）

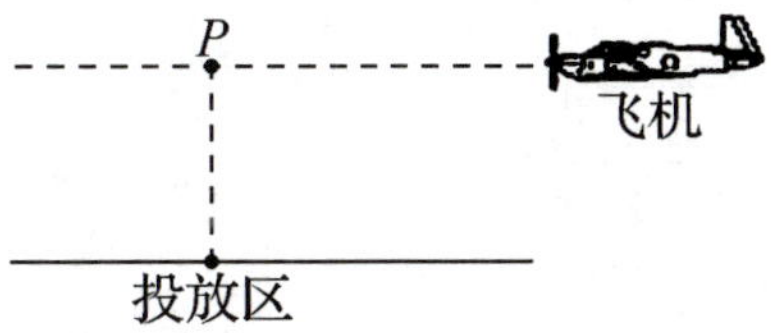

图测 2-1

   A. 到达 P 点之前
   B. P 点处
   C. 飞过了 P 点之后
   D. 任何时刻

5. （2019·广东）头球（运动员用头碰撞飞行中的足球）是足球比赛中常用的技术，下列说法正确的是（　　）
   A. 头球过程中，头对足球的力改变了足球的运动状态
   B. 足球被顶飞，是因为头对足球的力大于足球对头的力
   C. 头对足球的作用力消失时，足球的惯性也消失
   D. 足球在空中飞行时，以运动员为参照物，足球是静止的

6. 小明乘坐公交车时，站在离车门较近的位置而且双手没有扶任何物体，为了避免汽车启动时摔倒，他应将身体（　　）
   A. 保持直立
   B. 向汽车运动方向倾斜
   C. 向汽车运动的反方向倾斜
   D. 任何站姿都可以

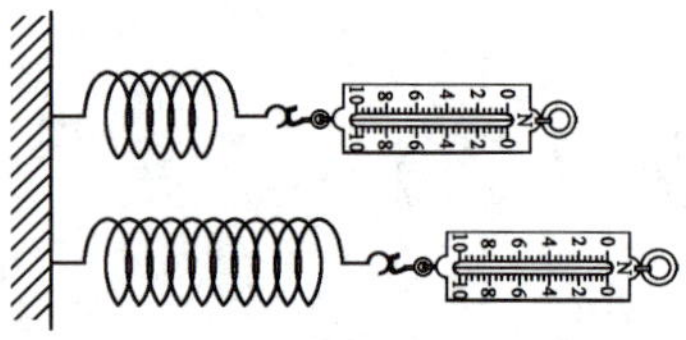

图测 1-9

18. 撑竿跳高运动员要落在厚厚的海绵垫上；轮船靠近趸（dǔn）船时相互接触处挂有缓冲轮胎；警察对高楼坠落人员施救时，在地面铺上空气垫……

（1）请你也举出一个类似的例子：____________________。

（2）根据以上现象，小明提出一个问题：一个物体撞击其他物体时，撞击力的大小是否与相互作用的时间有关？请你也提出一个问题：____________________________________。

（3）针对小明提出的问题，你的猜想是：

____________________________________。

（4）小明根据自己的猜想，设计了如下的实验方案：在两个相同的玻璃槽中堆放不同厚度的面粉，让同一只鸡蛋先后从相同的________落下。落在面粉厚度大的槽中，留下较深的坑，鸡蛋完好无损；落在面粉厚度较小的槽中，鸡蛋破裂。在这里，小明是通过____________来判断撞击时间的长短。由此，你得出的结论是____________________________________。

四、综合与应用题（第 19、20 题各 7 分，共 14 分）

19. 如图测 1-10 所示，在一个小车上固定一个小电扇，闭合电扇开关后，将小车放置在水平桌面上。说出你将观察到的现象，并解释这些现象。

图测 1-10

20. 某实验小组探究橡皮筋产生的弹力与伸长量的关系，实验测得一根橡皮筋的有关数据如下表，并发现再次重复实验时，数据基本相同。

所受拉力/N	0	0.4	0.8	1.2	1.6	2.0	2.4	2.8
伸长量/cm	0	0.7	1.6	2.3	3.2	4.0	4.8	5.7

（1）请你根据他们的实验数据，在如图测 1-11 所示的坐标系中做出橡皮筋所受拉力与伸长量关系的图像。

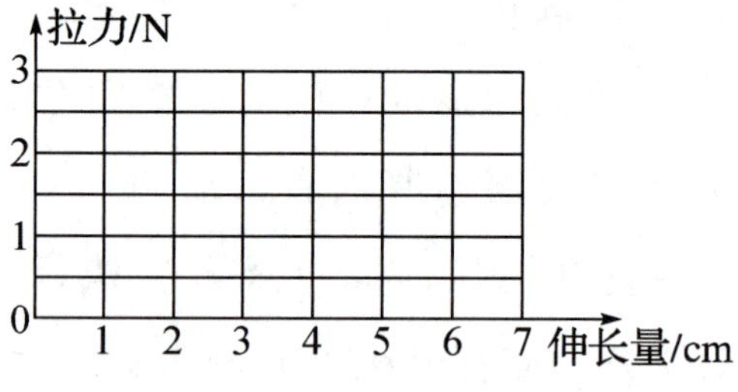

图测 1-11

（2）你认为能用橡皮筋制作成一个简易测力计的理由是什么？

班级：________ 姓名：________ 学号：________ 得分：________

弥 封 线

单元学科能力测评卷（一）

时间：90 分钟　　分值：100 分

一、单项选择题（每题 4 分，共 36 分）

1. 下列关于力的说法正确的是　（　　）

   A. 根据 $g=9.8\ N/kg$ 可知：$1\ kg=9.8\ N$

   B. 放在水平桌面上静止的物体所受弹力就是重力

   C. 滑动摩擦力总是阻碍物体运动

   D. 力的作用是相互的

2. 两块完全相同且表面粗糙的木块上，分别放有质量相同的铁块和磁铁，把它们放入水中，隔开一定的距离，如图测 1-1 所示，松手后会看到的现象是　（　　）

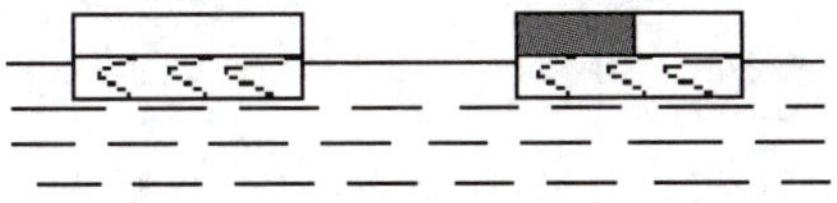

图测 1-1

   A. 磁铁静止不动，铁块向右运动

   B. 铁块静止不动，磁铁向左运动

   C. 铁块向右运动，同时磁铁向左运动

   D. 铁块和磁铁都向右运动

3. 一架直升机从地面直线升空执行一项紧急任务。使直升机上升的力的施力物体是　（　　）

   A. 空气　　B. 飞机机身

   C. 螺旋桨　　D. 地面

4. 下列有关力的说法中，正确的是　（　　）

   A. 力的作用效果与力的大小、方向和作用点都有关系

   B. 手拍桌子时，手对桌子施加了力，桌子对手没有施加力

   C. 弹簧被拉伸时产生的力是弹力，钢丝绳悬挂重物的力不是弹力

   D. 重力的方向总是垂直向下

5. 如图测 1-2 所示，一个木块在光滑水平面上以 v_0 的速度做匀速直线运动，冲上粗糙斜面后最终静止在 A 点。以下关于木块在斜面上受到摩擦力的说法正确的是　（　　）

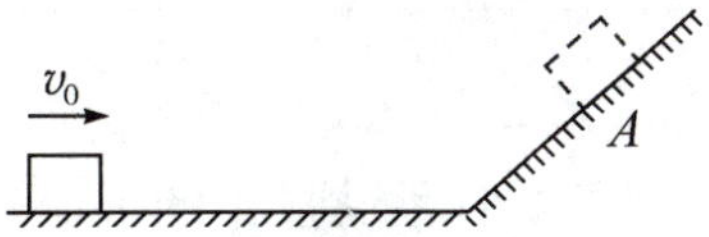

图测 1-2

   A. 木块在斜面上受到的摩擦力始终不变

   B. 木块在 A 点时受到的摩擦力大小等于木块的重力

   C. 木块在斜面上受到的摩擦力方向始终沿斜面向下

   D. 木块在斜面上受到的摩擦力方向会发生改变

6. 月球对它表面附近的物体也有引力，这个力大约为地球对地面附近同一物体引力的 $\frac{1}{6}$，一个连同随身装备共 90 kg 的宇航员，在月球上的质量和重力分别为（g 取 10 N/kg）　（　　）

   A. 90 kg、150 N　　B. 15 kg、150 N

   C. 90 kg、900 N　　D. 15 kg、900 N

7. 下列事例中的摩擦，属于滑动摩擦的是 （　　）

A. 走路时，鞋与地面间的摩擦

B. 写粉笔字时，粉笔与黑板间的摩擦

C. 足球在草地上滚动时，足球与草地间的摩擦

D. 拧瓶盖时，手与瓶盖间的摩擦

8. 假如没有摩擦，下列现象不可能发生的是 （　　）

A. 地面上滚动的球、行驶的车很难停下来

B. 人拿不住笔写字

C. 人可以在地面上行走如飞

D. 用吹灰之力就可以将火车沿铁轨推动

9. (2019·四川内江) 关于重力、弹力和摩擦力，下列说法中正确的是 （　　）

A. 因为物体本身就有重力，所以重力没有施力物体

B. 物体受到的重力的方向总是竖直向下，有时还垂直于接触面

C. 物体间如果没有相互作用的弹力，就一定存在摩擦力

D. 摩擦力的方向一定与物体运动的方向相反

二、填空与作图题（第 10 至 14 题，每空 2 分；第 15 题、16 题每题 3 分。共 34 分）

10. 乌贼是海洋中的软体动物，它的头下有一个漏斗，肌肉收缩时就会把外套膜中的水从漏斗中喷出，从而使自己向后游去，如图测 1-3 所示。乌贼的这一运动方式说明物体间力的作用是________的，使乌贼向后游去的力的施力物体是________。

图测 1-3

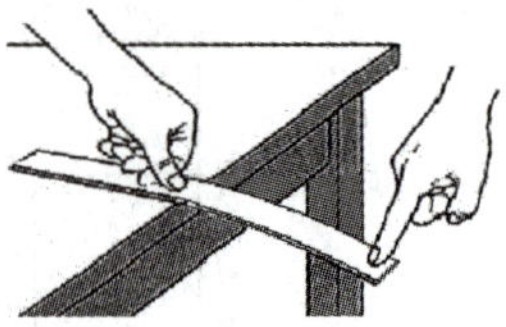

图测 1-4

11. 如图测 1-4 所示，小明用塑料尺在课桌边做了两个实验：(1) 他用较小的力和较大的力压塑料尺时，尺的弯曲程度不同；(2) 向不同的方向压塑料尺时，尺的弯曲方向不同。这两个实验分别说明力的作用效果与力的__________和__________有关。小明每次用力按压塑料尺时，也感觉到塑料尺对他的手有作用力，这说明______________________________。

12. 在弹性范围内，弹簧的________与所受的拉力成正比，弹簧测力计就是根据这个原理制成的。一个物体挂在弹簧测力计下端时弹簧测力计的示数如图测 1-5 所示，则此物体的重力为________N。如果用天平测此物体的质量，天平的示数为_______kg。(g 取 10 N/kg)

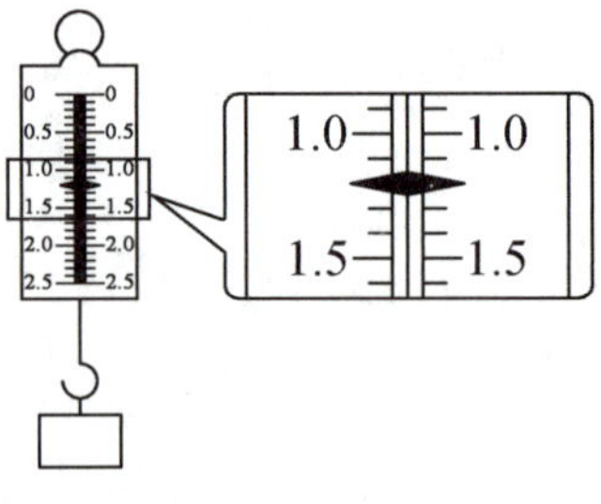

图测 1-5

13. 某同学在探究弹簧的特点时，得出了弹簧的长度与受到拉力的关系如图测 1-6 所示。由图像可知，该同学使用的弹簧原长为________cm，这根弹簧受到的最大拉力不能超过________N；当弹簧受到的拉力为 6 N 时，弹簧伸长________cm。

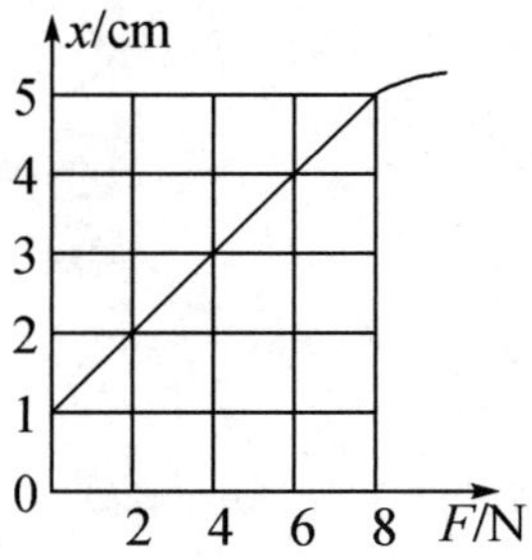

图测 1-6

14. 一个木箱放在水平面上，当木箱受到 10 N的水平推力时，箱子未推动，这时箱子受到的摩擦力________ 10 N（填“大于”“小于”或“等于”）；当水平推力增大到 15 N 时，箱子恰好匀速运动，此时箱子受到的摩擦力是________ N；当水平推力增大到 20 N 时，木箱受到的摩擦力为________ N。

15. 如图测 1-7 所示，用力把一个物体压在竖直的墙壁上使其静止，请画出物体所受摩擦力的示意图。

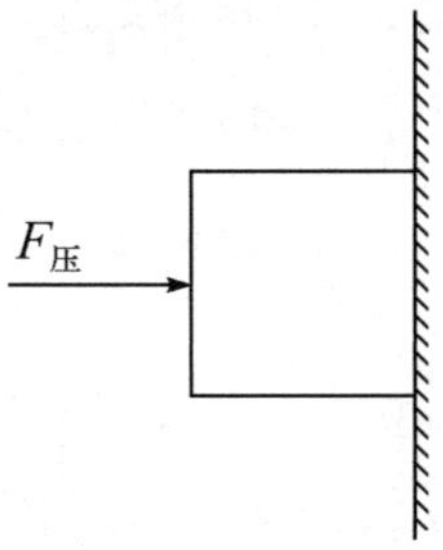

图测 1-7

16. 如图测 1-8 所示，重 5 N 的一瓶饮料静置在停止运转的传送带上。请在图中画出这瓶饮料所受重力的示意图。

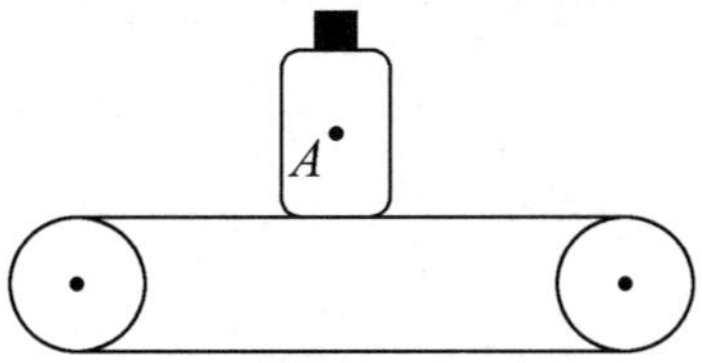

图测 1-8

三、实验与探究题（第 17 题 7 分，第 18 题 9 分，共 16 分）

17. 小明在选用弹簧测力计的过程中，发现测量大小相同的力时，用不同规格的测力计，弹簧伸长的长度不一样。对于哪些因素会影响弹簧的伸长量，小明有三种猜想。

猜想 1：制造弹簧所用的材料可能影响弹簧的伸长量。

猜想 2：弹簧的原长可能影响弹簧的伸长量。

猜想 3：弹簧的粗细可能影响弹簧的伸长量。

小明为探究自己的猜想，设计出了一个实验方案：

①将一根弹簧剪成长度不同的两根，测出两根弹簧的初始长度为 L_1、L_2；

②如图测 1-9 所示，固定弹簧的一端，用大小相等的力拉弹簧，测出两根弹簧的对应长度为 L'_1、L'_2；

③改变拉力的大小，重复实验步骤①②，记录实验数据。

（1）该实验方案研究的是猜想________（填写序号）；

（2）实验方案中将“一根弹簧剪成长度不同的两根”，这样做的目的是____；

（3）实验方案中“用大小相同的力拉弹簧”表明弹簧的伸长量还与________有关；

（4）探究此猜想需要研究和比较的物理量是________和________。

7. 若小球在运动过程中只受到力 F 的作用，且运动过程中力 F 始终保持不变，则小球的运动轨迹（用虚线表示，如图测 2-2 所示）不可能的是（　　）

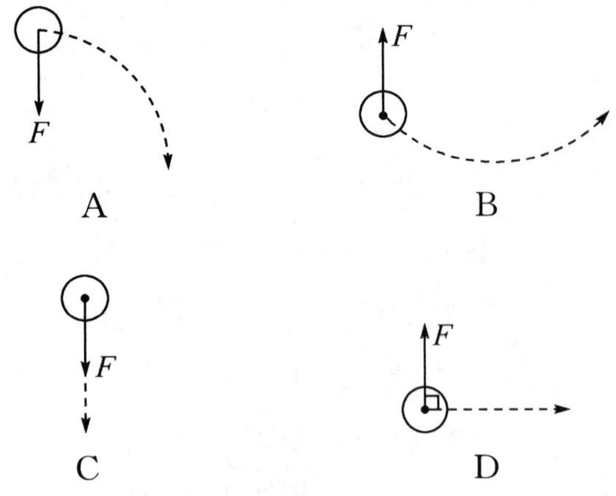

图测 2-2

8. 某学习小组对一辆在平直公路上做直线运动的小车进行观测研究。他们记录了小车在某段时间内通过的路程与所用的时间，并根据记录的数据绘制了路程与时间的关系图像，如图测 2-3 所示。根据图像可以判断（　　）

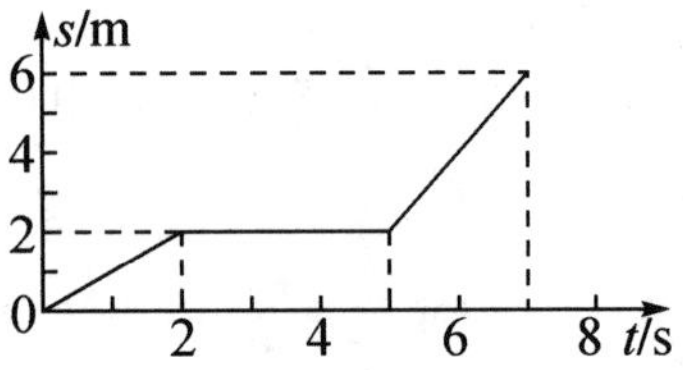

图测 2-3

A.0～5 s 内，小车的平均速度是 0.4 m/s

B.0～7 s 内，小车的平均速度是 1.5 m/s

C.2～5 s 内，小车受到的合力不为零

D.5～7 s 内，小车受到的合力不为零

9. 质量相等的两顶降落伞，甲以 3 m/s 的速度匀速下降，乙以 5 m/s 的速度匀速下降，在下降的过程中，下列说法正确的是（　　）

A. 甲降落伞受到的阻力大

B. 乙降落伞受到的阻力大

C. 两顶降落伞受到的阻力一样大

D. 无法确定

二、填空与作图题（第 10 至 14 题，每空 2 分；第 15 题 3 分；第 16 题 4 分。共 29 分）

10. 环卫工人在水平地面上用 100 N 的力水平向前推动清洁车，地面给车的阻力为 80 N，则清洁车受到水平方向的合力的大小为______N，方向向________。

11. 物体受到同一直线上两个力的作用，它们的合力方向向东，大小为 20 N，已知其中一个力的大小为 60 N，方向向西，则另一个力的大小是________N，方向向________。

12. 如图测 2-4 是小明课外制作的惯性现象演示器，小车在水平桌面上向左做匀速直线运动的过程中，如果以小车为参照物，玻璃球是________（填“运动”或“静止”）的。如果在上述运动过程中的某一时刻，吊玻璃球的细线突然断开，玻璃球由于具有______要保持原来的______状态，所以会掉入下面的纸筒中。

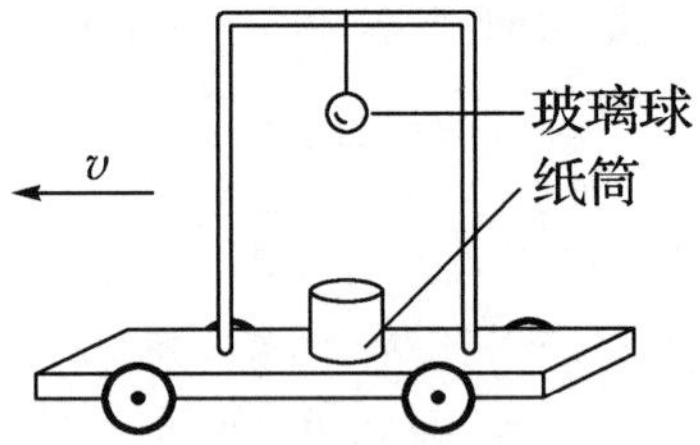

图测 2-4

13. 体育频道的围棋评论员讲评围棋时，棋子能静止在竖直放置的磁性棋盘上。如图测 2-5 所示是磁性棋盘上

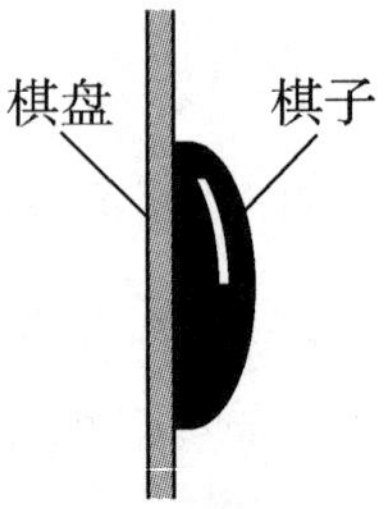

图测 2-5

的一枚棋子，它在水平方向上受到的棋盘的吸引力和支持力是一对______（填“平衡”或“相互作用”）力。如果这枚棋子重为 0.3 N，则它受到棋盘对它的摩擦力大小为______N。

14. 如图测 2-6 所示的是同一木块先后两次在同一水平面上运动时，在相等时间内连续拍摄的“频闪”照片。由图可知，两次实验中，木块的速度______，木块所受拉力的大小________。（填“相等”或“不相等”）

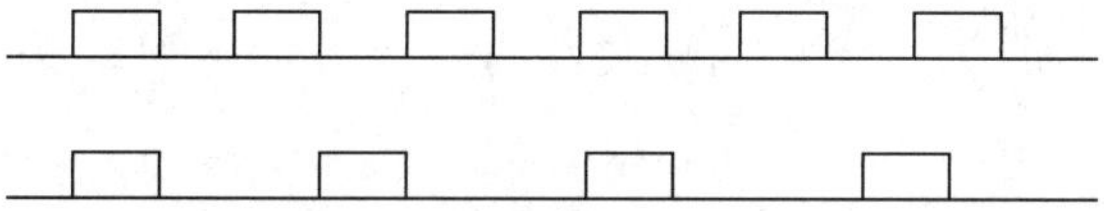

图测 2-6

15. 如图测 2-7 所示，进入仓库的货箱在传送带上随其做匀速直线运动，请画出货箱的受力示意图。

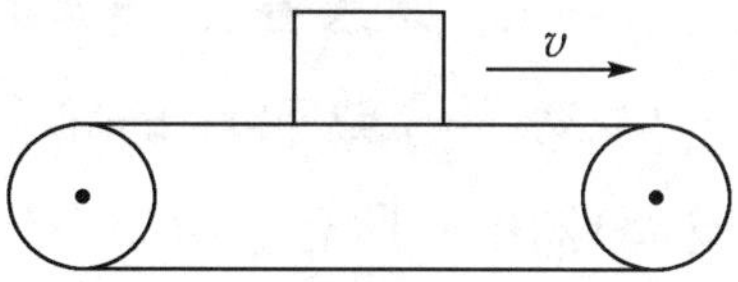

图测 2-7

16. 如图测 2-8 所示，一个足球沿水平地面滚动，请你画出足球受力的示意图。

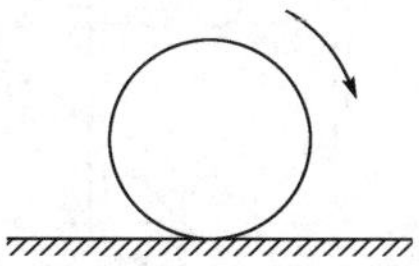

图测 2-8

三、实验与探究题（第 17 题 10 分，第 18 题 12 分，共 22 分）

17. 在“探究力和运动的关系”的实验中，让木块由静止开始沿斜面滑下，木块在三种不同的水平面上运动一段距离后分别停留在如图测 2-9 所示的位置。

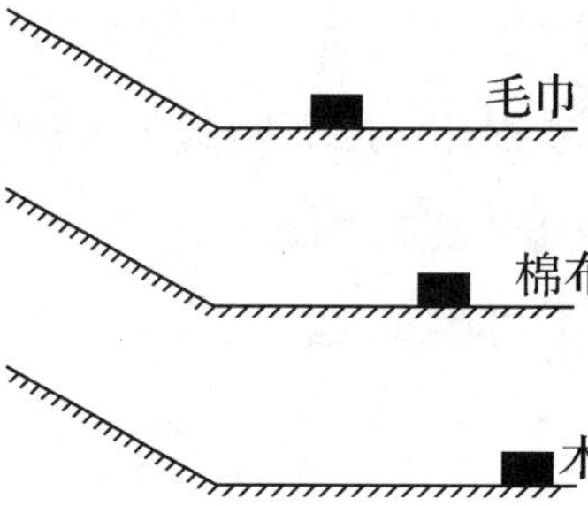

图测 2-9

（1）实验要求木块在进入不同的水平面时有相同的初速度，则木块应从同一斜面的________开始下滑。

（2）木块进入水平面后，在运动过程中受到的一对平衡力是________。

（3）实验结论：平面越光滑，木块受到的阻力越小，速度减小得越________。

（4）推论：如果木块在水平面受到的阻力为零，木块将做________。

（5）探究过程中主要采用的研究方法是科学推理法和____________________________________。

18. 小明和小亮在操场上玩耍时发现水平抛出的几个物体落地时间有差异，善于观察的他们想到水平抛出物体的这个“落地时间”与什么因素有关呢？思考讨论后他们提出了如下猜想：

猜想一：与抛出物体的质量有关；

猜想二：与水平抛出的速度有关；

猜想三：与水平抛出点的离地高度有关。

为了验证以上猜想，他们从探究实验室借来能控制发射速度的弹射器、两个质量不同的小钢球、刻度尺、电子秒表等实验器材，依照物理学习中的科学方法，在老师的帮助下按照如图测 2-10

中加水至图示位置，如果在 A 管和 B 管上端同时开一个小孔，将会出现的情况是（　　）

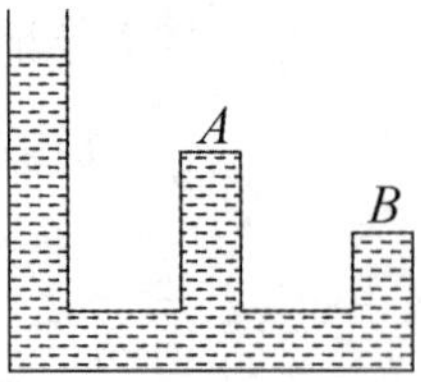

图测 3-4

A. 管中的水仍然保持静止

B. A 管有水喷出，B 管中没有水喷出，左管水面最后与 A 管顶端相平

C. B 管有水喷出，A 管中没有水喷出，左管水面最后与 B 管顶端相平

D. A 管和 B 管中都有水喷出，左管水面最后与 B 管顶端相平

6. 不漏气的橡皮氢气球由地面上升过程中，球内气体的质量与密度的变化情况是（　　）

A. 质量增加，密度增加

B. 质量不变，密度减小

C. 质量减小，密度减小

D. 质量不变，密度不变

7. 制糖时，常常采用沸腾的办法除去糖汁中的水分，但为了使糖在沸腾时不致变质，沸腾时温度要低于 100 ℃，按照这个要求，糖汁表面的气压必须（　　）

A. 大于 1 个标准大气压

B. 等于 1 个标准大气压

C. 小于 1 个标准大气压

D. 等于 0

8. 小华制成如图测 3-5 所示的“自动给水装置”，是用一个装满水的塑料瓶子倒放在盆景中，瓶口刚好被水浸没，其瓶中水面能高于盆内水面，主要是由于（　　）

图测 3-5

A. 瓶的支持力的作用

B. 瓶的重力作用

C. 瓶的吸力作用

D. 大气压的作用

二、填空题（每空 2 分，共 26 分）

9.（2019·山东青岛）我国“蛟龙号”载人潜水器下潜至 7 km 深的海水中，若海水的密度取 $1.0\times10^3\ kg/m^3$，潜水器受到水的压强大小的约是________。

10. 如图测 3-6 所示，将一个一端蒙有橡皮膜、一端开口的玻璃筒的橡皮膜一端竖直插入水中，可以看到橡皮膜向上凹进，这说明液体内部________（填“存在”或“不存在”）压强；如果继续将橡皮膜压向更深的地方，看到的现象是________，这说明________。

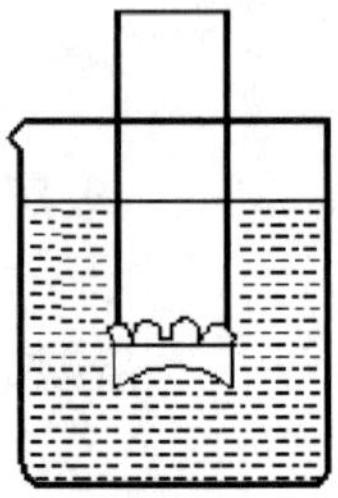
图测 3-6

11. 暑假里，李辉同学到拉萨旅游，到达拉萨后发现带去的密封很好的袋装方便面内部气体膨胀了很多，导致这一现象的主要原因是李辉家所在地的大气压比拉萨旅游区的大气压________，与膨胀前相比，这包方便面的质量________，袋内气体密度________。

12. 取大气压强值为 1.0×10^5 Pa，若一只手掌的面积为 0.01 m^2，则手掌承受的大气压力是________N。在海拔 2 km 以内，每升高 10 m，大气压约减少 111 Pa，若某处气压计示数是 91 120 Pa，则该处海拔是________m，该处水的沸点________（填“大于”“等于”或“小于”）100 ℃。

13. 如图测 3-7 所示是小明在家里用玻璃管、橡胶管和大塑料瓶等制作的一个人造喷泉，储水箱、橡胶管和玻璃管构成了一个________。向储水箱里加水后，要想加水后有水从喷嘴里喷出，喷嘴口必须比储水箱中的水面________（填“高”或“低”）；喷嘴里喷出的水的高度________（填“会”或“不会”）高于储水箱中水面的高度。

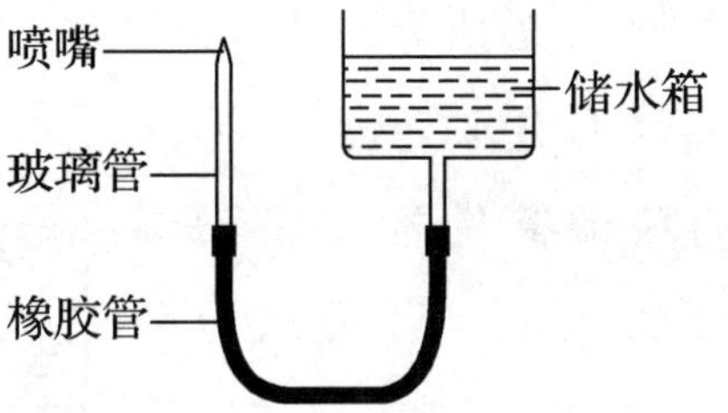

图测 3-7

三、实验与探究题（第 14 题 8 分，第 15 题 10 分，共 18 分）

14. 在讲解液体压强时，物理老师进行了如下实验：

（1）老师出示了如图测 3-8 甲所示的装置，并向装置中加入一定量的水，此时你观察到的现象是________________，这说明液体对容器________有压强。

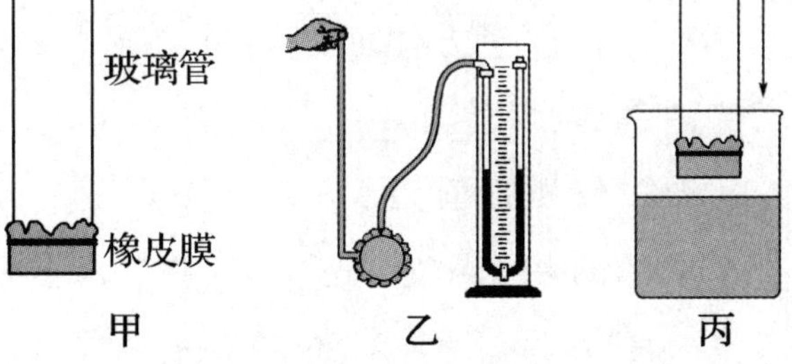

图测 3-8

（2）稍后老师拿出如图乙所示的压强计准备探究液体内部是否存在压强，而小明认为没必要，只要利用图甲的装置即可。于是小明将图甲装置缓慢地浸入水中，如图丙所示，他将观察到________________________________。

（3）若要探究液体内部压强的特点，你选择的装置是________，选择的理由是________________________________。

（4）小明还想利用图甲所示的装置探究液体内部的压强与液体密度的关系，他该怎样做？简要说明操作过程。

15. 洋洋同学家的卫生间下水道堵塞了，他爸爸利用吸盘（如图测 3-9 所示）很快就将下水道疏通了。为此他突然联想到所学过的大气压知识，于是，洋洋和瑞瑞同学合作利用吸盘设计了一个估测大气压强的实验方案。

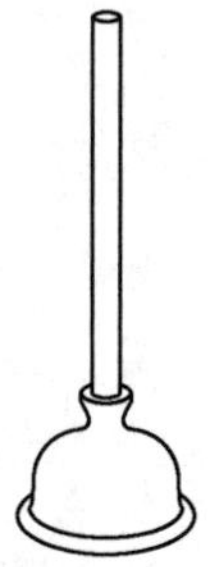
图测 3-9

【方案设计】

（1）用刻度尺测出吸盘的直径 D；

（2）将吸盘四周沾上水，挤出里面的空气压在光滑的水平地面上；

（3）用力竖直往上拉吸盘柄，直到吸盘脱离地面，根据经验估测拉脱吸盘所需拉力的大小 F；

（4）计算出当地大气压强。

A. 实心物体甲放入乙液体静止后，一定漂浮

B. 实心物体丙放入乙液体静止后，一定漂浮

C. 实心物体甲放入乙液体静止后，一定悬浮

D. 实心物体丙放入乙液体静止后，一定沉底

6. 将空矿泉水瓶慢慢压入水中，直到完全浸入。下列对矿泉水瓶受到的浮力分析不正确的是 ( )

A. 矿泉水瓶受到水对它的浮力

B. 浮力的方向竖直向上

C. 排开水的体积越大，受到的浮力越大

D. 浸没后，压入越深，受到的浮力越大

7. 如图测 4-4 所示，三个相同的容器内水面高度相同，甲容器内只有水，乙容器内有木块漂浮在水面上，丙容器中悬浮着一个小球，则下列四种说法中正确的是 ( )

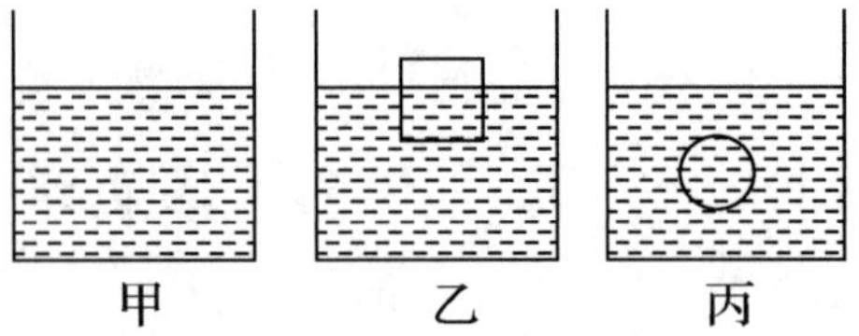

图测 4-4

A. 三个容器对水平桌面的压力不相等

B. 三个容器中，丙容器对水平桌面的压强最大

C. 如果向乙容器中加入盐水，木块受到的浮力不变

D. 如果向丙容器中加入酒精，小球受到的浮力不变

8. 关于物体在液体中受到的浮力，下列说法正确的是 ( )

A. 漂浮的物体比沉底的物体受到的浮力大

B. 物体的密度越大，受到的浮力越小

C. 物体排开水的体积越大，受到的浮力越大

D. 浸没在水中的物体受到的浮力与深度有关

9. 热气球飞行作为一个体育项目正日趋普及，现有一个体积为 100 m^3 的热气球静止在空中，若已知空气的密度为1.29 kg/m^3，那么，此时它所受的浮力是（g 取 10 N/kg） ( )

A. 129 N　　B. 1 290 N

C. 12 900 N　　D. 129 000 N

二、填空题（每空 2 分，共 28 分）

10. 五一劳动节期间，小昭和妈妈到无锡旅游，买了一只宜兴茶壶，她听说宜兴茶壶是用宜兴特有的泥土制成的，就想利用所学的物理知识测出这种泥土的密度。她用天平分别测得壶盖的质量为 44.4 g，空茶壶的总质量为 158 g，装满水后其总质量为 650 g，然后再把壶盖浸没在盛满水的溢水杯中，则得溢出的水的质量是 14.8 g。已知茶壶底与水平桌面的接触面积是60 cm^2，则壶盖在溢水杯中受到的浮力是________N，茶壶装水前后对桌面的压强之差是________Pa，制成茶壶的泥土密度是________kg/m^3。（$\rho_水=1.0\times10^3$ kg/m^3，g 取10 N/kg）

11. 我国首台自行设计、自主集成研制的载人潜水器“蛟龙号”到达 5 000 m 深海处，当其排开海水的体积为 3 m^3 时，受到浮力的大小约为______N；当其下潜至 1 000 m 深度时，该处海水的压强约为________Pa；该潜水器从1 000 m深处继续下潜，受到的浮力将______（填“变大”“不变”或“变小”）。（海水的密度近似取 1×10^3 kg/m^3）

12. 如图测 4-5 所示，一个重为 1.5 N 的小碗漂浮在水槽的水面，此时小碗受到的浮力为________N。如果让小碗沉没到水槽底部，则它受到的浮力将变________，水槽的水面将________（填“上升”“下降”或“不变”）。

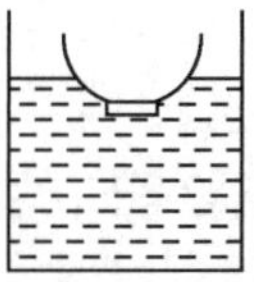

图测 4-5

13. 小聪将一实心球放入水中，发现实心球悬浮，此时容器中水深 0.3 m，容器底受到水的压强为________Pa；取出小球将它切成大小不等的两块，再将它们浸没于水中，发现小块下沉，大块________（填“上浮” “下沉”或“悬浮”）。(g 取10 N/kg)

14. 用手将一重为 6 N 的物体全部压入水中，物体排开的水重为 10 N，此时物体受到的浮力为________N；放手后物体将________（填“上浮”“下沉”或“悬浮”），待物体静止时所受浮力为________N。

三、实验与探究题（12 分）

15. 在“探究浮力的大小跟哪些因素有关”时，同学们提出了如下的猜想：

①可能跟物体浸入液体的深度有关；②可能跟物体的重力有关；③可能跟物体的体积有关；④可能跟物体浸入液体的体积有关；⑤可能跟液体的密度有关。

为了验证上述猜想，李明做了如图测 4-6 所示的实验：他在弹簧测力计下端挂一个铁块，依次把它缓缓地浸入水中不同位置。

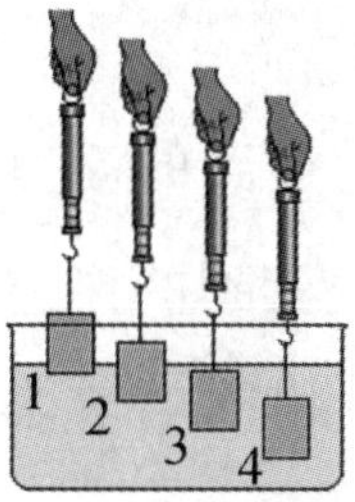

图测 4-6

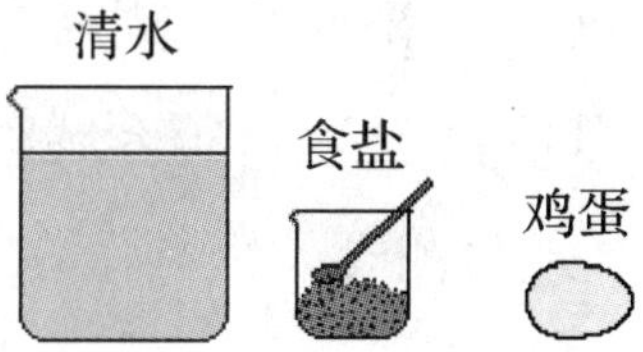

图测 4-7

(1) 铁块在从位置 1→2→3 的过程中，弹簧测力计的示数________，说明铁块受到的浮力________；从位置 3→4 的过程中，弹簧测力计的示数________，说明铁块受到的浮力________。（填“变大”“变小”或“不变”）

(2) 通过这一实验可以验证上述猜想________是正确的，猜想________是不正确的（填序号）。

(3) 给你一杯清水、一个熟鸡蛋和适量的食盐（如图测 4-7 所示），请你设计实验验证浮力与液体的密度是否有关。简要写出你的实验方法。

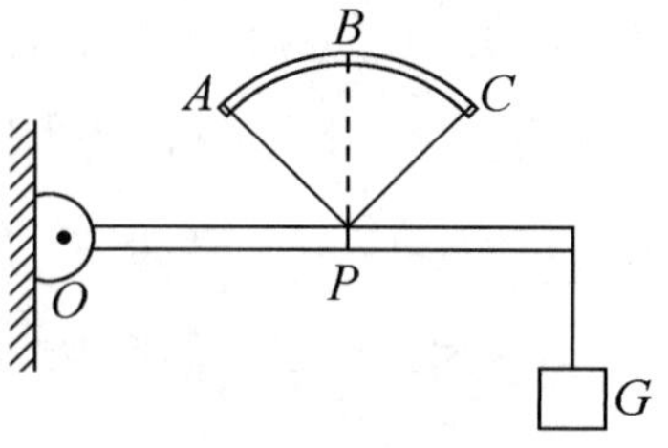

图测 5-4

A. 先变小、后变大

B. 先变大、后变小

C. 一直增大

D. 一直不变

6. 如图测 5-5 所示，用滑轮组提升一个重为 120 N 的重物，如果动滑轮重、绳子重和摩擦均不计，绳子的自由端向下移动了3 m，则作用在绳子自由端的拉力 F 和重物上升的高度 h 分别为（　　）

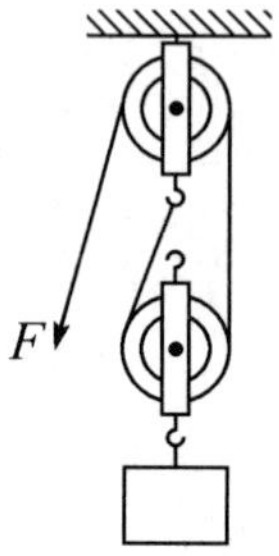

图测 5-5

A. $F=40$ N，$h=1$ m

B. $F=240$ N，$h=6$ m

C. $F=60$ N，$h=1.5$ m

D. $F=360$ N，$h=9$ m

7. 把质量相等的 A、B 两物体挂在如图测 5-6 所示的滑轮组下面，不计绳子、滑轮的重力和摩擦，放手后（　　）

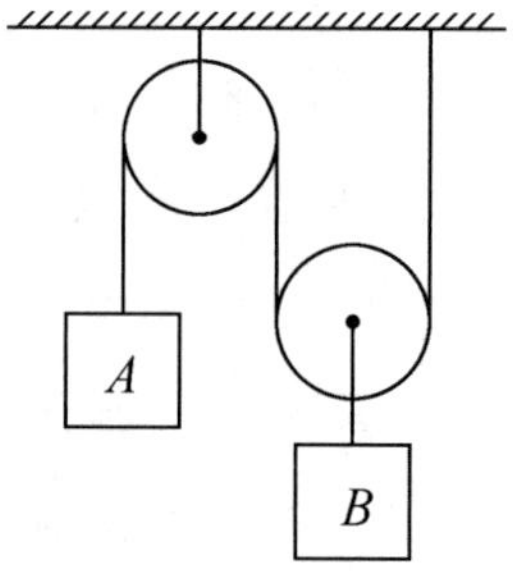

图测 5-6

A. A 上升

B. A 下降

C. A、B 均静止

D. 无法判断

8. 如图测 5-7 所示，利用斜面将木箱推上汽车，下列方法可以提高斜面的机械效率的是（　　）

图测 5-7

A. 以较快的速度匀速推木箱

B. 以较慢的速度匀速推木箱

C. 增大斜面的粗糙程度

D. 增大斜面的倾斜程度

9. 以下关于杠杆的说法正确的是（　　）

A. 杠杆是能绕支点转动的弹性棒

B. 天平是利用杠杆的平衡条件来称量物体质量的

C. 使用杠杆是为了省力

D. 商贩不慎在秤砣上沾了一块泥，他卖给顾客的菜将会缺斤少两

10. 用同一个滑轮组将 100 N 和 200 N 的重物提升2 m，若不计摩擦，下列判断正确的是（　　）

A. 提升 100 N 重物的机械效率高

B. 它们的额外功相同

C. 它们的有用功相同

D. 它们的机械效率相同

二、填空与作图题（第 11 题至 15 题每空 2 分，第 16 题 3 分，第 17 题 4 分，共 33 分）

11. 甲、乙两人在相同的水平路面上，分别以 1 m/s 和 0.5 m/s 的速度将两个完全相同的木箱沿直线匀速推动了 10 m。在此过程中，甲推木箱的力________（填“大于”“小于”或“等于”）乙推木箱的力；________（填“甲”或“乙”）做功的功率更大。

12. 王师傅装修房子时，用如图测 5-8 所示的滑轮组装置往楼上运送空心砖。已知

装物箱重 250 N，每个滑轮重 50 N，每块空心砖重 20 N（不计钢丝绳的重力和摩擦）。若王师傅拉钢丝绳的力是 600 N，则一次能匀速提升________块砖。若某次提升中，钢丝绳受到的拉力是 500 N，拉力的功率是 250 W，则将空心砖匀速提升 10 m，需要的时间是________ min。

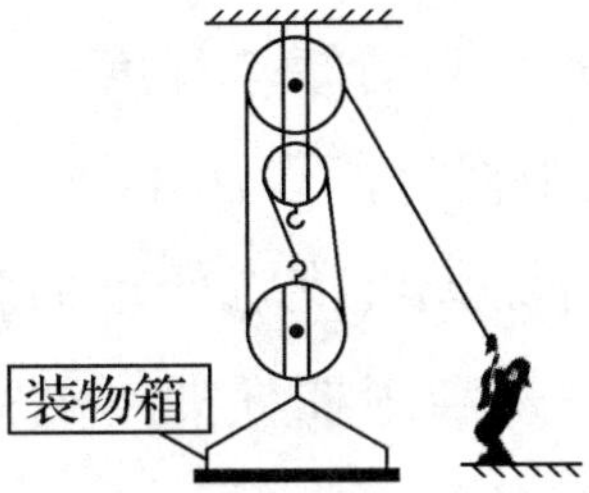

图测 5-8

13. 在人体中有许多杠杆，甚至踮一下脚尖都是人体杠杆在起作用。如图测 5-9 所示，人以______（填字母）为支点，通过小腿肌肉用力，踮起脚尖，按杠杆的分类，这是一个________（填“省力”或“费力”）杠杆。小明体重为600 N，当小明踮起脚尖时，假设体重落在“杠杆”中心，则两腿肌肉共用力至少________N。

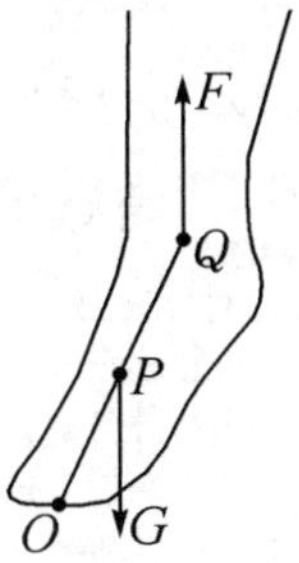

图测 5-9

14. 一台起重机将重 3 600 N 的货物提高 4 m，如果额外功是 9 600 J，则该起重机做的有用功是________J，总功是________J，机械效率是________。

15. 利用如图测 5-10 所示的装置将重为 100 N 的物体匀速从斜面的底端拉到顶端。已知斜面的长是5 m，高是 2 m，作用在绳子自由端的拉力为 $F=50$ N。则在这一过程中，克服重力所做的功为________J，拉力 F 做的功为________J，整个装置的机械效率为________。

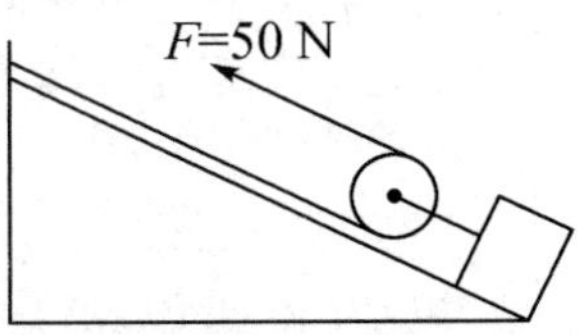

图测 5-10

16. 如图测 5-11 所示，AOB 为一轻质杠杆（杠杆自身重力忽略不计），O 为支点，$OA=OB$，在杠杆的 B 端挂一重为20 N 的重物，要使杠杆上的 OB 在水平位置平衡，则在 A 端施加的最小的力 F 为________N。请在图中画出这个最小的力 F。

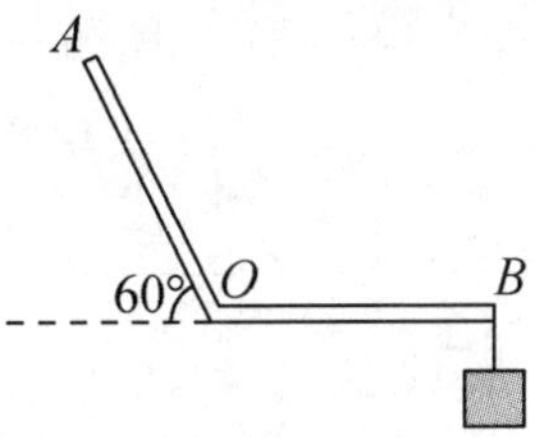

图测 5-11

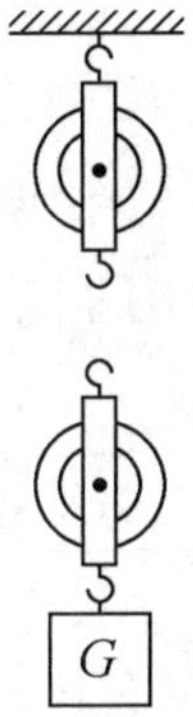

图测 5-12

17. 在如图测 5-12 所示的滑轮组上绕线，使匀速提升重物 G 时最省力。

三、实验与探究题（10 分）

18. 某实验小组利用如图测5-13所示装置研究杠杆的机械效率，实验的主要步骤如下：

①用轻绳悬挂杠杆一端的 O 点作为支点，在 A 点用轻绳悬挂总重为 G 的钩码，在 B 点用轻绳竖直悬挂一个弹簧测力计，使杠杆保持水平；

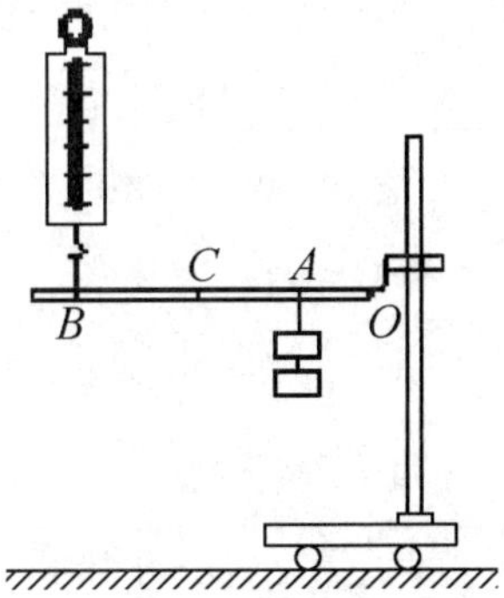

图测 5-13

A. 动能增加，重力势能不变

B. 动能不变，重力势能增加

C. 机械能总量不变

D. 机械能总量增加

9.（2019·山东聊城）如图测 6-2 所示是探究“物体的动能跟哪些因素有关”的实验。实验中，让同一铜球从斜面的不同高度由静止释放，撞击同一木块，下列说法正确的是（　　）

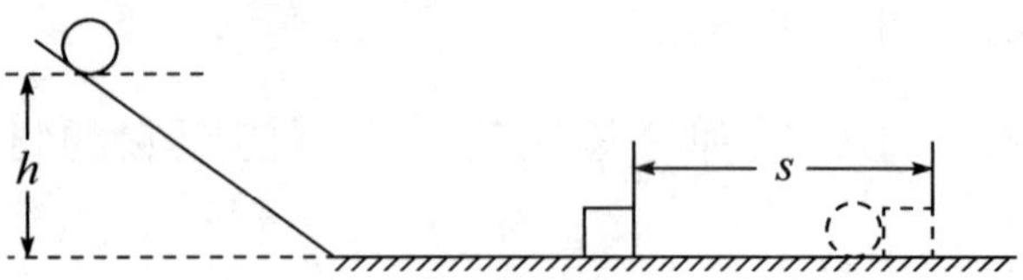

图测 6-2

A. 该实验探究的是物体动能大小与高度的关系

B. 该实验探究的是物体动能大小与质量的关系

C. 该实验中，物体的动能是指木块的动能

D. 该实验结论可以解释为什么对机动车限速

10. 如图测 6-3 所示，钢珠沿竖直平面上的光滑轨道 $abcd$ 从 a 点运动到 d 点，则钢珠（　　）

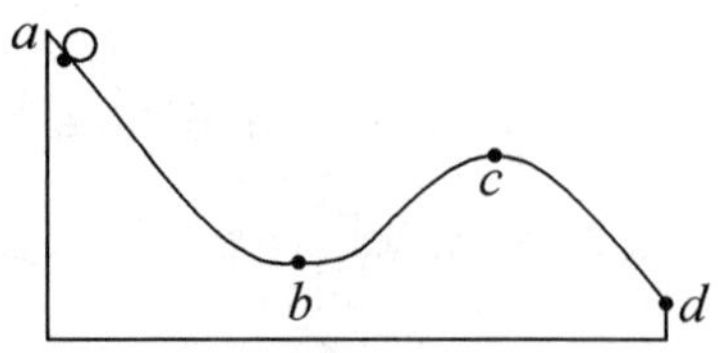

图测 6-3

A. 通过 c 点时的速度比通过 d 点时大

B. 在 c 点比在 b 点的重力势能小

C. 从 a 点运动到 b 点的过程中，动能转化为重力势能

D. 从 b 点运动到 c 点的过程中，动能转化为重力势能

二、填空题（每空 2 分，共 22 分）

11. 摩托车、小轿车、公共汽车以相同的速度在平直的公路上匀速行驶，它们中动能最大的是________，动能最小的是________。

12. 如图测 6-4 所示，将体积相等的实心塑料球和铅球放在同一水平桌面上，则________球的重力势能较大，其原因是________________。要使它们具有的重力势能一样大，你的办法是________________________。

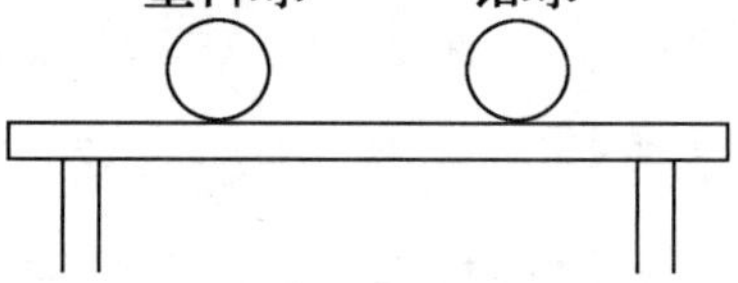

图测 6-4

13. 如图测 6-5 所示是某球员传球时足球的一段运动轨迹，其中 A 点的重力势能________（填“大于”“小于”或“等于”）B 点的重力势能。若不计空气阻力，足球在下落的过程中，重力势能转化为________能，机械能________。

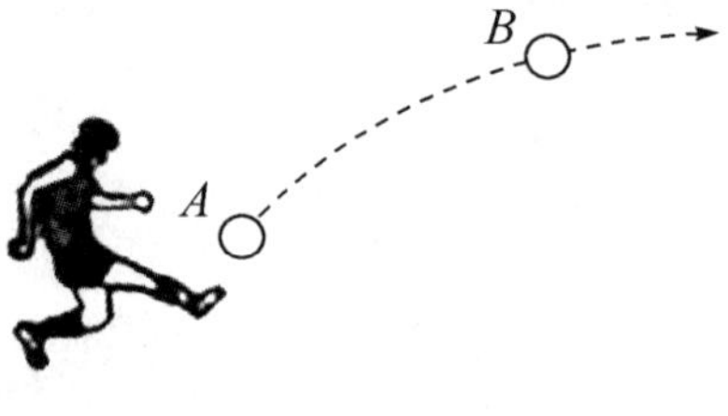

图测 6-5

14. 载有飞行器的火箭从发射架上点火升空的过程中，速度越来越快，在这一过程中，飞行器的动能________，重力势能________，机械能________。（填“增大”“减小”或“不变”）

三、实验与探究题（第 15 题 10 分，第 16 题 12 分，共 22 分）

15. 小明在用单摆做动能和势能转化的实验中，发现小球往返摆动的时间很有规律。于是猜想，小球往返摆动一次的时间可能与小球的质量、摆长 l 以及摆动的幅度 s 有关。小明用图测 6-6 所示的装置，对猜想进行探究。

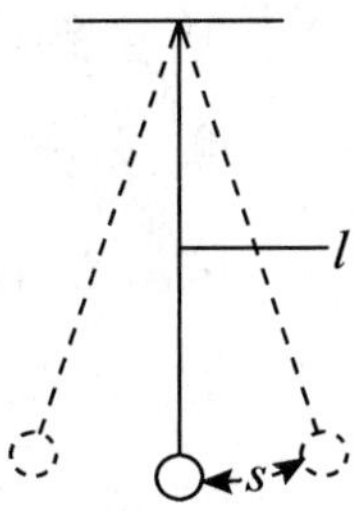

图测 6-6

(1) 用一小球，使其摆动，记下小球往返摆动次数和所用的时间；在摆长 l 不变的条件下，用质量不同的小球，重复实验。小明经计算分析得出结论：在摆长 l 不变的条件下，小球往返摆动一次所用的时间与小球的质量无关。

针对猜想，小明在实验过程中可能忽视的一个因素是：________________________。

(2) 为了研究小球往返摆动一次所用时间与摆长 l 的关系，请你写出简要的实验方法。

16. 同学们所用的笔，有些在靠近笔端的地方装有一个轻质弹簧（如图测 6-7 甲所示）。小文和小军各自拿自己装有弹簧的笔玩弹笔游戏，结果发现小军的笔弹得高一些，小文觉得笔弹起的高度与笔内弹簧的弹性势能的大小有关，那么弹簧弹性势能的大小又跟什么因素有关呢？

小文猜想：

①弹簧弹性势能的大小可能跟它的材料有关；

②弹簧弹性势能的大小可能跟它弹性形变的程度有关。

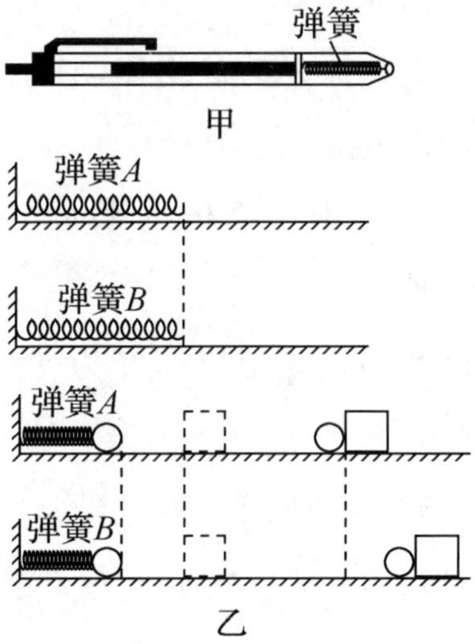

图测 6-7

(1) 小文利用两个外形完全相同但材料不同的弹簧 A 和 B、一个小钢球、一个轻木块，在同一水平面上进行了如图乙所示的实验，此实验是为了验证猜想________，实验中弹性势能的大小是通过________________________来体现的。

$p=\frac{F}{S}=\frac{8\times10^4\ \text{N}}{5\ \text{m}^2}=1.6\times10^4\ \text{Pa}$。

(3) 因为船始终处于漂浮状态，所以将货物从船上卸下后，船减小的浮力等于货物的重力。即

$F_{减少}=G_{货}=m_{货}g$，$\rho_{水}gV_{减少}=m_{货}g$

$V_{减少}=\frac{m_{货}}{\rho_{水}}=\frac{8\ 000\ \text{kg}}{1.0\times10^3\ \text{kg/m}^3}=8\ \text{m}^3$

8. (1) 沉底　(2) 漂浮　(3) 沉底

微课堂讲解（七）

【针对练习】

1. B（解析：首先判断物体在水和酒精中静止时的状态，根据阿基米德原理，可分别求出物体在水中和酒精中的$V_{排}$，我们可以发现，在水中排开的体积小于在酒精中排开的体积，所以物体在水中不可能完全浸入，故物体在水中应该是漂浮。若物体在酒精中不沉底，则浮力应该和水中的浮力相等，这是不可能的，所以物体在酒精中肯定是沉底的。这样就可以根据物体在水中的浮力求物体的质量，根据在酒精中的浮力求物体的体积，从而求出物体的密度。）

2. D（解析：根据物体受到的重力小于物体的一半浸入水中时受到的浮力的 2 倍，可知物体的密度小于水的密度，物体将漂浮在水面上，浮力大小即为重力大小。）

3. BD（解析：根据图像可以看出物体下降 3 cm 时，下表面才接触水面，下降 7 cm 时才浸没在水中。）

4. (1) $F_{浮}=\rho_{水}gV_{排}=10^3\ \text{kg/m}^3\times10\ \text{N/kg}\times200\times10^{-6}\ \text{m}^3=2\ \text{N}$

(2) $G=F_{浮}-F=2\ \text{N}-0.8\ \text{N}=1.2\ \text{N}$

(3) $G=F'_{浮}=\rho_{水}V'_{排}g$

$V'_{排}=\frac{1.2\ \text{N}}{10^3\ \text{kg/m}^3\times10\ \text{N/kg}}=1.2\times10^{-4}\ \text{m}^3$

5. (1) 因为 $v=\frac{s}{t}$，

所以船员从船头到船尾进行一次排查需要的时间

$t=\frac{300\ \text{m}}{1.5\ \text{m/s}}=200\ \text{s}$

(2) 其底部受到海水的压强 $p=\rho_{海水}gh=1.0\times10^3\ \text{kg/m}^3\times10\ \text{N/kg}\times10.5\ \text{m}=1.05\times10^5\ \text{Pa}$

(3) 因为 $\Delta F_{浮}=G_{舰载机}=\rho_{海水}g\Delta V_{排}$，

所以排开海水的体积减小量

$\Delta V_{排}=\frac{G_{舰载机}}{\rho_{海水}g}=\frac{20\times10^3\ \text{kg}\times10\ \text{N/kg}}{1.0\times10^3\ \text{kg/m}^3\times10\ \text{N/kg}}=20\ \text{m}^3$

6. (1) $V=3\ 000\ \text{cm}^3=3\times10^{-3}\ \text{m}^3$

因为 $\rho=\frac{m}{V}$，

所以 $m=\rho V=0.1\times10^3\ \text{kg/m}^3\times3\times10^{-3}\ \text{m}^3=0.3\ \text{kg}$，

$G=mg=0.3\ \text{kg}\times10\ \text{N/kg}=3\ \text{N}$

因为浮板自由漂浮在水面上，

所以浮板受到的浮力 $F_{浮}=G=3\ \text{N}$

(2) 因为浮板被压没入水中，

所以 $V_{排}=V$，

$F'_{浮}=\rho_{水}gV_{排}=\rho_{水}gV=1\times10^3\ \text{kg/m}^3\times10\ \text{N/kg}\times3\times10^{-3}\ \text{m}^3=30\ \text{N}$

浮板完全浸入时

$F'_{浮}=F_{压}+G$

所以手对浮板的压力

$F_{压}=F'_{浮}-G=30\ \text{N}-3\ \text{N}=27\ \text{N}$

7. (1) 因为木块完全浸入，

所以 $V_{排}=V=(10\ \text{cm})^3=1\ 000\ \text{cm}^3=1\times10^{-3}\ \text{m}^3$，

$F_{浮}=\rho_{水} gV_{排}=1.0\times10^3\ kg/m^3\times9.8\ N/kg\times1\times10^{-3}\ m^3=9.8\ N$

(2) $G_{木}=mg=\rho Vg=0.6\times10^3\ kg/m^3\times1\times10^{-3}\ m^3\times9.8\ N/kg=5.88\ N$

因为 $F_{浮}=F_{拉}+G_{木}$，

所以绳子对木块的拉力：$F_{拉}=F_{浮}-G_{木}=9.8\ N-5.88\ N=3.92\ N$。

(3) 木块漂浮在水面上：$F'_{浮}=G_{木}=5.88\ N$，

浮力是液体对物体上下表面的压力差，所以物体下表面受到的压力 $F=F'_{浮}=5.88\ N$，

下表面受到的压强 $p=\dfrac{5.88\ N}{(10\times10^{-2}\ m)^2}=588\ Pa$。

8. (1) 根据阿基米德原理，该物体在水中和水银中所受浮力之比为

$$\frac{F_1}{F_2}=\frac{\rho_{水}\ g\ \frac{3}{4}V_{物}}{\rho_{水银}\ g\ \frac{1}{4}V_{物}}=\frac{1\times10^3\times3\ N}{13.6\times10^3\ N}=\frac{15}{68}=15:68$$

(2) 该物体受到重力和在水中与水银中受到的浮力的作用，且 $F_1+F_2=G$。又因为 $\dfrac{F_1}{F_2}=\dfrac{15}{68}$，所以该物体在水中所受浮力与物体所受重力之比为 $\dfrac{F_1}{G}=\dfrac{15}{83}$。

(3) $F_1+F_2=G$，即

$$\rho_{水}\ g\ \frac{3}{4}V_{物}+\rho_{水银}g\ \frac{1}{4}V_{物}=\rho_{物}\ gV_{物}$$

该物体的密度为

$$\rho_{物}=\frac{3}{4}\times10^3\ kg/m^3+\frac{1}{4}\times13.6\times10^3\ kg/m^3=4.15\times10^3\ kg/m^3$$

微课堂讲解（八）

【微型讲解】

【例 1】 (2) 1.5　(3) 1.0×10^{-4}　(4) 2.5×10^3

【例 2】 (1) 甲　乙　$\rho_{水}g(V_2-V_1)$

(2) 甲　丙　V_3-V_1

(3) $\dfrac{\rho_{水}(V_2-V_1)}{V_3-V_1}$

【针对练习】

1. (1) 小于　(2)“浮标”的杆做得更细些（或在“浮标”上缠绕更多一些铁丝）

2. ②三　0.4　④2.2　⑤5.0　大　20

3. 50　0.5 N　3.9 N　7.8×10^3

4. (1) ①小于　②悬浮　③121　④55　(2) 向盐水中加水

(3) 将玻璃杯中的盐水全部倒入量筒后，测出空杯子的质量

5. (1) ρL^2h　(2) =　(3) $\dfrac{h}{d}\rho$

6. (1) 实验步骤：

①向量筒内加入适量的水，记下量筒内水的体积 V_0；

②使铜块缓慢浸没在量筒内的水中，记下此时水和铜块的总体积 V_1；

③再将木块轻轻放入量筒内的水中，待木块静止处于漂浮状态时，记下此时量筒的示数 V_2。

(2) 因为木块漂浮，$G=F_{浮}=\rho_{水}gV_{排}=\rho_{水}g\ (V_2-V_0)$，

木块的质量为 $m=\dfrac{\rho_{水}g\ (V_2-V_0)}{g}=\rho_{水}\ (V_2-V_0)$，

木块的体积为 $V=V_1-V_0$，

木块的密度为 $\rho=\dfrac{\rho_{水}\ (V_2-V_0)}{V_1-V_0}=\dfrac{V_2-V_0}{V_1-V_0}\cdot\rho_{水}$。

本章小结

1. 减小　大气压

2. 大风吹来时，伞上方的空气流速大于下方的空气流速，而气体流速较大的地方压强较小，因此伞下方的压强大于伞上方的压强，所以伞往往会被向上吸起来。

3. 铁　铁　4. A　5. A

6. =　<　<　<

7. (1) 由图像可知，长方体 A 由下底面接触水面到刚好浸没所用的时间 $t=5\ \text{s}$

$h=vt=0.3\ \text{m/s}\times5\ \text{s}=1.5\ \text{m}$

(2) 由图像可知，长方体 A 还在空气中时受到的拉力 $F_1=3\times10^4\ \text{N}$，

$G=F_1=3\times10^4\ \text{N}$

长方体 A 浸没在水中所受的浮力

$F_浮=G-F=3\times10^4\ \text{N}-1\times10^4\ \text{N}=2\times10^4\ \text{N}$

(3) 由阿基米德原理 $F_浮=\rho_水 gV_排$ 得 $V_A=V_排=\frac{F_浮}{\rho_水 g}=\frac{2\times10^4\ \text{N}}{1.0\times10^3\ \text{kg/m}^3\times10\ \text{N/kg}}=2\ \text{m}^3$

$\rho_A=\frac{G}{gV_A}=\frac{3\times10^4\ \text{N}}{10\ \text{N/kg}\times2\ \text{m}^3}=1.5\times10^3\ \text{kg/m}^3$

8. 3　2 000

9. BC

10. D

11. (1) 增大　(2) 2 和 4（或 2 和 5、3 和 6）

第十一章　机械与功

1. 杠杆（2 课时）

第 1 课时

【教材助读·自主学习】

1. 支撑点　坚实物体

2. 支点　动力　阻力

3. 作用点　方向　支点　力的作用线

4. 抵消　平衡　动力×动力臂=阻力×阻力臂

$F_1L_1=F_2L_2$

5. 大于　小于　小于　大于　等于　等于

【课内探究·展示交流】

【例 1】如图所示。

【例 2】(1) 左　(2) 竖直向下　(3) 测力计拉力的位置向右移；换用较大量程的测力计；减少左侧钩码的数量；左侧钩码的位置向右移；不使用测力计，而是在右端直接挂钩码等，答出其中一条即可　(4) 一组实验数据太少，具有偶然性，不便找出普遍规律

【例 3】D

【课时作业·高效训练】

1. C（解析：力臂是支点到力的作用线的距离。）

2. C（解析：力 F 的力臂为支点到力 F 的作用线的距离。）

3. B（解析：因题中 $AO=BO$，故 G_A 的力臂大于 G_B 的力臂，由杠杆的平衡条件可知，$G_A<G_B$。）

4. D（解析：这里应该选择最省力的剪刀。）

5. 杠杆平衡　大得多

6. 杠杆　40

7. 如图所示。

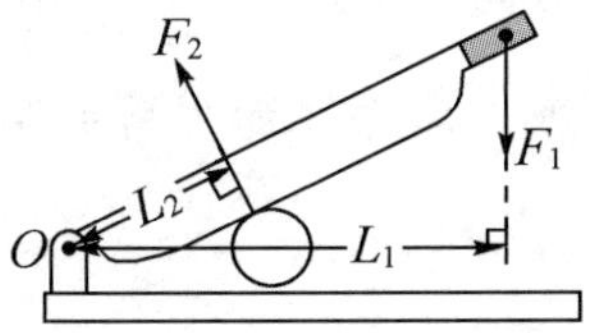

8. (1) 根据杠杆的平衡条件得 $G_P \cdot OA = G_人 \cdot OB$，则 P 的重力为 $G_P = G_人 \cdot \frac{OB}{OA} = \frac{500\ \text{N} \times 3\ \text{m}}{1\ \text{m}} = 1\ 500\ \text{N}$

(2) 当人向左走 1 m 时，$F_A \cdot OA = G_人 \cdot (OB - 1\ \text{m})$，则 A 端受到向下的拉力为

$F_A = G_人 \cdot \frac{OB - 1\ \text{m}}{OA}$

$= \frac{500\ \text{N} \times (3\ \text{m} - 1\ \text{m})}{1\ \text{m}} = 1\ 000\ \text{N}$

P 对地面的压力为

$F_P = G_P - F_A = 1\ 500\ \text{N} - 1\ 000\ \text{N} = 500\ \text{N}$

9. 10 [解析：密度均匀的直尺的重心在其中点处，根据杠杆的平衡条件可得 $G \times \left(\frac{1}{2} - \frac{1}{3}\right)L = 5\ \text{N} \times \frac{1}{3}L$，解得$G = 10\ \text{N}$。]

第 2 课时

【教材助读·自主学习】

1. (1) 反

【课内探究·展示交流】

【例 1】如图所示。

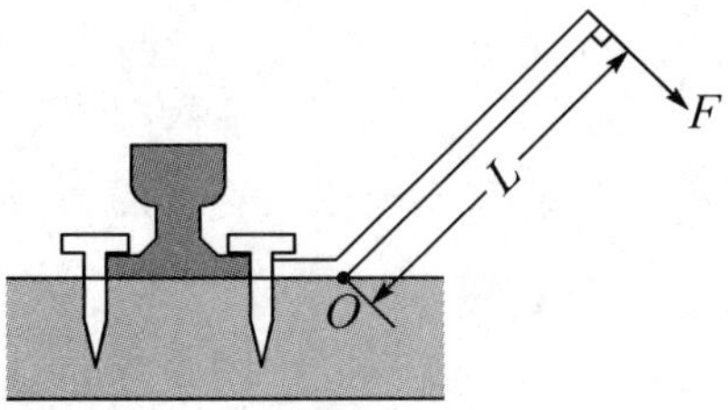

【例 2】B

【课时作业·高效训练】

1. B（解析：在三个力中，F_2的力臂最大，在阻力及其力臂一定的情况下，动力 F_2最小。）

2. B

3. B（解析：匀质钢管的重心在中点，将钢管一端稍稍抬起时，动力臂是阻力臂的 2 倍，因此，动力是阻力的一半。）

4. C　B　垂直 CB 向右

5. 费力　B

6. 如图所示。

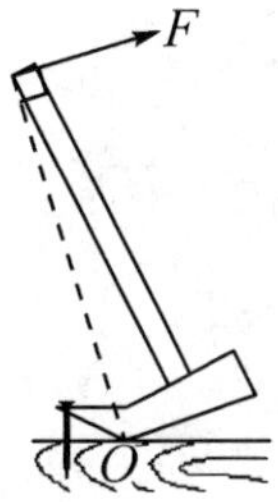

7. (1) 物体乙受到的重力

$G_乙 = m_乙 g = 5.6\ \text{kg} \times 9.8\ \text{N/kg} = 54.88\ \text{N}$

(2) 由 $p = \frac{F_压}{S}$得，物体甲受到的支持力

$F_支 = F_压 = pS = 3\ 000\ \text{Pa} \times (0.1\ \text{m})^2 = 30\ \text{N}$

(3) 根据杠杆平衡条件可得

$(G_甲 - F_支) \cdot OA = G_乙 \cdot OB$

物体甲的重力

$G_甲 = \frac{G_乙 \cdot OB}{OA} + F_支 = \frac{54.88\ \text{N} \times (3\ \text{m} - 1.6\ \text{m})}{1.6\ \text{m}} + 30\ \text{N} = 78.02\ \text{N}$

由 $G = mg = \rho V g$ 得

物体甲的密度

$\rho_甲 = \frac{G_甲}{gV_甲} = \frac{78.02\ \text{N}}{9.8\ \text{N/kg} \times (0.1\ \text{m})^3} \approx 7.96 \times 10^3\ \text{kg/m}^3$

8. 如图所示。

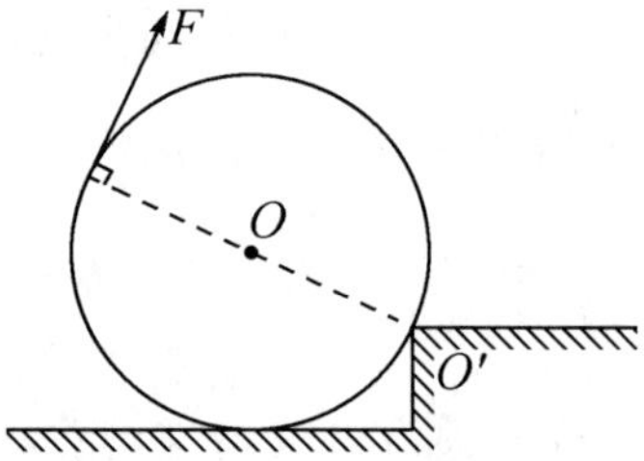

(解析：在铁桶上施力要使推力最小，推力对应的力臂必须最大。以铁桶与台阶的接触点为支点，铁桶直径为最大力臂。)

2. 滑轮

【教材助读·自主学习】

1. 固定不变　方向

2. 省力

3. 定　动　省力　方向

【课内探究·展示交流】

【例 1】 C

【例 2】 (1) 可以改变力的方向　(2) 省力　(3) 费距离

【例 3】 450　9

【课时作业·高效训练】

1. B

2. C (解析：定滑轮能改变力的方向，但不能省力。)

3. C (解析：A、B 两项中的滑轮分别是定滑轮和动滑轮，只能改变用力方向或省力；D 项中的滑轮组能省力，但不能改变力的方向。)

4. B (解析：物体和动滑轮总重是 120 N，拉力为总重的一半。)

5. 动　省力　16

6. 60　22　0.5

7. (1) 0.2 m　0.3 m　0.4 m

(2) 能　不能

8. D (解析：对于动滑轮而言，受到向上的力是 10 N，向下的力是两端绳子提供的，所以每段绳子的力是 5 N。物体 A 上升的速度是滑轮上升速度的 2 倍。)

3. 功　功率 (2 课时)

第 1 课时

【教材助读·自主学习】

1. 受力　受力方向　距离

2. 力　物体沿力的方向　$W=Fs$　牛顿·米　牛·米　N·m　焦耳　焦　J

【课内探究·展示交流】

【例 1】 B

【例 2】 1 500　0　1 000

【例 3】 30　vt　4 m/s×10×60 s　2 400

Fs

30 N×2 400 m　7.2×10^4

【课时作业·高效训练】

1. D

2. C (解析：文具盒受到了推力，并且沿推力方向移动一定的距离，所以推力对文具盒做了功。)

3. B (解析：物体在重力方向上没有移动距离，则重力没有做功。推力做功为 $W=Fs=100\ \text{N}\times10\ \text{m}=1\ 000\ \text{J}$。)

4. C (解析：三种情况下，力的大小和木箱在力的方向上移动的距离均相等，根据功的计算公式可知做的功也相等。)

5. 做了　没有做

6. 10　0　100

7. (1) 根据二力平衡得

$F_f=F_{拉}=G_{总}=mg=2\ \text{N}$

(2) 沙桶和沙竖直方向 2 s 内移动的距离

$s=vt=0.5\ m/s\times2\ s=1\ m$

重力做功 $W=G_{总}s=2\ N\times1\ m=2\ J$

8. 小明的观点是正确的。小亮推车，虽然累得满头大汗，但车在推力的方向上没有移动距离，所以推力没有做功；小鸟从地里叼虫子，虽然虫子很轻，但小鸟对虫子施加了向上的力，并且虫子在力的方向上移动了距离，所以小鸟对虫子做了功。

第 2 课时

【教材助读·自主学习】

1. 快慢

2. 单位　功　$P=\frac{W}{t}$　焦/秒　J/s　瓦特　瓦　W　1

3. 功的原理

【课内探究·展示交流】

【例 1】 =　乙

【例 2】 Pt　$150\times10^3\ W\times5\ s$　$7.5\times10^5\ J$

$\frac{W}{s}$　$\frac{7.5\times10^5\ J}{10\ m}$　$7.5\times10^4\ N$

【例 3】 Gh　$1\ 000\ N\times1\ m$　1 000　$\frac{W}{s}$

$\frac{1\ 000\ J}{5\ m}$　200

【课时作业·高效训练】

1. B（解析：功的原理适用于任何机械。）

2. A（解析：根据功的原理可知，两次都是将相同的重物提高到相同的高度，所做的功是相同的。重物沿斜面 AB 运动的时间大于沿斜面 AC 运动的时间，所以 $P_1<P_2$。）

3. C（解析：学生的重力约为 500 N，一楼地面到三楼地面的高度约为 6 m，则该同学做功约为 3 000 J，功率约为 300 W。）

4. 100　0

5. 7.2×10^6　6×10^3

6. (1) 乙　甲　(2) 单位时间内完成的功　功率

7. (1) 此机器人在清扫地面时运动的速度 $v=\frac{s}{t}=\frac{18\ m}{60\ s}=0.3\ m/s$。

(2) 因为机器人沿直线匀速清扫，故 $F=F_f=105\ N$，此过程中机器人的水平推力所做的功 $W=Fs=105\ N\times18\ m=1\ 890\ J$；功率 $P=\frac{W}{t}=\frac{1\ 890\ J}{60\ s}=31.5\ W$。

8. C（解析：重物被拉起的过程分为三个阶段：第一阶段重物浸没在水中上升，重物受到的浮力不变，绳子上的拉力不变；第二阶段重物出水，受到的浮力越来越小，绳子上的拉力越来越大；第三阶段重物离开水面后上升，绳子上的拉力不变，但比在水中的大。根据 $P=Fv$ 可知，在重物上升的速度不变时，汽车的功率是先不变，后变大，最后不变。）

4. 机械效率

【教材助读·自主学习】

1. 有用功　$W_{有用}$　额外功　$W_{额外}$　有用功　额外功　$W_{总}$

2. 有用功　总功　$\frac{W_{有用}}{W_{总}}\times100\%$

【课内探究·展示交流】

【例 1】 A

【例 2】 3 600　4 500　80%

【例 3】 (1) 3　2　(2) 62.5%　大于

【课时作业·高效训练】

1. C（解析：从井中提水时，目的是取水，对水做的功是有用功；桶掉进井里捞桶时，目的是取桶，对桶做的功是有用功。）

2. D（解析：在利用机械做功时，不可避免地要做额外功，这样总功总是大于有用功，机械效率总小于 1。）

3. A（解析：因 $\eta=\frac{W_{有用}}{W_{总}}\times100\%$，两个升降机所做的有用功相同，所以机械效率较高的甲升降机做的总功较少。）

4. C

5. B（解析：影响滑轮组机械效率的因素有：动滑轮重、绳子重、滑轮与轴之间的摩擦、被提升的物体重力等。）

6. 120　300　240　80%

7. 840　70%

8. (1) 绳子移动的速度 $v=2v_A=0.2\ m/s$，拉力 F 做功的功率 $P=\frac{W}{t}=Fv=80\ W$。

(2) $\eta=\frac{G}{2F}=90\%$，$\frac{G}{800\ N}=90\%$，

解得 $G=720\ N$。

(3) $2F=G+G_{动}$，$800\ N=720\ N+G_{动}$，

解得 $G_{动}=80\ N$。

9. $W_{有用}=Gh=2\ N\times0.1\ m=0.2\ J$

$W_{总}=Fs=0.8\ N\times0.3\ m=0.24\ J$

$\eta=\frac{W_{有用}}{W_{总}}\times100\%=\frac{0.2\ J}{0.24\ J}\times100\%\approx83.3\%$

5. 改变世界的机械

【教材助读·自主学习】

1. (1) 轮　轴　(2) 杠杆　(3) $F\cdot R=G\cdot r$

2. 倾斜平面　省力　FL　Gh　FL　Gh

【课内探究·展示交流】

【例 1】C

【例 2】8

【例 3】200

【课时作业·高效训练】

1. D

2. D（解析：甲方式中的动力作用在轮上，阻力作用在轴上，可以省力，但要费距离；乙方式中的动力作用在轴上，阻力作用在轮上，可以省距离，但要费力。）

3. B（解析：坡面 CD 比坡面 AB 的坡度要小，因此更省力。）

4. B（解析：克服重力做的功是 $W_{有}=Gh=200\ N\times1\ m=200\ J$，拉力做的总功是 $W_{总}=Fs=75\ N\times4\ m=300\ J$，所以克服摩擦做功即额外功为 $W_{额}=W_{总}-W_{有}=100\ J$。）

5. 轮轴　省力

6. 斜面　省力

7. (1) 匀速　(2) 60%　(3) A　斜面的机械效率与斜面的倾斜程度有关

8. 示例：(1) 车把；(2) 脚踏及中轴。

微课堂讲解（九）

【微型讲解】

【例】如图所示。

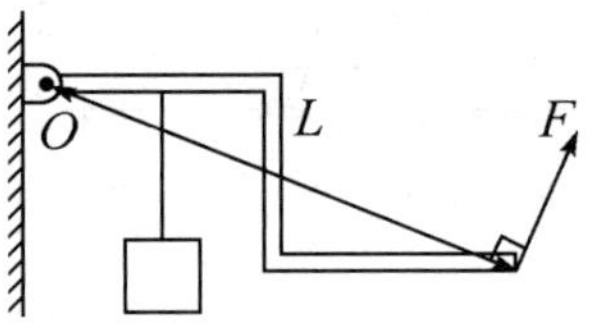

【针对练习】

1. 20　力 F 的方向如图。

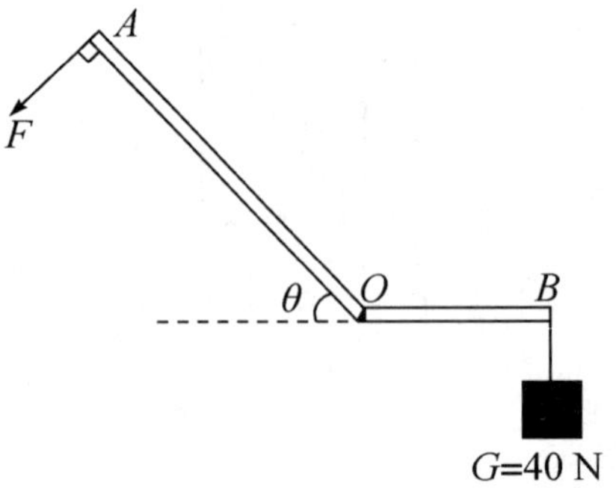

2.50　40

3. 如图所示。

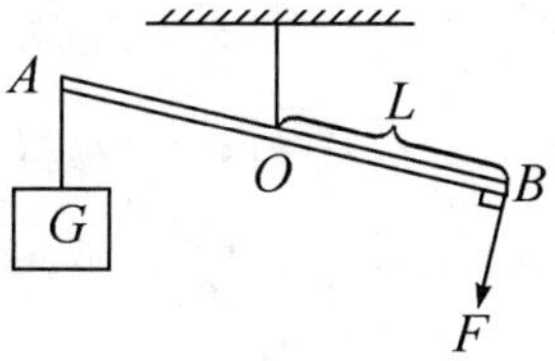

4. 如图所示。

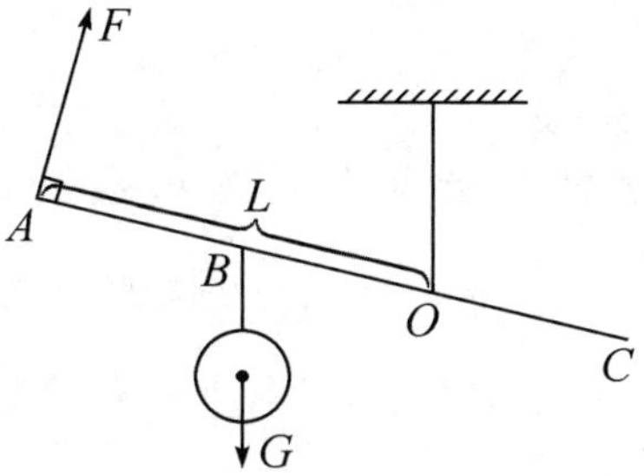

5. 如图所示。

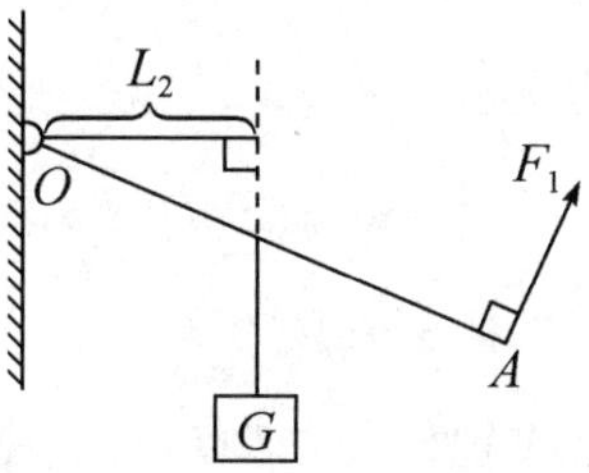

6. 如图所示。

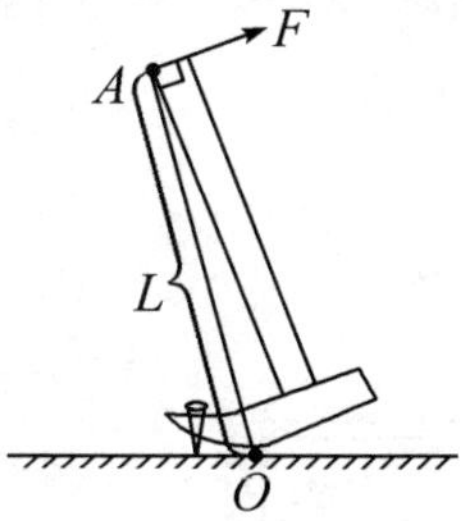

7. 如图所示。

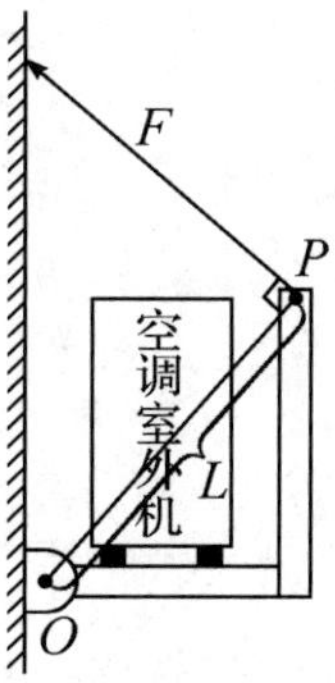

8. 如图所示。

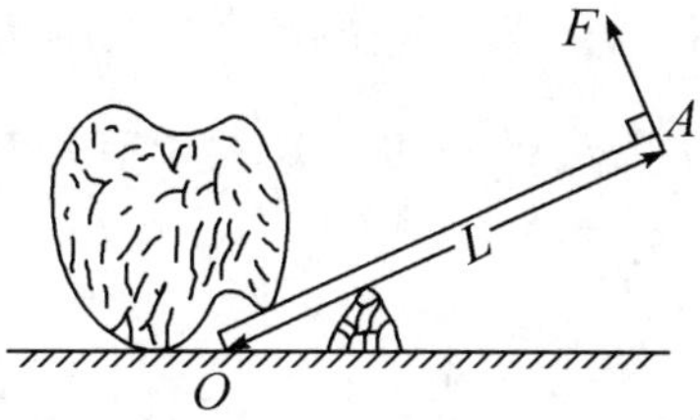

9. 如图所示。

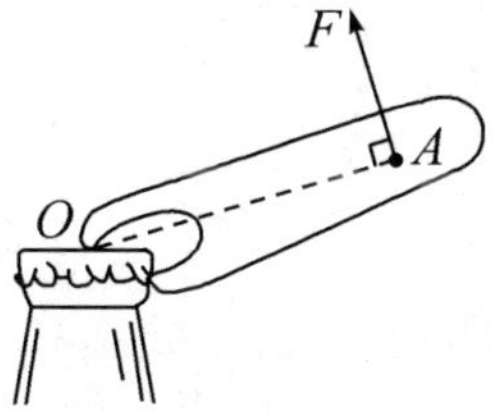

微课堂讲解（十）

【微型讲解】

【例】C

【针对练习】

1. 30　不变

2. 375　375　不变

3. B（解析：力 F 的力臂始终是铁棒的长度，重力的力臂越来越小，所以力 F 越来越小。）

4. D（解析：若将动力的方向改为沿虚线方向，动力臂将变小，动力将增大。）

5. B（解析：支持力始终与吊臂垂直，使其力臂不变，重物施加的拉力不变，但力臂越来越小，所以支持力渐渐变小。）

6. C（解析：力 F 的力臂始终不变，重力也不变，但是重力的力臂先增大后减小，所以力 F 也是先增大后减小。）

7. D（解析：木棒的重力和重力的力臂是一定的，拉力 F 的力臂是先增大后变小，所以拉力 F 先变小后变大。）

微课堂讲解（十一）

【针对练习】

1. 100　0.5　100

2. (1) 4.5 (2) 3.0 1.5 (3) 0.45

3. (1) 汽车发动机牵引力做的功：

$W=Fs=4\,000\ \text{N}\times5.4\times10^3\ \text{m}=2.16\times10^7\ \text{J}$；

(2) 已知汽车行驶时间：

$t=15\ \text{min}=900\ \text{s}$，

汽车发动机牵引力的功率：

$P=\frac{W}{t}=\frac{2.16\times10^7\ \text{J}}{900\ \text{s}}=2.4\times10^4\ \text{W}$。

4. (1) 拉力移动的距离

$s=nl=2\times2\ \text{m}=4\ \text{m}$

拉力做的功

$W_{总}=Fs=1\times10^3\ \text{N}\times4\ \text{m}=4\times10^3\ \text{J}$

(2) $\eta=\frac{W_{有用}}{W_{总}}\times100\%$，拉力做的有用功

$W_{有用}=W_{总}\,\eta=4\times10^3\ \text{J}\times90\%=3.6\times10^3\ \text{J}$

(3) 滑轮组对汽车的拉力

$F'=\frac{W_{有用}}{l}=\frac{3.6\times10^3\ \text{J}}{2\ \text{m}}=1.8\times10^3\ \text{N}$

因为汽车做的是匀速运动，所以汽车受到的拉力和阻力是一对平衡力，大小相等，汽车受到的阻力

$F_f=F'=1.8\times10^3\ \text{N}$

5. (1) $s=3h=3\times12\ \text{m}=36\ \text{m}$

$W=Fs=2.2\times10^3\ \text{N}\times36\ \text{m}=7.92\times10^4\ \text{J}$

(2) $\eta=\frac{W_{有}}{W_{总}}\times100\%=\frac{Gh}{Fs}\times100\%=\frac{Gh}{F\times3h}\times100\%=\frac{G}{3F}\times100\%=\frac{6\times10^3\ \text{N}}{3\times2.2\times10^3\ \text{N}}\times100\%\approx90.9\%$

(3) $v_{物}=\frac{1}{3}v=\frac{1}{3}\times3\ \text{m/s}=1\ \text{m/s}$

$t_{物}=\frac{h}{v_{物}}=\frac{12\ \text{m}}{1\ \text{m/s}}=12\ \text{s}$

$F_{牵}=F+F_f=F+0.1G_{车}=2.2\times10^3\ \text{N}+0.1\times3\times10^4\ \text{N}$

$=5.2\times10^3\ \text{N}$

$P=F_{牵}v=5.2\times10^3\ \text{N}\times3\ \text{m/s}=1.56\times10^4\ \text{W}$

6. (1) 平均速度 $v=\frac{s}{t}=\frac{48\ \text{m}}{60\ \text{s}}=0.8\ \text{m/s}$

(2) $W=2.5\times10^4\ \text{N}\times4\ \text{m}+2\times10^4\ \text{N}\times40\ \text{m}+1.5\times10^4\ \text{N}\times4\ \text{m}=9.6\times10^5\ \text{J}$

(3) $P=\frac{W}{t}=\frac{9.6\times10^5\ \text{J}}{60\ \text{s}}=1.6\times10^4\ \text{W}$

7. (1) 有用功 $W_{有用}=Gh=400\ \text{N}\times2\ \text{m}=800\ \text{J}$

(2) 斜面倾角为 30°，斜面高为 2 m，

所以斜面长为 $s=2h=2\times2\ \text{m}=4\ \text{m}$，

斜面的机械效率

$\eta=\frac{W_{有用}}{W_{总}}\times100\%=\frac{Gh}{Fs}\times100\%=\frac{400\ \text{N}\times2\ \text{m}}{300\ \text{N}\times4\ \text{m}}\times100\%\approx66.7\%$

(3) $W_{总}=Fs=300\ \text{N}\times4\ \text{m}=1\,200\ \text{J}$

$W_{额}=W_{总}-W_{有用}=1\,200\ \text{J}-800\ \text{J}=400\ \text{J}$

$F_f=\frac{W_{额}}{s}=\frac{400\ \text{J}}{4\ \text{m}}=100\ \text{N}$

8. (1) 滑轮组由三段绳子承担总重，故 $h=\frac{1}{3}s=\frac{1}{3}\times3\ \text{m}=1\ \text{m}$，

物体上升的速度 $v=\frac{h}{t}=\frac{1\ \text{m}}{5\ \text{s}}=0.2\ \text{m/s}$。

(2) 纵坐标表示拉力的大小为 50 N，大小不变，横坐标表示绳自由端移动的距离，大小为 3 m，所以阴影部分表示拉力 F 所做的功，$W=Fs=50\ \text{N}\times3\ \text{m}=150\ \text{J}$。

(3) 滑轮组的机械效率

$\eta=\frac{W_{有用}}{W_{总}}\times100\%=\frac{Gh}{Fs}\times100\%=\frac{105\ \text{N}\times h}{50\ \text{N}\times3h}\times$

$100\% = 70\%$。

本章小结

1. 200　0

2. 240　120

3. 50　3　450

4. A

5. 20　不变

6. F_2　25

7. 如图所示

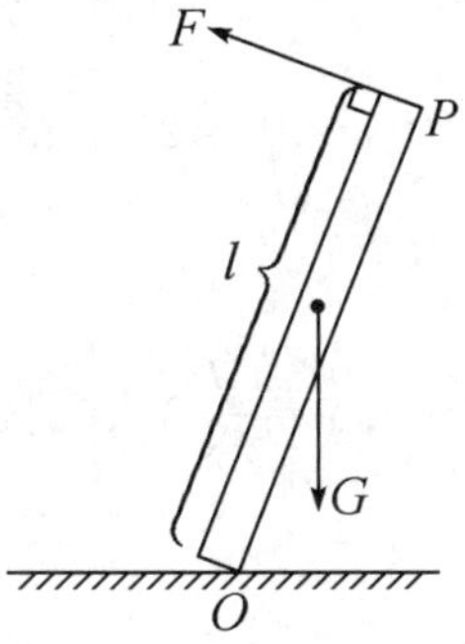

8. 100　4

9. 8

10. 如图所示

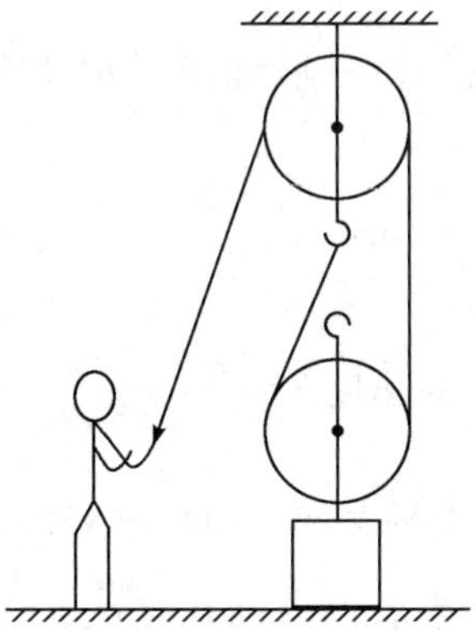

11. B　12. C

13. (1) 当绳子自由端移动的距离 $s=3$ m 时，物体上升的高度 $h=\frac{1}{3}s=\frac{1}{3}\times 3\text{ m}=1\text{ m}$，物体移动这段路程所用的时间是 5 s，则物体上升的速度 $v=\frac{s}{t}=\frac{1\text{ m}}{5\text{ s}}=0.2\text{ m/s}$；

(2) 题图 (b) 中纵坐标表示力的大小为50 N，横坐标表示距离 s，大小为 3 m，所以阴影部分的面积表示力所做的功 $W=Fs=50\text{ N}\times 3\text{ m}=150\text{ J}$；

(3) 用滑轮组提升该重物时，所做的有用功是 $W_{有}=Gh=105\text{ N}\times 1\text{ m}=105\text{ J}$，所做的总功是 $W_{总}=W=150\text{ J}$，则滑轮组的机械效率 $\eta=\frac{W_{有}}{W_{总}}=\frac{105\text{ J}}{150\text{ J}}=70\%$。

第十二章　机械能

1. 机械能

【教材助读·自主学习】

1. 运动　运动　大　大

2. 较高　质量　位置

3. 弹性形变　形变程度

4. 重力势能　弹性势能

5. 动能　势能

【课内探究·展示交流】

【例 1】 丙　乙　甲

【例 2】 D

【例 3】 甲　小

【例 4】 C

【课时作业·高效训练】

1. B（解析：放在高处的石头储存了重力势能，石头被推下后，释放能量，砸死猎物。）

2. D（解析：飞机的高度和速度都不变，但质量在减小，所以动能和重力势能均减小。）

3. A（解析：路灯的重力势能跟路灯的质量和高度两个因素有关。两个路灯的质量相等，但甲路灯较高，因此其重力势能较大。）

4. C（解析：钢尺在位置3的形变程度最大，具有的弹性势能最大。）

5. 重力势　动　弹性势

6. 老鹰　鸽子

7. (1) 木块移动的距离　小球　(2) 速度　(3) 相同　质量

8. (1) 深浅

(2) 高度相同时，物体的质量越大，重力势能越大

(3) 乙、丙

9. 小明克服木箱的重力做的功为

$W=Gh=mgh=20\ \text{kg}\times 10\ \text{N/kg}\times 1\ \text{m}=200\ \text{J}$

木箱储存的重力势能等于小明对木箱做的功，即储存的重力势能为 200 J。

2. 机械能的转化

【教材助读·自主学习】

1. (1) 重力势　动　(2) 弹性势　动　重力势

2. 内　电　光　化学

【课内探究·展示交流】

【例 1】 B

【例 2】 动能　弹性势能　重力势能　动能

【例 3】 C

【课时作业·高效训练】

1. B（解析：上紧的发条储存了弹性势能，发条带动汽车运动的过程中，发条的弹性势能转化为玩具汽车的动能。）

2. C

3. A（解析：直升机的高度和质量都没有变。）

4. C（解析：从 a 运动到 d 的过程中要克服摩擦力做功，消耗机械能，所以机械能一直在减少。）

5. C

6. 重力势　动　动　重力势

7. 减小　增大　增大　减小

8. 金属球的重力势能→金属球的动能→木块的动能→木块的内能。

3. 水能和风能

【教材助读·自主学习】

1. 1 500　6.8×10^{8}　西南　机械　电

2. 简单　污染环境　不稳定　储存

【课内探究·展示交流】

【例 1】 D

【例 2】 8×10^{4}

【例 3】 动　机械　电

【课时作业·高效训练】

1. C（解析：水力发电没有任何排放物，因此，对环境不产生污染。）

2. B（解析：水的动能中，有一部分转化为磨的动能，还有一部分克服摩擦力和阻力做功。）

3. C

4. 风　电

5. 水　电

6. 机械　船帆

7. (1) 砝码上升的速度　距离　(2) 大　(3) 转轴的阻力

8.（1）水的流速（或水柱的大小）　（2）水轮的大小（或水斗的多少、大小）

微课堂讲解（十二）

【微型讲解】

【例】（1）甲、乙　铁球到达水平面时的初速度　让铁球从同一斜面的同一高度由静止开始运动

（2）质量相同的物体，运动的速度越大，它具有的动能就越大

（3）纸盒被撞击后移动的距离

（4）匀速直线

【针对练习】

1. 小桌下陷的深度　质量　相同　让同一木块从不同高度下落，比较小桌下陷的深度
2. （1）质量　（2）速度相同时，物体质量越大，动能越大

（3）小于　质量相同时，物体的速度越大，动能越大

3. （1）B、C　A、D　B、C　（2）A、D

本 章 小 结

1. 弹性势能
2. C
3. 动　不变
4. D
5. （1）是　（2）等于　速度—时间图线如图

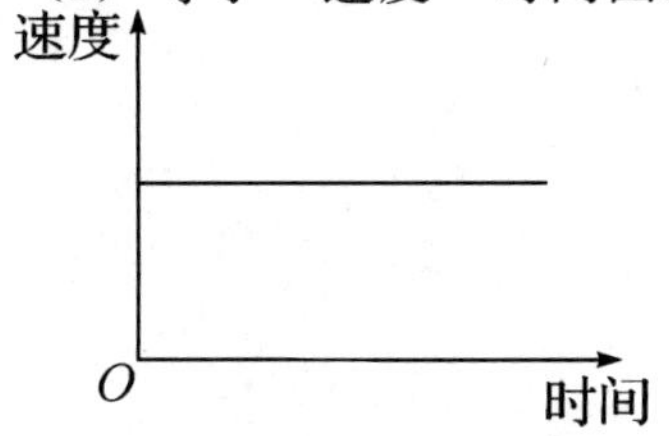

单元学科能力测评卷（一）

1. D（解析：g 表示的物理意义为质量为 1 kg 的物体受到的重力为 9.8 N；摩擦力是阻碍物体相对运动的，不是阻碍运动的。）
2. C　3. A
4. A（解析：重力的方向是竖直向下的，不能说是垂直向下。）
5. D（解析：木块向上冲的时候摩擦力沿斜面向下，静止时摩擦力沿斜面向上。）
6. A　7. B　8. C　9. B
10. 相互　水
11. 大小　方向　物体间力的作用是相互的
12. 伸长量　1.2　0.12
13. 1　8　3
14. 等于　15　15
15. 如图所示。

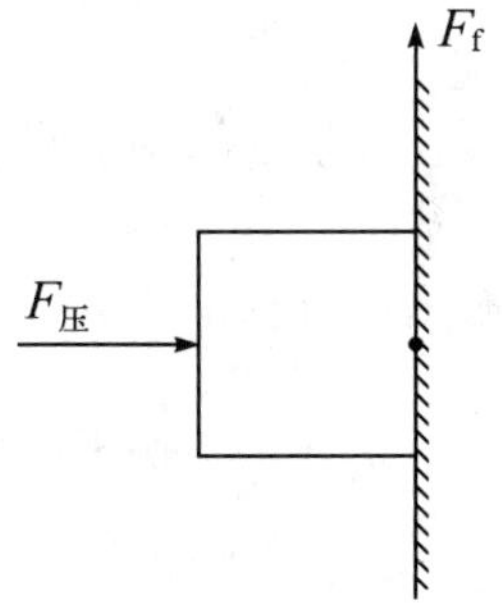

16. 如图所示。

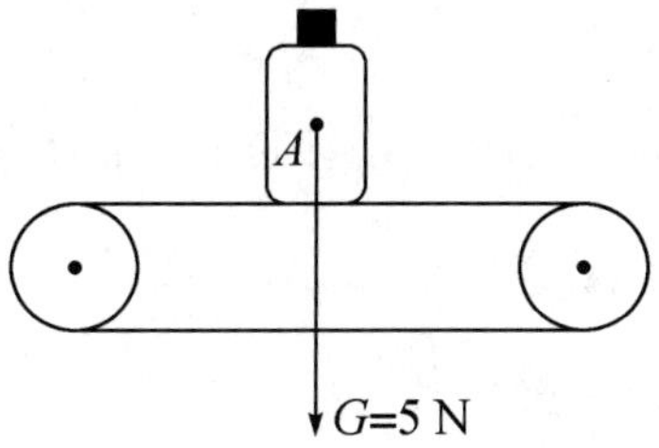

17. （1）2

（2）得到材料、粗细均相同，长度不同的两根弹簧

(3) 力的大小

(4) 弹簧的原长　对应的伸长量

18. (1) 跳远时，人要落在沙坑里；玻璃杯落在泥泞的土地上，不易摔碎；汽车上的安全气囊的缓冲作用；高空物体坠落到松软物体上不易摔坏等等（只要合理即可）

(2) 一个物体撞击其他物体时，撞击力的大小可能与自身的质量（速度、柔软程度、形状等）有关（其他的只要是围绕与撞击相关的问题都给分）

(3) 物体撞击其他物体时，相互作用的时间越长，撞击力越小（大）

(4) 高度　坑的深度（鸡蛋在面粉中运动的距离）　物体撞击其他物体时，相互作用的时间越长，撞击力越小

19. 现象：电风扇向左吹风，小车向右运动。

解释：物体间力的作用是相互的。电风扇转动时，给空气一个向左的作用力，空气给电风扇一个向右的作用力，使小车向右运动。

20. (1) 如图所示。　(2) 在一定的弹性范围内，橡皮筋的伸长量与拉力的大小成正比（或其他合理解释）

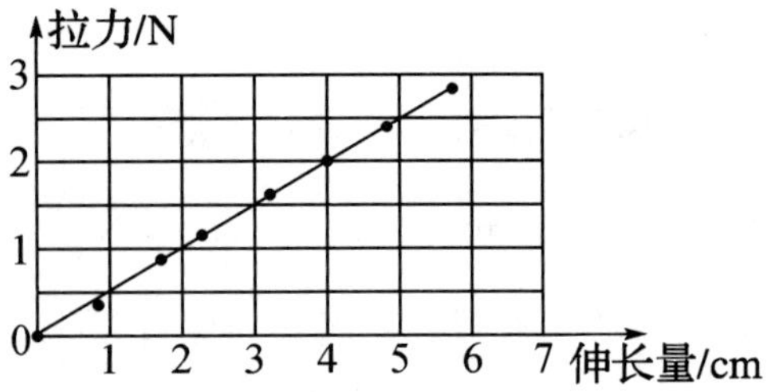

单元学科能力测评卷（二）

1. C（解析：此时运动员受到重力和向下的空气阻力。）

2. D　3. D　4. A　5. A　6. B　7. D　8. A　9. C

10. 20　前

11. 80　东

12. 静止　惯性　运动

13. 平衡　0.3

14. 不相等　相等

15. 如图所示。

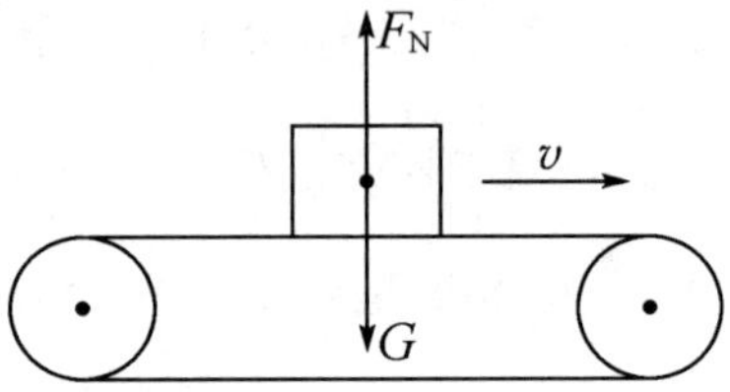

16. 如图所示。

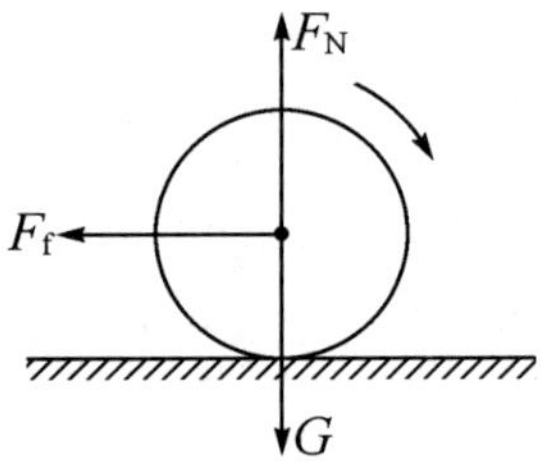

17. (1) 同一高度由静止　(2) 重力和支持力　(3) 慢　(4) 匀速直线运动　(5) 控制变量法

18. (1) 1、2　(2) 1、3　(3) 3、4　(4) 抛出点的离地高度　水平抛出的速度　抛出钢球的质量　水平抛出的速度　抛出点的离地高度

19. (1) 先加速运动、后匀速运动　35　20　(2) 电动自行车负重越大，最大行驶里程越小　电动自行车负重越大，摩擦力越大

单元学科能力测评卷（三）

1. C　2. D　3. B　4. D　5. D

6. B（解析：海拔越高气压越低，所以气球会膨胀。）

7. C　8. D

9. 7×10^7 Pa

10. 存在　橡皮膜凹陷得更深　越往深处，液体的压强越大

11. 大　不变　变小

12. 1 000　800　小于

13. 连通器　低　不会

14. (1) 橡皮膜向下凸出　底　(2) 橡皮膜向内凹陷　(3) 乙　乙装置中的橡皮膜能方便地改变方向，便于探究液体内部压强与方向的关系　(4) 将橡皮膜朝下，先后放入到不同液体的同一深度处，观察橡皮膜的凹陷程度，并作出判断。

15. $p=\frac{F}{S}$　吸盘中的气体挤不干净（不是真空）　拉脱吸盘所需力的大小估测偏差大　$\frac{4F}{\pi D^2}$　防止外面的气体进入吸盘　气压计（托里拆利实验）

16. 设出气口的面积为 S，外界大气压为 p_0，锅内气压为 p，限压阀质量为 m。有：

$pS=p_0S+mg$

$m=\frac{(p-p_0)\ S}{g}=\frac{p_0S}{g}=\frac{10^5\times8\times10^{-6}}{10}$ kg=80 g

17. (1) $m=\rho_{水}V=1.0\times10^3\ \text{kg/m}^3\times5\ \text{m}^3=5\times10^3$ kg

(2) $F=G_{车}+G_{水}=(6\times10^3+2.5\times10^3)$ kg×10 N/kg=8.5×10^4 N

$p=\frac{F}{S}=\frac{8.5\times10^4\ \text{N}}{0.5\ \text{m}^2}=1.7\times10^5$ Pa

(3) $p'=\rho_{水}gh=1.0\times10^3\ \text{kg/m}^3\times10\ \text{N/kg}\times1.5\ \text{m}=1.5\times10^4$ Pa

单元学科能力测评卷（四）

1. B　2. C　3. B　4. C　5. B　6. D　7. C

8. C　9. B

10. 0.148　820　3×10^3

11. 2.94×10^4　9.8×10^6　不变

12. 1.5　小　下降

13. 3×10^3　上浮

14. 10　上浮　6

15. (1) 变小　变大　不变　不变　(2) ④　①　(3) 把鸡蛋放到清水中，可以发现鸡蛋下沉，此时鸡蛋受到的浮力小于重力；往清水中缓慢地加入食盐，并不断搅拌，直到鸡蛋上浮，此时鸡蛋受到的浮力大于重力。从鸡蛋在清水中和盐水中受到的浮力不同可以知道，液体产生的浮力与液体的密度有关。

16. (1) 实心木块的体积

$V=10\ \text{cm}\times10\ \text{cm}\times10\ \text{cm}=1\ 000\ \text{cm}^3=1\times10^{-3}\ \text{m}^3$

由 $\rho=\frac{m}{V}$ 可得，实心木块的质量

$m_1=\rho V=0.6\times10^3\ \text{kg/m}^3\times1\times10^{-3}\ \text{m}^3=0.6$ kg

实心木块的重力

$G_1=m_1g=0.6\ \text{kg}\times10\ \text{N/kg}=6$ N

(2) 实心木块对容器底部的压力

$F=G_1+G_2=6\ \text{N}+3\ \text{N}=9$ N

受力面积 $S=10\ \text{cm}\times10\ \text{cm}=100\ \text{cm}^2=1\times10^{-2}\ \text{m}^2$

实心木块对容器底部的压强

$p=\dfrac{9\ \text{N}}{1\times10^{-2}\ \text{m}^2}=900\ \text{Pa}$

（3）木块稳定时，木块漂浮，则 $F_{浮}=G_{总}$，

则 $G_1+G_2=\rho_{水}gV_{排}$，

即 $9\ \text{N}=1.0\times10^3\ \text{kg/m}^3\times10\ \text{N/kg}\times V_{排}$，

解得 $V_{排}=9\times10^{-4}\ \text{m}^3$，

则 $V_{露}=V-V_{排}=1\times10^{-3}\ \text{m}^3-9\times10^{-4}\ \text{m}^3=1\times10^{-4}\ \text{m}^3$。

17.（1）铝球悬浮在水中，则

$F_{浮}=G=mg=2.7\ \text{kg}\times10\ \text{N/kg}=27\ \text{N}$

（2）由阿基米德原理 $F_{浮}=\rho_{液}gV_{排}$，得

$V_{铝球}=V_{排}=\dfrac{F_{浮}}{g\rho_{液}}$

$=\dfrac{27\ \text{N}}{10\ \text{N/kg}\times1.0\times10^3\ \text{kg/m}^3}$

$=2.7\times10^{-3}\ \text{m}^3$

（3）由 $\rho=\dfrac{m}{V}$ 得

$V_{实心}=\dfrac{m}{\rho_{铝}}$

$=\dfrac{2.7\ \text{kg}}{2.7\times10^3\ \text{kg/m}^3}$

$=10^{-3}\ \text{m}^3$

所以，$V_{空心}=V_{铝球}-V_{实心}$

$=2.7\times10^{-3}\ \text{m}^3-10^{-3}\ \text{m}^3$

$=1.7\times10^{-3}\ \text{m}^3$

（4）水对容器底的压强

$p=\rho_{水}gh$

$=1.0\times10^3\ \text{kg/m}^3\times10\ \text{N/kg}\times0.5\ \text{m}$

$=5\times10^3\ \text{Pa}$

单元学科能力测评卷（五）

1. B　2. C　3. B　4. D　5. A　6. C　7. B　8. D　9. B　10. B

11. 等于　甲

12. 75　1

13. O　省力　300

14. 14 400　24 000　60%

15. 200　500　40%

16. 20　如图所示。

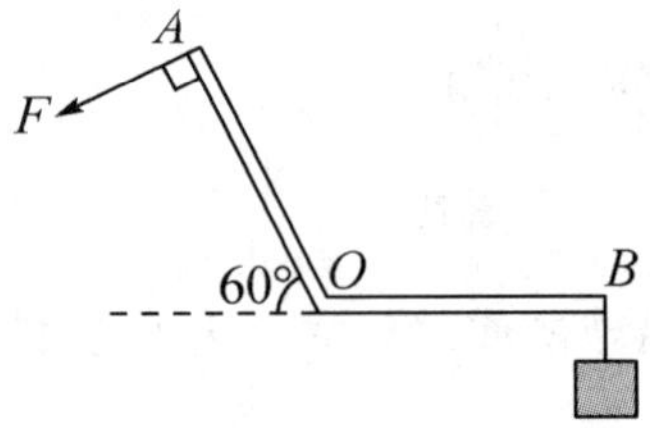

17. 如图所示。

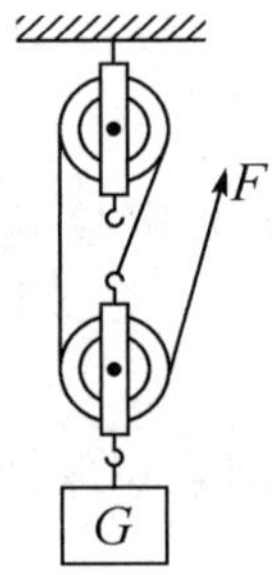

18.（1）$\dfrac{Gh_1}{Fh_2}$　（2）杠杆的自重　（3）变大

19.（1）$F_1=pS=50\times10^6\ \text{Pa}\times40\times10^{-4}\ \text{m}^2=2\times10^5\ \text{N}$

（2）$F_2=G=mg=1\ 800\ \text{kg}\times10\ \text{N/kg}=1.8\times10^4\ \text{N}$

$W=F_2s=1.8\times10^4\ \text{N}\times6\ \text{m}=1.08\times10^5\ \text{J}$

20.（1）货物对地面的压强

$p=\dfrac{F}{S}=\dfrac{G}{S}=\dfrac{80\ \text{kg}\times10\ \text{N/kg}}{0.04\ \text{m}^2}=2\times10^4\ \text{Pa}$

（2）提升时绳子自由端的速度

$v=\dfrac{s}{t}=\dfrac{4\ \text{m}}{50\ \text{s}}=0.08\ \text{m/s}$

（3）拉力 F 的功率

$P=\frac{W}{t}=Fv=500\ \text{N}\times0.08\ \text{m/s}=40\ \text{W}$

（4）$\eta=\frac{W_{有用}}{W_{总}}\times100\%=\frac{mg}{2F}\times100\%=\frac{80\ \text{kg}\times10\ \text{N/kg}}{2\times500\ \text{N}}\times100\%=80\%$

单元学科能力测评卷（六）

1. B 2. B 3. D 4. D 5. B 6. C 7. D 8. D 9. D 10. D

11. 公共汽车　摩托车

12. 铅　铅球的质量较大　升高塑料球的高度（或降低铅球的高度）

13. 小于　动　不变

14. 增大　增大　增大

15. （1）小球摆动的幅度应保持不变（或摆动幅度）

（2）用同一小球，在保持摆动幅度 s 不变的条件下，比较摆长 l 不同时，小球往返摆动一次所用的时间。

16. （1）①　轻木块被推动的距离

（2）①a. 将小球置于弹簧 A 的右端，使弹簧被压缩的长度为 2 cm，放手后小球被弹出，并与轻木块相碰，轻木块被推动了一段距离 s_1；

b. 如步骤 a 把小球置于同一个弹簧的右端，将弹簧压缩的程度稍大一些，观察小球撞击轻木块后轻木块移动的距离 s_2；

②若 $s_1=s_2$，说明弹簧的弹性势能的大小与弹性形变的程度无关；

若 $s_1>s_2$，说明弹簧弹性形变的程度越小，弹性势能越大；

若 $s_1<s_2$，说明弹簧弹性形变的程度越大，弹性势能越大。

17. 列车进站后需要减速行驶，轨道有一定坡度，一方面起到减慢速度的作用，减少由于刹车耗损的能量，另一方面还可以将动能转化为重力势能并储存起来。出站时又能将储存的重力势能转化成动能，可以节约用于启动机车的燃料。

18. （1）从 a 处到 b 处的过程中，小球重力是做功的，即

$W=Gh=mgh=0.04\ \text{kg}\times10\ \text{N/kg}\times0.5\ \text{m}=0.2\ \text{J}$

（2）整个过程中，小球克服导轨摩擦消耗的机械能就等于小球从 a 处到 d 处重力所做的功，即 $W'=Gh'=mgh'=0.04\ \text{kg}\times10\ \text{N/kg}\times0.3\ \text{m}=0.12\ \text{J}$

第 2 课时

教材助读 · 自主学习

1. 平衡状态

物体所处的________状态或________状态叫作平衡状态。

2. 平衡力

物体在受到几个力作用时，如果保持________状态或________________状态，这几个力叫作平衡力。

3. 二力平衡的条件

(1) 二力平衡

物体只受________个力的作用而保持平衡，就叫作二力平衡。

(2) 二力平衡的条件

同时作用在________物体上的两个力，如果大小________，方向________，并且在__________上，这两个力就彼此平衡。即平衡力的合力为________。

课内探究 · 展示交流

一、平衡状态和平衡力

例 1 下列物体中正在受平衡力作用的是（　　）

A. 正在起飞的飞机

B. 空中飞行的足球

C. 沿斜坡向下做匀速直线运动的汽车

D. 空中下落的石块

【思路导析】 正在起飞的飞机速度越来越快，不是匀速运动，所以受力不平衡；空中飞行的足球做的不是直线运动，它最终还是会掉到地面，所以受力不平衡；空中下落的石块的速度是越来越快的，不是匀速直线运动，所以受力也不平衡；沿斜坡向下做匀速直线运动的汽车做的是匀速直线运动，所以受力平衡。

二、探究二力平衡的条件

例 2 如图 8-2-8 是小华同学探究二力平衡条件时的实验情景。

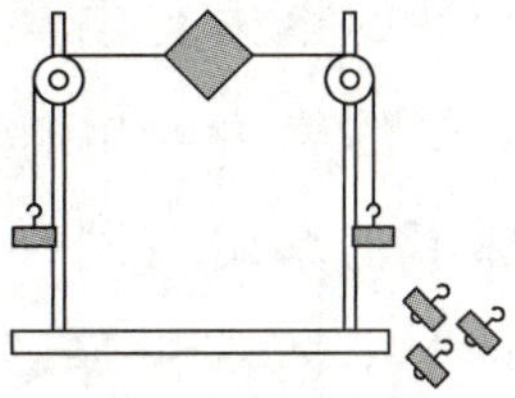

图 8-2-8

(1) 小华将系于小卡片（重力可忽略不计）两对角的线分别跨过左右支架上的滑轮，在线的两端挂上钩码，使作用在小卡片上的两个拉力方向________，并通过调整__________来改变拉力的大小。

(2) 当小卡片平衡时，小华将小卡片转过一个角度，松手后小卡片将发生________。设计此实验步骤的目的是为了探究不在________上的两个力对物体平衡的影响。

(3) 为了验证只有作用在同一物体上的两个力才能平衡，在如图所示情况下，小华下一步的操作是________________________________。

三、判断一个物体受到的两个力是否平衡

例 3 人站在匀速上升的电梯上，下列的几对力中，是平衡力的是（　　）

A. 人所受的重力与电梯对人的支持力

B. 人对电梯的压力与电梯对人的支持力

C. 电梯所受的重力与电梯对人的支持力

D. 电梯所受的重力与电梯对地球的吸引力

【思路导析】人所受的重力与电梯对人的支持力都作用在人体，且大小相等、方向相反、作用在同一条直线上，属于一对平衡力；人对电梯的压力与电梯对人的支持力、电梯所受的重力与电梯对地球的吸引力、电梯所受的重力与电梯对人的支持力，这些力都不是作用在同一个物体上的两个力，有的大小还不相等，因此，它们都不属于平衡力。

交流·分享

如何判断两个力是否平衡

二力平衡的条件可简记为：同体、等大、反向、共线。这四个条件是判断物体受到的二力是否平衡的必要条件，它们缺一不可。也就是说，物体受到的两个力，只有同时符合以上四个条件，才构成一对平衡力。只要有一个条件不符合，两个力就不能构成一对平衡力。

四、二力平衡条件的应用

例4 一名伞兵正在进行跳伞训练。他的质量是 70 kg，他随身所带的全部装备总质量是 20 kg，当他匀速下落时，降落伞受到的空气阻力是________N。(g 取 10 N/kg)

【思路导析】当伞兵匀速下落时，装备和人在竖直方向上受到的总重力与空气阻力是一对平衡力，所以空气阻力大小等于人和他所带全部装备的总重力。

课时作业·高效训练

一、选择题

1. 下列运动的物体中，受力平衡的是 ( )

A. 下落的苹果

B. 加速上升的飞机

C. 沿斜面匀速下滑的木块

D. 减速行驶的汽车

2. 如图 8-2-9 所示，一小闹钟静止在水平桌面上，则下面各选项中的力属于一对平衡力的是 ( )

A. 闹钟受到的重力和桌面对闹钟的支持力

B. 闹钟受到的重力和闹钟对桌面的压力

图 8-2-9

C. 闹钟受到的支持力和闹钟对桌面的压力

D. 桌面受到的重力和闹钟对桌面的压力

3. 在港口的集装箱码头上，吊车正吊着集装箱匀速上升，如图 8-2-10。下列关于物体间作用力关系的说法中正确的是 ( )

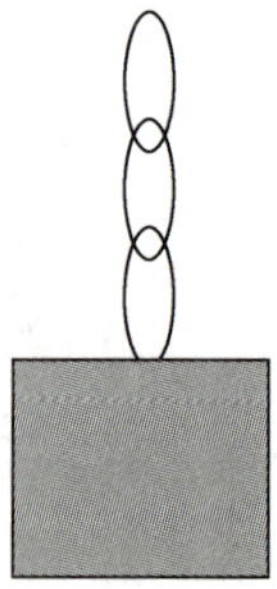

图 8-2-10

A. 集装箱受到的重力和钢丝绳对它的拉力是一对平衡力

B. 集装箱受到的重力和它对钢丝绳的拉力是一对平衡力

C. 集装箱受到的重力大于它受到的拉力

D. 集装箱受到的重力小于它对钢丝绳的拉力

4. 一个物体受到大小为 30 N 的一对平衡力作用而做匀速直线运动，如果这对平衡力同时突然减小到 20 N，则物体（　　）

A. 速度减小

B. 按减小后的速度做匀速直线运动

C. 仍按原来的速度做匀速直线运动

D. 停止运动

二、填空题

5. 如图 8-2-11 所示，在平直的地面上，一个人用 20 N 的水平拉力，拉动小车向东做匀速直线运动，小车所受阻力的大小等于________N，阻力的方向向________（填“西”或“东”）。

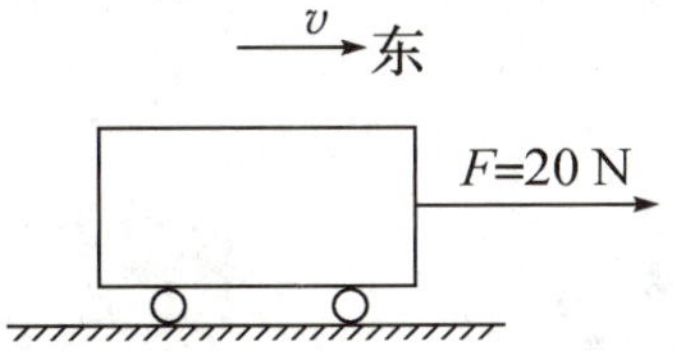

图 8-2-11

6. 跳伞运动员和伞受到竖直向下的力一共为 1 000 N，当运动员和伞以 0.5 m/s 的速度匀速上升时，伞和运动员受到向上的力的大小为______N；当运动员和伞以 0.5 m/s 的速度匀速下降时，伞和运动员受到向上的力的大小为______N；当运动员和伞以 0.8 m/s 的速度匀速下降时，伞和运动员受到向上的力的大小为______N。

三、应用与探究

7. 在“探究二力平衡的条件”的实验中，实验装置如图 8-2-12 所示。

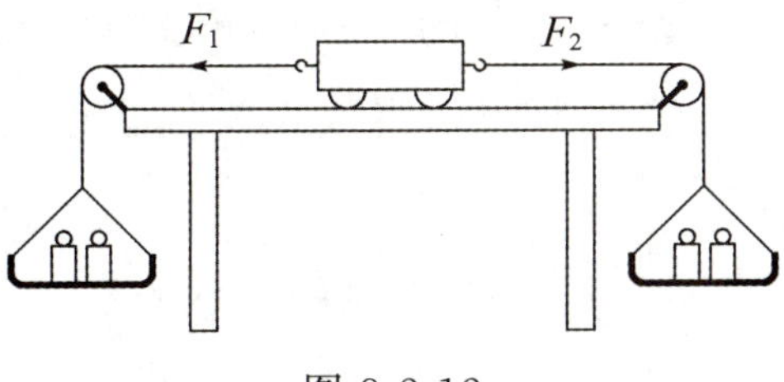

图 8-2-12

（1）由于小车与桌面之间存在着摩擦力，因此实验中，应该让小车处于________状态。

（2）为了探究小车平衡时，在水平方向上所受两个拉力 F_1、F_2 的大小关系，可以通过调整____________来改变 F_1、F_2 的大小。

（3）实验中，如果保持 F_1 与 F_2 大小相等，用手将小车扭转一个角度，松手后，小车将________，这个步骤是为了说明小车平衡时受到的两个力必须在________上。

（4）如果小车在桌面上向右做匀速直线运动，则 F_1________（填“>”“<”或“=”）F_2，小车受到的力________（填“是”或“不是”）平衡力。

选做题

8. 如图 8-2-13 所示是四张用频闪摄影（每隔一定时间闪光一次且拍一张照片）方法得到的小球运动的照片。

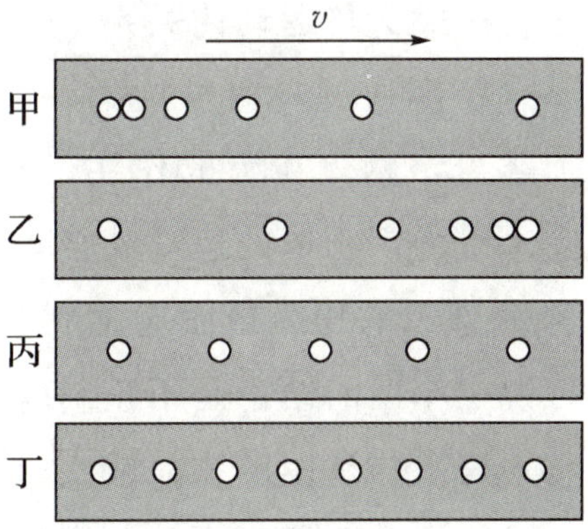

图 8-2-13

由图可知，照片________中的小球做加速运动；照片________中的小球做减速运动；照片________中的小球做匀速运动。

3. 力改变物体的运动状态

教材助读·自主学习

1. 力如何改变物体的运动状态

（1）物体运动状态的改变指的是改变运动的________（由静止变为运动，由运动变为静止，由快变慢，由慢变快），或者改变运动的________。

（2）我们周围的物体，只要是物体的运动状态发生变化，就一定受到________的作用。只要物体受到非平衡力的作用，它的________就会改变。

2. 物体在力的作用下改变运动的状态

当物体受到一个力或非平衡力的作用时，物体的________将发生变化。力不仅可以改变物体运动的______大小，还可以改变其运动________。

课内探究·展示交流

一、探究力与运动的关系

例1 小明通过观察身边的一些现象得出一个结论：物体在力的作用下运动，如果撤去这个力，物体的运动就会立刻停止。请你利用身边的物品或实验器材设计一个实验，说明小明的结论是不正确的。

（1）写出你选用的物品或实验器材。

（2）简述实验过程及实验现象。

【思路导析】小明是观察到受阻力较大的物体的运动，外力撤去后，物体立即停止，忽略了物体还受到阻力的作用。要证明小明的观点不正确，可以使物体在阻力较小的平面上运动（例如较为光滑的木板或玻璃板），再撤去外力，观察其运动状态即可。

二、判断物体的运动状态是否变化

例2 如图 8-3-1 所示的物体中，运动状态发生了改变的是（　　）

A. 天花板下的吊灯

B. 匀速直线行驶的小汽车

C. 空中静止的直升机

D. 被击打出去的乒乓球

图 8-3-1

【思路导析】吊灯、直升机相对地面静止，其运动状态没有发生改变；小汽车做匀速直线运动，其运动的快慢和方向均未发生变化，即运动状态不变；被击打出去的乒乓球，其运动的快慢和方向都发生了变化，因此，它的运动状态发生了改变。

例3 跳水运动员起跳时，先向下压跳板，然后跳板弹起推动运动员向上跃起。下列关于运动员向下压跳板的力和跳板给运动员的推力的作用效果，说法正确的是（　　）

A. 都是改变物体的形状

B. 都是改变物体的运动状态

C. 前者改变了物体的形状，后者改变了物体的运动状态

D. 前者改变了物体的运动状态，后者改变了物体的形状

【思路导析】运动员向下压跳板时，压力使得原来的直跳板变弯，改变了跳板的形状；跳板弹起过程中，原来几乎静止的运动员被抛向空中，运动员运动的速度和方向都发生了改变，即改变了运动员的运动状态。

交流·分享

什么是运动状态的改变

运动状态的改变是指运动快慢的改变或运动方向的改变。物体的运动快慢或运动方向这两个因素中，只要有一个发生了改变，运动状态就发生了改变。

三、力是如何改变物体运动状态的

例4 如图 8-3-2 所示，在水平路面上骑自行车时，如果停止踩脚蹬，自行车最后会停下，这是因为（　　）

图 8-3-2

A. 自行车的惯性消失了

B. 自行车的惯性变小了

C. 阻力改变了自行车的运动状态

D. 自行车受到了平衡力的作用

【思路导析】惯性是物体本身具有的性质，不会消失；对于质量不变的自行车，惯性的大小不会改变。水平路面上的自行车，停止踩脚蹬后，水平方向上只受到阻力的作用，且阻力的方向与自行车的运动方向相反，在阻力的作用下，自行车的速度会越来越慢，最后停下。

课时作业·高效训练

一、选择题

1. 下列情形中，物体的运动状态没有发生变化的是（　　）

A. 速度由快变慢

B. 速度由慢变快

C. 做匀速圆周运动

D. 做匀速直线运动

2. 小明得到一个玩具吹镖（由一个细长筒和金属镖头组成），想试着用它去射地上的目标。他把重为 G 的小镖头以一定速度正对着目标 A 点吹出，如图8-3-3。忽略镖头运动时所受的空气阻力，下列关于镖头能否射中 A 点的预测中，正确的是（　　）

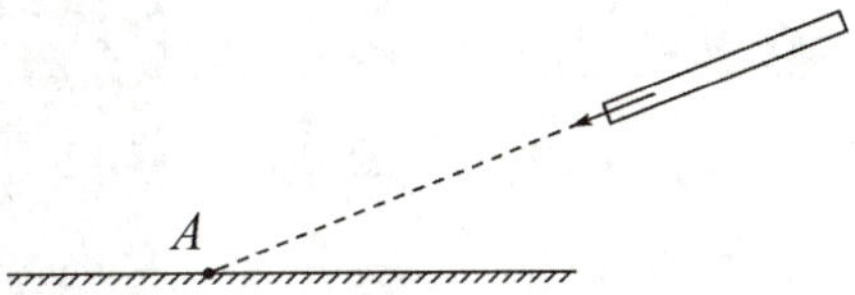

图 8-3-3

A. 一定能够射中 A 点

B. 一定射在 A 点左侧

C. 一定射在 A 点右侧

D. 控制速度大小，以上都有可能

3. 宇宙飞船的返回舱在即将着陆时，缓冲火箭立即点火工作，使返回舱的速度降低到 2 m/s 以内，从而减小其与地面的撞击力。缓冲火箭喷火的方向应该是（　　）

A. 向下　　B. 向上

C. 向侧面　　D. 向任意方向

二、填空题

4. 让一个钢球从斜面上滚到水平桌面上，如果在钢球滚动方向的正前方放一个磁

铁，会看到钢球加速滚动，如图 8-3-4 甲所示；如果在钢球滚动方向的侧面放一个磁铁，会看到钢球转弯滚动，如图乙所示。图甲现象中，钢球运动的________发生了改变，图乙现象中，钢球运动的________发生了改变。发生这些改变的共同原因是钢球受到了磁铁的________力。

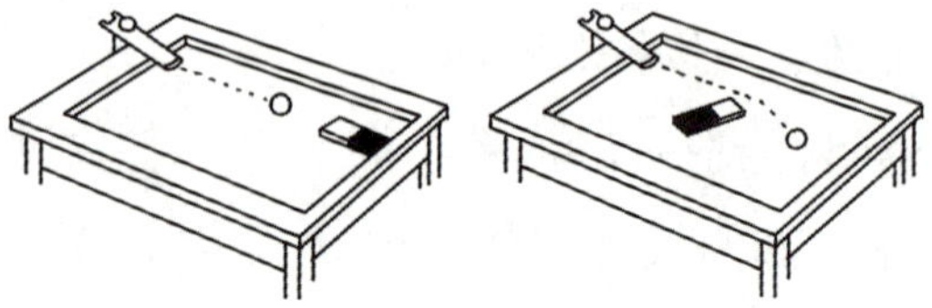

甲　　　　　乙

图 8-3-4

5. 如图 8-3-5 所示，是用频闪照相拍摄（每隔相同的时间拍照一次）的水平抛出的小球的整个运动过程。小球在运动的过程中受到的力是__________，其运动速度的大小在变__________，运动的方向__________（填“发生”或“没有发生”）改变。这说明，物体在非平衡力作用下____________________。

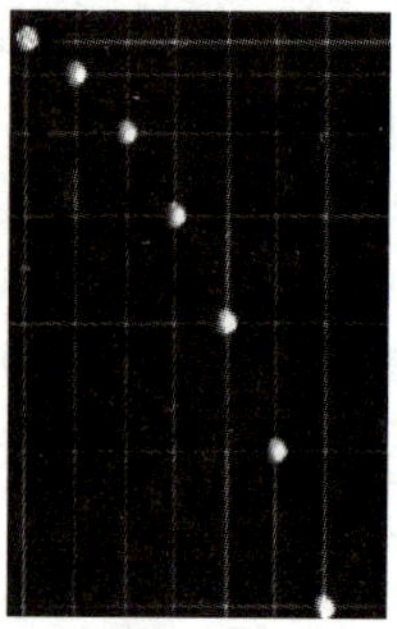

图 8-3-5

三、实验与探究

6. 在十字路口，小明观察到卡车、小汽车和摩托车虽然同时启动，但小汽车冲在最前面，摩托车其次，卡车最慢。于是想到了一个问题：机动车启动的快慢与哪些因素有关呢？

小明和几个同学一起讨论这个问题，提出了不同的假设，并设计了如图 8-3-6 所示的装置进行了一组实验。

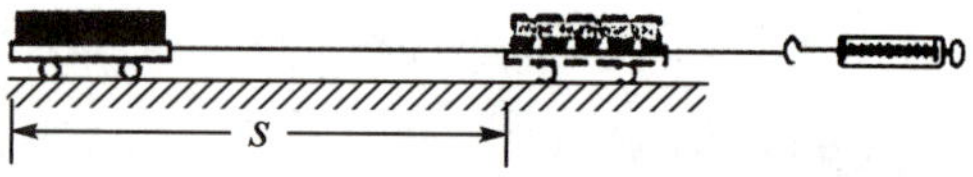

图 8-3-6

在静止的小车上放上不同质量的砖块，分别用不同大小的力拉动，测出启动后 2 s 内前进的距离。实验数据记录在下表中。

实验次数	①	②	③	④	⑤	⑥	⑦	⑧	⑨
小车和砖块的总质量（m/kg）	4	4	4	8	8	8	16	16	16
拉力的大小（F/N）	1	2	4	1	2	4	1	2	4
2 s 后小车离起点的距离（s/cm）	48	98	195	23	50	99	11	24	49

（1）2 s 内小车离起点的距离 s 越大，表明小车启动越________。

（2）通过比较________三次实验可以看出，在质量相等时，对小车的拉力越大，小车启动越快。

（3）摩托车的动力比卡车小，但启动时却比卡车快，请运用上面探究的结果加以解释。

选做题

7. 小明在超市用 10 N 的推力推着购物车匀速前进，当他看到前方突然出现一个小朋友时，立即改用 6 N 的力拉购物车，但购物车依然在前进。小明对车施加向后的拉力改变了购物车的运动________，此时购物车所受摩擦力为________N，购物车所受合力为________N。

微课堂讲解（三）

受力分析

微型讲解

受力分析就是针对一个研究对象，即受力物体，分析它的受力情况，并做出每个力的示意图。

【例】 如图微 3-1 是静止在水平地面上的篮球，请做出这个篮球受力的示意图。

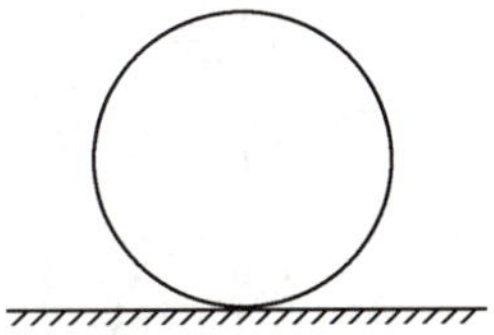
图微 3-1

【思路导析】 首先做出重力，因为地面附近的物体都受到重力的作用。因为此物体处于静止状态，受到的是平衡力的作用，所以必定有一个与重力平衡的力，这个力就是支持力。那此物体是否受到摩擦力呢？答案是否定的，因为如果受到摩擦力，由于物体受力平衡，则必定有一个与摩擦力相互平衡的力，但找不出这个力的施力物体，所以它不受摩擦力。

针对练习

1. 如图微 3-2 所示，物体沿粗糙水平面向右滑动。画出该物体的受力示意图。

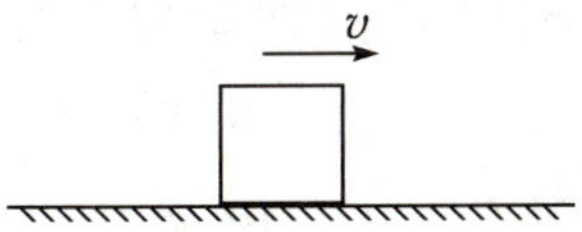

图微 3-2

2. 如图微 3-3 所示，小车水平向右匀速运动，在车厢顶部用细绳竖直悬挂一个小球，小球与竖直车厢壁刚好接触，画出小车向右匀速运动时小球受力的示意图。

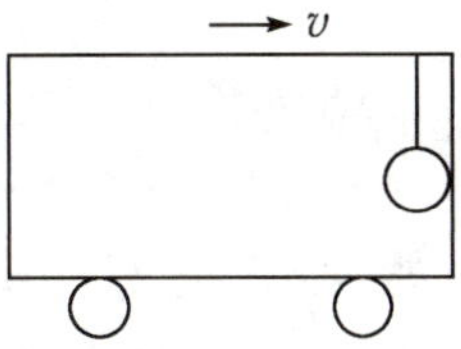

图微 3-3

3. 如图微 3-4 所示是小丽同学站在某商场匀速向上运动的电动扶梯上的示意图，请在图中画出小丽所受力的示意图（O 点为小丽的重心）。

图微 3-4

4. 用一根细绳将小球系住并挂在竖直的墙面上，如图微 3-5 所示，请在图中画出这个小球受力的示意图。

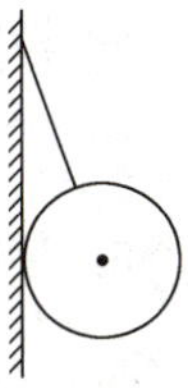
图微 3-5

5. 如图微 3-6 所示，画出被投出去的篮球的受力示意图。（不计空气阻力和浮力）

图微 3-6

6. 如图微 3-7 所示，物体以初速度 v 沿粗糙斜面减速上滑，请画出物体上滑过程中的某一时刻的受力示意图。

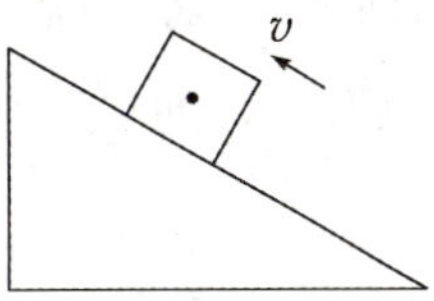

图微 3-7

微课堂讲解（四）

平衡力和相互作用力

微型讲解

平衡力与相互作用力的共同点：力的大小相等、方向相反、作用在同一直线上。不同点：平衡力作用在同一物体上，相互作用力作用在不同的两个物体上。

【例】 长方体木箱放在水平地面上，木箱上放一木块，则下列分析正确的是 （　　）

A. 木箱受到的重力和地面对木箱的支持力是一对平衡力

B. 木箱对地面的压力和地面对木箱的支持力是一对相互作用力

C. 木箱对木块的支持力和木块对木箱的压力是一对平衡力

D. 地面对木箱的支持力和木块对木箱的压力是一对相互作用力

【思路导析】 一对平衡力必须同时满足大小相等，方向相反，作用在同一直线上，作用在同一物体上这四个条件。一对相互作用力是同时产生，同时消失的，它们大小相等，方向相反，作用在同一直线上，但是分别作用在两个物体上。

针对练习

1. 如图微 4-1 所示，对于静止在水平桌面上的矿泉水瓶，下列说法正确的是 （　　）

A. 桌面对瓶子的支持力与瓶子所受重力是一对相互作用力

B. 瓶子对桌面的压力与桌面对瓶子的支持力是一对平衡力

C. 瓶子正放与倒放时，对桌面的压力是不同的

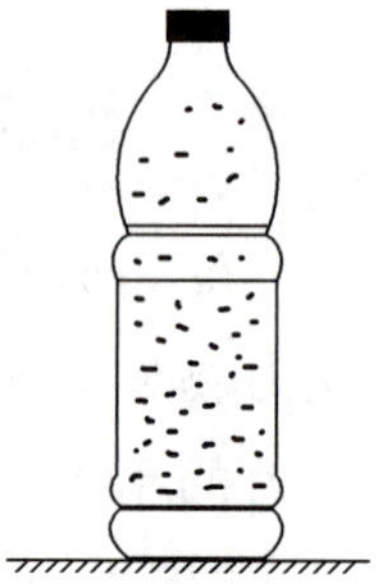

图微 4-1

D. 如果瓶子所受的力同时全部消失，它将仍留在原位保持原来的静止状态

2. 教室里，带磁性的粉笔刷可吸在黑板上不掉下来。如图微 4-2 所示，关于粉笔刷的受力情况，下列说法正确的是 （　　）

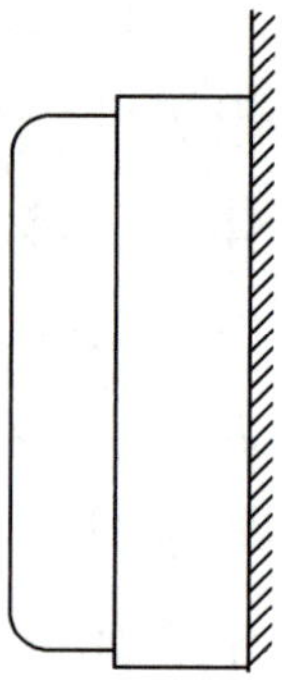

图微 4-2

A. 粉笔刷所受吸引力与粉笔刷所受重力是一对平衡力

B. 粉笔刷所受吸引力与黑板对粉笔刷的支持力是一对相互作用力

C. 黑板对粉笔刷的摩擦力的方向竖直向上

D. 粉笔刷没有受到摩擦力作用

3. 如图微 4-3 所示，一辆小车在水平面上做匀速直线运动，以下几对力中属于相互作用力的是 （　　）

A. 小车受到的重力和水平面对小车的支持力

B. 推力 F 和小车受到的摩擦力

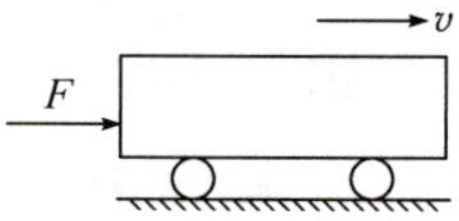

图微 4-3

C. 小车受到的支持力和小车对水平面的压力

D. 小车受到的重力和小车对水平面的压力

4. 如图微 4-4 所示，下列说法正确的是 ( )

图微 4-4

A. 小鸟受到的重力与小鸟对树枝的压力是一对平衡力

B. 小鸟对树枝的压力与树枝对小鸟的支持力是一对平衡力

C. 小鸟受到的重力与树枝对小鸟的支持力是一对平衡力

D. 小鸟受到的重力与树枝受到的重力是一对平衡力

5. 一辆汽车在平直的公路上匀速行驶，下列属于平衡力的是 ( )

A. 汽车受到的重力与路面对汽车的支持力

B. 汽车的牵引力与汽车受到的重力

C. 汽车受到的重力与汽车对路面的压力

D. 汽车对路面的压力与路面对汽车的支持力

6. 小明的书桌上摆放着多种资料书籍，对放在水平桌面上静止的英汉词典，下列判断正确的是 ( )

A. 词典平放与侧放时，对桌面的压力是不同的

B. 桌面对词典的支持力与词典所受重力是一对相互作用力

C. 词典对桌面的压力与桌面对词典的支持力是一对平衡力

D. 桌面对词典的支持力与词典所受到的重力是一对平衡力

7. 如图微 4-5 所示，人沿水平方向拉牛，但没有拉动。其中说法正确的是 ( )

图微 4-5

A. 绳拉牛的力小于牛拉绳的力

B. 绳拉牛的力小于地面对牛的摩擦力

C. 绳拉牛的力与牛拉绳的力是一对平衡力

D. 绳拉牛的力与地面对牛的摩擦力是一对平衡力

本 章 小 结

考点题型探究

考点 1　牛顿第一定律　惯性

1. 汽车紧急刹车过程中，会在公路上留下车胎的擦痕。下列说法正确的是（　　）

A. 擦痕是由于刹车后摩擦增大造成的

B. 擦痕越长，说明车的惯性一定越大

C. 汽车刹车过程中，其惯性越来越小

D. 刹车能使汽车迅速停下来，说明力是维持物体运动的原因

2. 取一张轻薄小纸片，沿对角线向下折一个角度钉在针尖上，手掌在纸片上方迅速上移，原来静止的纸片旋转起来。手拿开，纸片又逐渐静止下来（图 8-1）。下列有关分析正确的是（　　）

图 8-1

A. 针尖顶着的纸片静止时，纸片只受到重力的作用

B. 静止的纸片旋转起来时，纸片只受到空气推力的作用

C. 手拿开后纸片没有立即停止旋转，是因为纸片有惯性

D. 手拿开后纸片逐渐静止下来，是因为纸片没有受到力的作用

3. 下列关于惯性的说法正确的是（　　）

A. 太空中的航天员不具有惯性

B. 物体运动时具有惯性，静止时不具有惯性

C. 汽车在转弯时减速，是为了防止惯性带来的危害

D. 运动员起跑时用力蹬地，是为了增大惯性提高成绩

考点 2　力的平衡

4. (2021·山东泰安) 如图 8-2 所示，木块在水平拉力 F 的作用下，在足够长的水平桌面上做匀速直线运动，下列说法正确的是（　　）

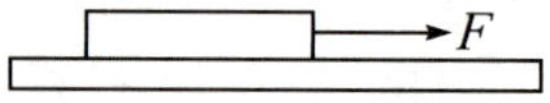

图 8-2

A. 木块对桌面的压力和木块受到的重力是一对平衡力

B. 木块受到的拉力和木块对桌面的摩擦力是一对平衡力

C. 拉力 F 大于木块受到的摩擦力

D. 撤去拉力 F 后，木块在继续运动过程中受到的摩擦力的大小不变

5. 如图 8-3 所示，一个重 10 N 的物体在 10 N 竖直向上的拉力作用下做匀速直线运动。

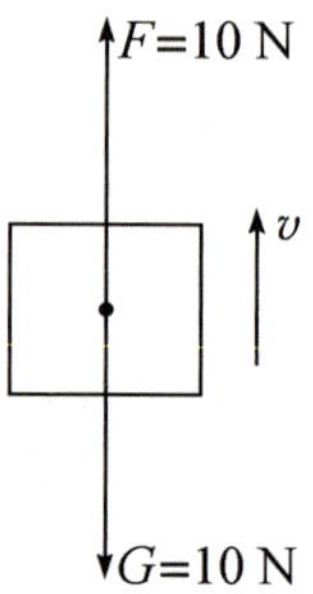

图 8-3

小红说：因为物体做匀速直线运动，且物体仅受重力和拉力的作用，所以重力和拉力是一对平衡力。

小明说：因为同一物体受到的重力和拉力大小相等、方向相反，并且作用在同一条直线上，所以重力和拉力是一对平衡力。

这两人的说法（　　）

A. 都正确

B. 只有小明正确

C. 只有小红正确

D. 都不正确

6. 如图 8-4（a）（b）所示，某小组同学以硬纸板为研究对象，利用弹簧测力计、细线等器材进行实验，该小组同学是在做探究________的实验。按图（a）所示进行实验操作时，应在硬纸板处于________状态下读取测力计的示数；按图（b）所示进行实验操作时，放开硬纸板前，应使两测力计的示数________，两细线对硬纸板拉力的方向________。

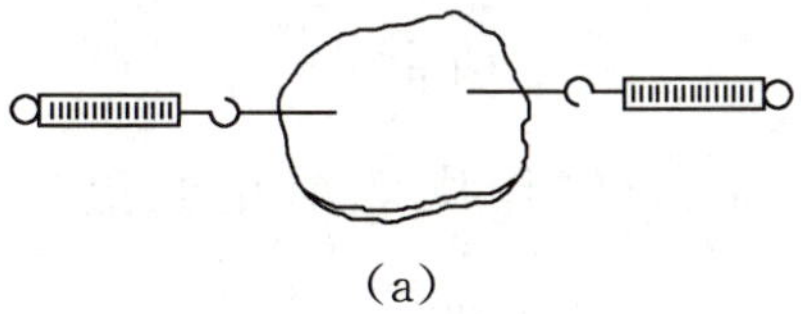
(a)

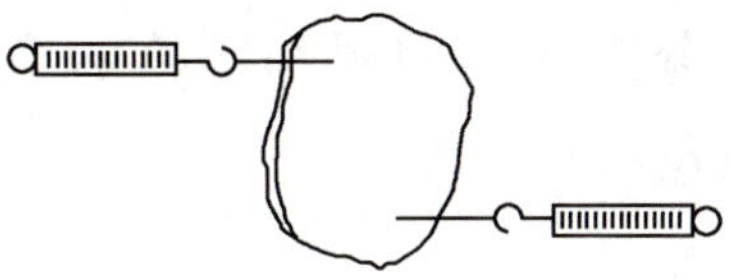
(b)

图 8-4

考点 3　力与运动

7. 如图 8-5 所示，在一根结实的细绳的一端拴一个小球，绳的另一端固定在 O 点，做成一个单摆。拉动小球到 B 处，放手后小球摆动起来，则小球在摆动的过程中，下列说法正确的是（　　）

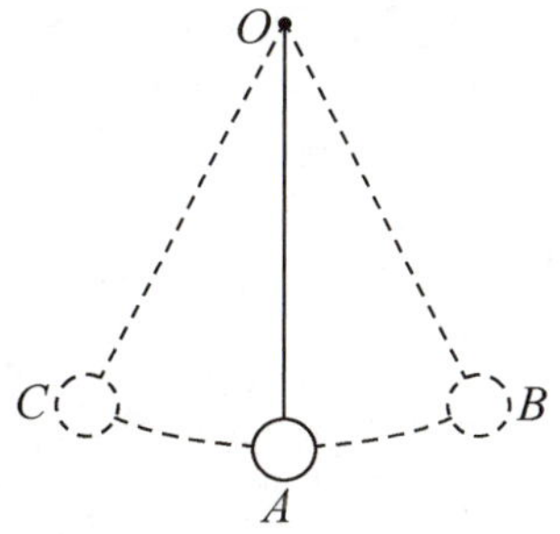

图 8-5

A. 小球运动到最低点 A 处，细绳对它的拉力与它受到的重力平衡

B. 小球运动到 B 处，细绳对它的拉力与它受到的重力平衡

C. 小球运动到 C 处，细绳对它的拉力与它受到的重力平衡

D. 在摆动的任一位置，小球受到的力都不平衡

最新考情分析

命题规律

纵观近几年全国各地中考试题，本章内容在中考中的命题特点如下：

1. 从题型来看，主要包括选择题、填空题、作图题、实验与探究题等。

2. 从命题角度来看，常以生活、生产、自然中与惯性、力的平衡、力与运动等知识密切相关的情景为背景命题。

3. 从考查内容来看，主要包括：(1) 运动与力的关系；(2) 惯性及相关现象；(3) 二力平衡条件及其应用。

4. 从考查能力来看，主要考查同学们的实验探究能力、归纳概括能力、知识的迁移应用能力和作图能力等。

第九章　压强

1. 压强（2课时）

第1课时

教材助读·自主学习

1. 认识压强

（1）压强的物理意义：压强是表示压力的作用效果的物理量。实验表明，压力作用的效果不仅跟______的大小有关系，还跟________的大小有关系。

（2）压强的定义：物体________上受到的______叫作压强。

（3）压强的计算公式：$p=$______

（4）压强的单位：在国际单位制中，压强的单位是______，简称______，符号是______。

1 Pa=______N/m²

2. 流体的压强

______和______有很强的流动性，统称为流体。流体不仅对与之接触的物体施加压强，在流体的内部也存在压强。

3. 控制压强的大小

根据压强的计算公式可知：要增大压强，可以______压力或______受力面积；要减小压强，可以______压力或______受力面积。

课内探究·展示交流

一、探究压力的作用效果跟哪些因素有关

例1 给你一块海绵、规格相同的几块砖和一把刻度尺，按照如图9-1-1所示的设计，探究压力的作用效果跟哪些因素有关。仔细观察实验设计，回答下列问题：

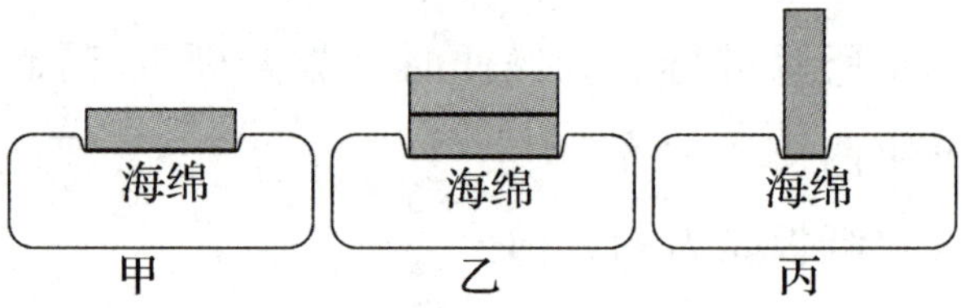

图9-1-1

（1）压力的作用效果是通过比较海绵的______来确定的。

（2）分析比较图甲和图乙的实验现象，可以得出结论：________________________________。

（3）分析比较图甲和图丙的实验现象，可以得出结论：________________________________。

二、压强的简单分析和计算

例2 小华在滑冰场上快速滑行，他和冰刀的总质量为40 kg，已知每只冰刀与冰面的接触面积为15 cm²。（g 取10 N/kg）

（1）小华单脚滑行时对冰面的压强是多大？

（2）当小华双脚站立时，他对冰面的压强怎样变化？简要说明理由。

【思路导析】（1）小华对冰面的压力大小等于他所受的重力大小，重力大小可直接根据重力与质量的关系计算出。单脚滑行时，受力面积等于一只冰刀与冰面的接触面积，根据压强公式可计算出对冰面的压强；（2）分析双脚站立与单脚滑行时的压力和受力面积的变化，判断出压强的变化。

【示范解答】（1）小华受到的重力

$G=mg=40\ \text{kg}\times10\ \text{N/kg}=400\ \text{N}$

小华单脚滑行时对冰面的压力

$F=G=400\ \text{N}$

受力面积 $S=15\ \text{cm}^2=1.5\times10^{-3}\ \text{m}^2$

单脚滑行时对冰面的压强为

$$p=\frac{F}{S}=\frac{400\ \text{N}}{1.5\times10^{-3}\ \text{m}^2}\approx2.67\times10^5\ \text{Pa}$$

（2）当小华双脚站立时，他对冰面的压强减小。因为双脚站立时，压力不变，冰刀与冰面的接触面积增大。

三、控制压强的大小

例 3 下列做法中，为了减小压强的是（　　）

A. 菜刀的刀口做得很薄

B. 铁路的钢轨铺在枕木上

C. 铁钉一端做得很尖

D. 饮料吸管的一端做成尖形

【思路导析】菜刀的刀口做得很薄、铁钉一端做得很尖、饮料吸管的一端做成尖形，这些做法都减小了受力面积，在压力不变的情况下，可以增大压强。铁路的钢轨铺在枕木上增大了受力面积，在压力不变的情况下，可以减小压强。

交流·分享

如何较方便地控制压强的大小

在日常生产和生活中，许多时候压力的大小不方便改变，因此，人们常用改变受力面积的办法来控制压强的大小。

课时作业·高效训练

一、选择题

1. 水平雪地上，穿着滑雪板的芳芳总质量为70 kg，没有陷入雪地；而穿着运动鞋的小明总质量为 50 kg，却深陷雪地。下列说法正确的是（　　）

A. 芳芳对雪地的压力比小明的小

B. 芳芳对雪地的压力和小明的一样

C. 芳芳对雪地单位面积的压力比小明的小

D. 受力面积和压力都不等，无法比较谁对雪地的压强大

2. 有一种砖的长、宽、高分别为 24 cm、12 cm、6 cm，如图 9-1-2 所示，两块这样的砖互相垂直放置，则它们之间的压力的受力面积为（　　）

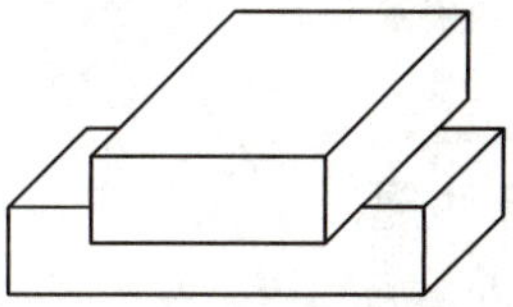

图 9-1-2

A. $576\ \text{cm}^2$　　B. $288\ \text{cm}^2$

C. $144\ \text{cm}^2$　　D. $36\ \text{cm}^2$

3. 下列各种做法中，属于减小压强的是（　　）

A. 用很细的钢丝切肥皂

B. 铁轨铺在枕木上

C. 注射器针头做得很尖

D. 用锋利的刀刃切水果

4. 一个普通中学生双脚站立在水平地面上，他对水平地面的压力、压强最接近（　　）

A. 500 N　10^4 Pa　　B. 500 N　10^3 Pa

C. 50 N　10^4 Pa　　D. 50 N　10^3 Pa

二、填空题

5. 星期天小明和小慧到德州开发区减河湿地去玩，他们踩在软绵绵的沙滩上，留下一串串脚印。小明突发奇想对小慧说："我的体重是 50 kg，每只脚与沙滩的接触面积是 200 cm^2，当我在水平沙滩上行走时，对沙滩的压力是____N，压强是____Pa。"（g 取 10 N/kg）

6. 在木板上拧螺丝时，往往要在螺帽下垫上一个宽大的垫圈，如图 9-1-3 所示，这样做是用________的方法来________（填"减小"或"增大"）螺帽对木板的压强，从而避免螺帽陷入木板中。螺帽拧得越紧，垫圈对木板的压强越________。

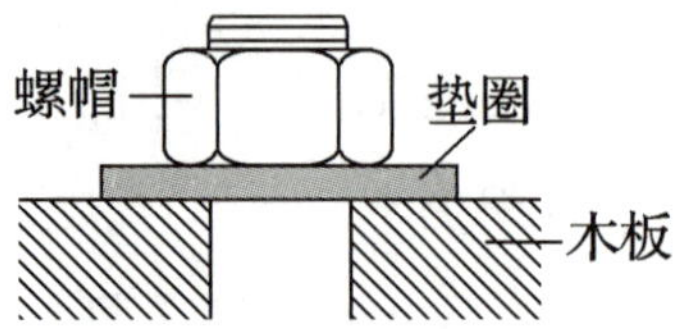

图 9-1-3

三、应用与计算

7. 在结冰的河面上玩耍时，若发现脚下的冰即将破裂，你该如何安全逃离险境？

8. 一头大象质量为 6×10^3 kg，每只脚掌的面积为 600 cm^2，当大象站在水平地面上时，求：（g 取 10 N/kg）

（1）大象对地面的压力。

（2）大象对地面的压强。

选做题

9. 一摞物理作业本共有 n（n 约为 50）本，放在水平桌面上，如图 9-1-4 所示。要测出这摞作业本对桌面的压强，请你完成下列问题：

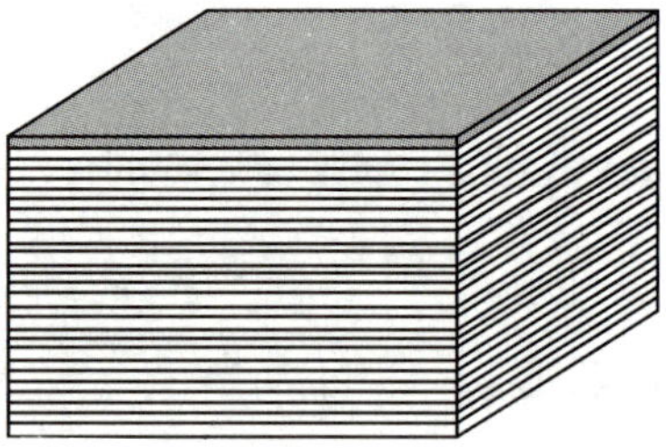

图 9-1-4

（1）这摞作业本重约为________（填序号）；

A. 2 N　　B. 20 N　　C. 100 N

（2）需要的测量工具是________；

（3）简要叙述你测量的方法________________；

（4）作业本对桌面的压强是________（可用公式或文字表述）。

第2课时

教材助读·自主学习

1. 区分压力和压强

压力是指________作用在物体表面的力，压强是指物体________________上受到的________。

2. 比较压强的大小

根据压强的公式 $p=\frac{F}{S}$ 可知，压强的大小决定于________和________________两个因素。要比较两个力产生的压强的大小，通常有三种方法：

(1) 在受力面积相同时，比较____________大小。

(2) 在压力相同时，比较__________的大小。

(3) 在压力和受力面积都不同时，分别计算出压强的大小，再进行比较。

3. 利用压强公式的变形计算压力或受力面积

在压强和受力面积已知时，通过压强公式的变形公式____________可以计算压力的大小；在压强和压力已知时，通过压强公式的另一变形公式________可以计算受力面积的大小。

课内探究·展示交流

一、区分压力和压强

例1 关于压力的说法中正确的是 ( )

A. 压力的大小总等于物体所受重力的大小

B. 压力的方向总是竖直向下

C. 压力的方向总是垂直于物体表面

D. 压力的大小决定压强的大小

【思路导析】压力和重力是不同的两个力，压力的方向垂直于受力面，重力的方向始终是竖直向下的。有些特殊情况下，压力的大小等于重力，但不能说压力就是重力。

> 交流·分享
>
> **压力与重力是一回事吗**
>
> 压力与重力是两个不同的物理量。在大小上，只有当物体自然地放置在水平面上时，物体对水平面的压力大小才等于其所受重力的大小，否则大小不一定相等。在方向上，压力的方向始终与受压面垂直，只要受压面的方向发生变化，压力的方向就随着变化，而物体所受的重力方向只有一个——竖直向下。

二、比较压强的大小

例2 一张报纸平放在桌面上时对桌面的压强为 p_1，将这张报纸对折后平放时对桌面的压强为 p_2，将这张报纸撕去一半后平放时对桌面的压强为 p_3，则 p_1、p_2、p_3 三者之间的关系是 ( )

A. $p_1=2p_2$　　B. $p_1=\frac{p_2}{4}$

C. $p_1=\frac{p_3}{2}$　　D. $p_1=p_3$

【思路导析】将这张报纸对折后平放在桌面上时，压力大小没有变，但受力面积减小为原来的一半，所以压强为原来的两倍；若将这张报纸撕去一半后平放时，桌面受到的压力和受力面积均减小为原来的一半，所以压强等于整张报纸平铺于桌面上时产生的压强。

三、压强的综合计算

例3 通常情况下，物体压在同样的泥地上，如果压强相同则压痕深度相同。野生动物调查员在野外泥地上发现黑熊刚留下的足印，为了估算黑熊的质量，他把一个底面积是 10 cm^2 的容器放在足印附近的泥地上，再慢慢往容器中倒入沙子，直到容器在泥地上留下与黑熊足印深度相同的痕迹，测出此时装了沙的容器总质量为 1.25 kg。（g 取 10 N/kg）

（1）求装了沙的容器对泥地的压强是多大。

（2）现已量出黑熊与泥地接触的足印总面积为800 cm^2，请估算黑熊的质量。

【思路导析】（1）装了沙的容器对地面的压力大小等于沙和容器的总重力大小，即 $F=G=mg$；又知容器对地面的压力的受力面积为 10 cm^2，故可用 $p=\frac{F}{S}$ 求出容器对地面的压强。（2）因容器在泥地上留下与黑熊足印深度相同的痕迹，故黑熊对地面的压强与容器对地面的压强相等。又知黑熊与地接触的足印总面积共800 cm^2，故可以通过 $F=pS$ 求出黑熊对地面的压力，即黑熊的重力，再通过 $m=\frac{G}{g}$ 可求出黑熊的质量。

【示范解答】（1）容器对泥地的压力大小为

$F_1=mg=1.25\ \text{kg}\times10\ \text{N/kg}=12.5\ \text{N}$

容器对泥地的压强为

$p_1=\frac{F_1}{S_1}=\frac{12.5\ \text{N}}{10^{-3}\ \text{m}^2}=1.25\times10^4\ \text{Pa}$

（2）因为容器留下的痕迹和黑熊脚印的深度相同，所以容器和黑熊对泥地的压强也相同，即

$p_2=p_1=1.25\times10^4\ \text{Pa}$

则黑熊对泥地的压力为

$F_2=p_2S_2=1.25\times10^4\ \text{Pa}\times8\times10^{-2}\ \text{m}^2=1\times10^3\ \text{N}$

黑熊所受的重力为 $G=F_2=1\times10^3\ \text{N}$

黑熊的质量为 $m=\frac{G}{g}=\frac{1\times10^3\ \text{N}}{10\ \text{N/kg}}=100\ \text{kg}$

课时作业·高效训练

一、选择题

1. 如图 9-1-5 所示是甲、乙两种物质的质量和体积的关系图像。若用质量相等的甲、乙两种物质分别制成等高的实心圆柱体 A、B，把它们并排竖放在水平地面上，则两圆柱体 A、B 对水平地面的压强之比为（　　）

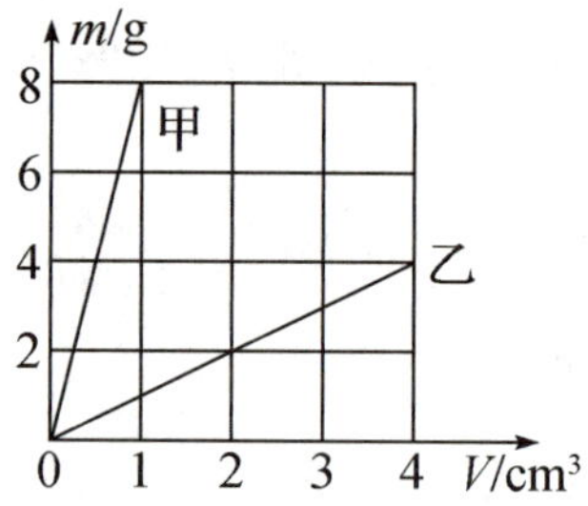

图 9-1-5

A. 8∶1　B. 4∶3　C. 4∶1　D. 1∶2

2. 如图 9-1-6 所示，一块砖先立放在水平地面上，后来倾倒平放，则它对水平地面的压力或压强大小的变化是（　　）

A. 压力变小
B. 压力变大
C. 压强变小
D. 压强不变

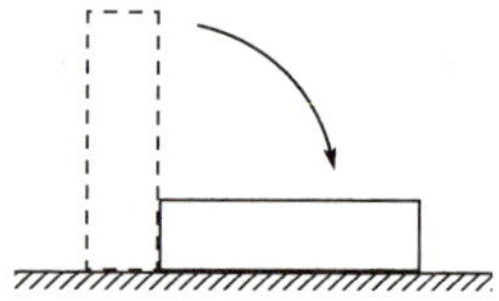
图 9-1-6

3. 一个质量为 2.7 kg、密度为 $2.7\times10^3\ kg/m^3$的实心立方体铝块，放在面积为 200 cm^2的水平桌面上，则铝块对水平桌面的压强为（g 取 10 N/kg）（　　）

A. 2.7×10^{-1} Pa

B. 2.7×10^3 Pa

C. 1.35×10^{-1} Pa

D. 1.35×10^3 Pa

二、填空题

4.（2019·广西贵港）在放假外出旅游时，小明发现所乘坐的汽车窗边放置有在紧急情况下使用的逃生安全锤，这种逃生安全锤有一端设计成锥形，这样做的目的是通过________受力面积的方法，从而________压强来破坏玻璃窗逃生。（均填“增大”或“减小”）

5. 塑料袋给我们购物带来了极大的方便，但如果里面装的物品较重，我们会感到手被提纽勒得发痛，如果使用如图 9-1-7 所示的提手就可解决这个问题。由图可知，提手的使用增大了__________，从而减小了对手的__________。（均填“压力”或“压强”）

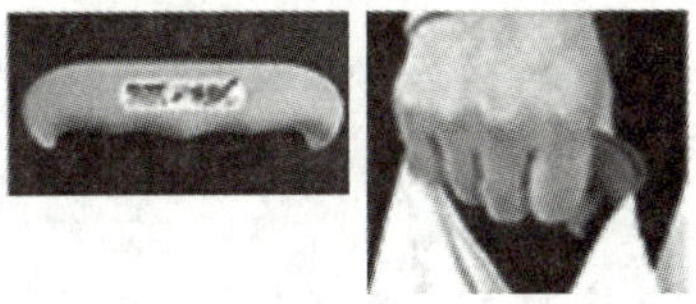

图 9-1-7

6. 一个质量为 60 kg 的人，他每只脚接触地面的面积是 200 cm^2，这个人正常站立时对水平地面的压力是________N，压强是________Pa。（g 取 10 N/kg）

三、作图与计算

7. 如图 9-1-8 所示，一个重为 200 N 的箱子在斜面上静止，对斜面的压力为 150 N。请画出箱子对斜面的压力的示意图。

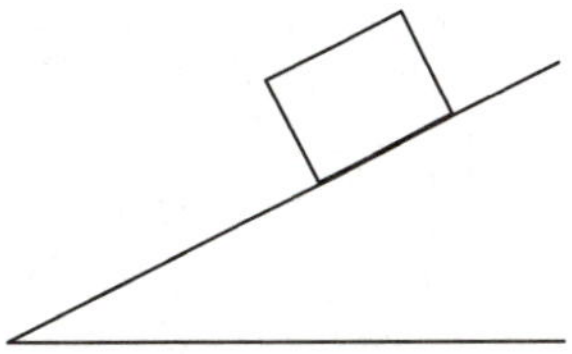

图 9-1-8

8. 一座长方体花岗岩石碑，质量为 4.2×10^3 kg，底面积为 0.5 m^2。（g 取 10 N/kg）求：

（1）石碑受到的重力大小；

（2）石碑对水平地面的压强。

选做题

9. 如图 9-1-9 所示，甲、乙两个均匀的实心正方体放在水平地面上，它们各自对地面的压强相等。试比较甲、乙两种材料的密度大小。

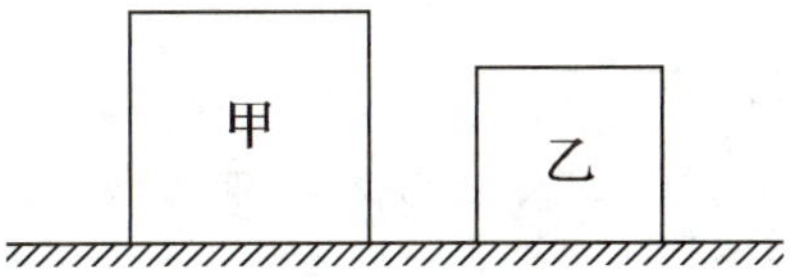

图 9-1-9

2. 液体的压强（2课时）

第1课时

教材助读·自主学习

1. 液体压强的产生原因

由于液体受到________作用，它对容器的底部要产生压强；由于液体具有________性，它对容器的侧壁也要产生压强。

2. 液体压强的特点

实验表明，在液体内部向各个方向都有压强，在同一深度，向各个方向的压强大小________；液体内部的压强随深度的增加而________。

3. 液体压强的大小

液体内深度为 h 处的压强 $p=$________。

以上公式中，p 代表________，单位是________；ρ 代表________，单位是________；h 代表________，单位是________；$g=$________。

课内探究·展示交流

一、液体压强的产生

例1 小明找来两个上端开口的塑料瓶，分别在底部和靠近底部的侧面开一个小孔，再装满水，出现如图9-2-1甲、乙所示的情景。甲图的情景说明：液体对容器的________具有压强；乙图的情景说明：液体对容器的________具有压强。

图 9-2-1

【思路导析】甲图中塑料瓶上的小孔位于底部，瓶中的水从底部流出来，说明水对底部产生了压强；乙图中塑料瓶上的小孔位于侧面，瓶中的水向侧面喷出，说明水对容器的侧壁产生了压强。

二、探究液体内部压强的特点

例2 图9-2-2是物理老师在演示液体内部压强情况的六幅图，除②图杯中装的是浓盐水外，其余杯里装的都是水。请你仔细观察这六幅图后回答：

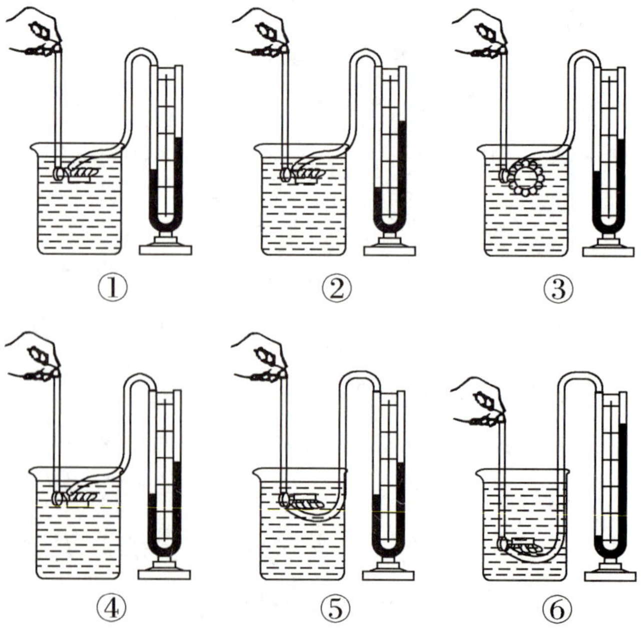

图 9-2-2

（1）比较①②两幅图，可以得出：液体内部压强大小跟液体的________有关；

（2）比较⑤⑥两幅图，可以得出：液体内部压强大小还跟液体的________有关；

（3）比较③④⑤三幅图，你还可以得出什么结论？

【思路导析】（1）①②两幅图金属盒所在深度相同，液体密度不同，受到的压强也不同；（2）⑤⑥两幅图液体密度相同，金属盒所在深度不同，受到的压强也不同；（3）③④⑤三幅图液体密度相同，金属盒所在深度相同，但方向不同，而受到的液体压强相同。

三、计算液体压强的大小

例3 我国首台自主设计研发的载人深潜器“蛟龙号”在 2012 年 6 月 27 日进行了 7 000 m 级海试，最大下潜深度达 7 062 m，此处海水产生的压强约为________Pa。（海水的密度取 1.0×10^{3} kg/m^{3}，g 取10 N/kg）

【思路导析】 液体压强只与液体的密度和所处的深度有关，所以海水产生的压强可以直接用液体压强公式来进行计算。

课时作业·高效训练

一、选择题

1. 使用微小压强计探究液体压强的规律时，如图 9-2-3 所示，下列说法正确的是　　（　　）

A. 用手按橡皮膜，两管出现高度差，说明此时橡皮膜的气密性很差

B. U 形管中通常要灌入带颜色的水是为了美观

C. U 形管两管液面的高度稳定后，右管中的液体受到非平衡力的作用

D. 橡皮膜伸入液体越深，两管液面高度差越大，则液体压强越大

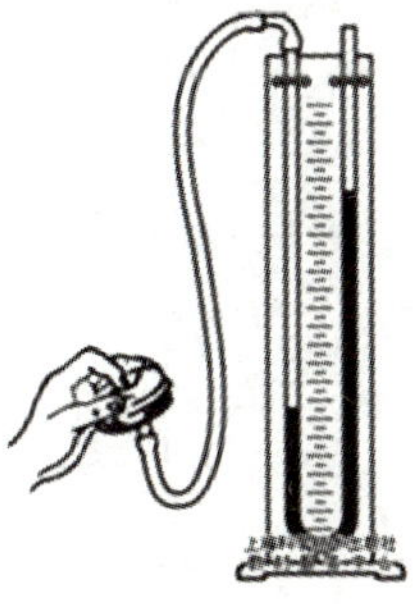

图 9-2-3

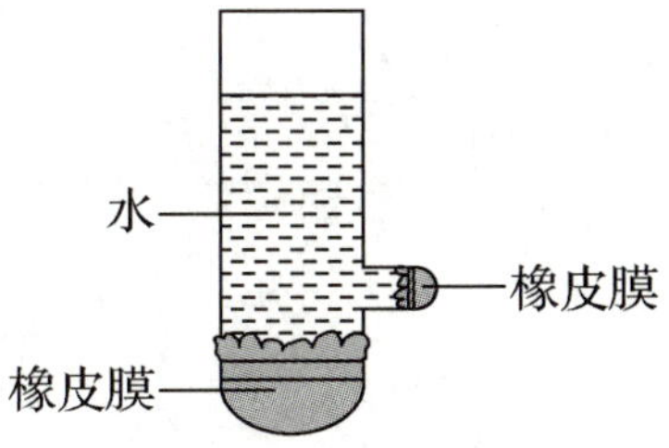

图 9-2-4

2. 如图 9-2-4 所示的装置上的两个橡皮膜都向外凸出，这说明　　（　　）

A. 液体内部向各个方向都有压强

B. 同一深度处，液体向下的压强大于向侧面的压强

C. 在同一液体内，越深的地方液体的压强越大

D. 液体对容器底和容器侧壁产生的压强大小相等

3. 关于液体压强的下列说法中，正确的是　　（　　）

A. 在同一深度，液体向上的压强大于向下的压强

B. 在同一液体内，越深的地方液体的压强越大

C. 液体对容器底的压强小于对容器侧面的压强

D. 液体内部向上的压强为零

4. 如图 9-2-5 甲所示玻璃管两端开口处蒙的橡皮膜绷紧程度相同，将此装置置于水中，图乙中的哪幅图能反映橡皮膜受到水的压强后的凹凸情况　　（　　）

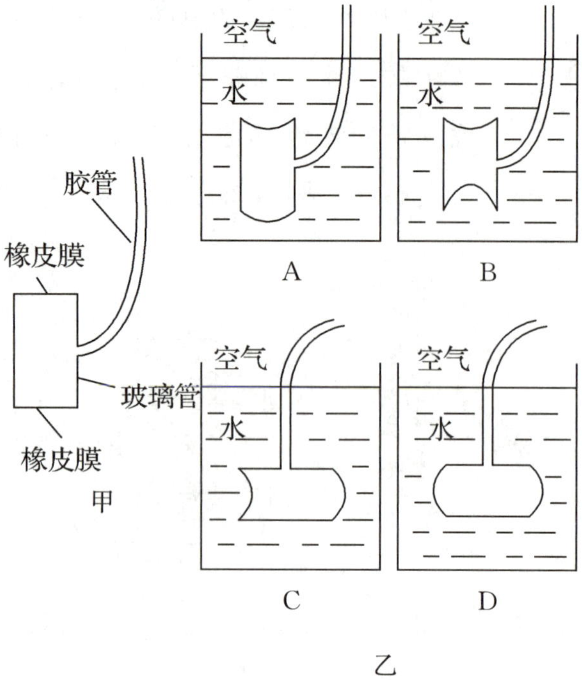

图 9-2-5

二、填空题

5. 如图 9-2-6 所示的容器中装有水，则 A、B 两点的深度分别为 $h_A=$________cm、$h_B=$________cm，其中________点的压强较大。

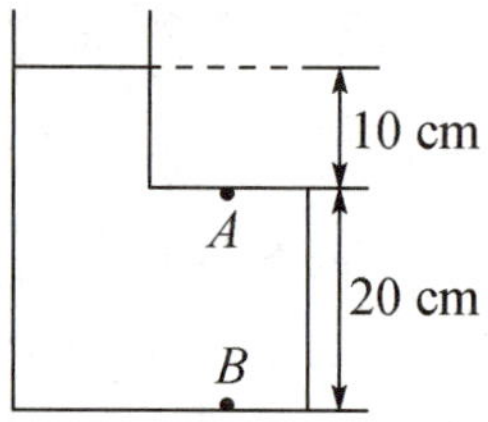

图 9-2-6

6. 无论汽车落水还是遇雨被淹，乘客都应立刻开门逃生，越迟疑车门越难推开，因为车辆被淹越深，车门受到水的压强越________。紧急情况下，应挥动如图 9-2-7所示逃生锤的________（填“A”或“B”）端砸向玻璃窗的边角，破窗逃离。

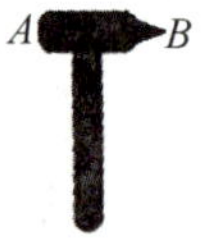

图 9-2-7

三、实验与探究

7. 某小组同学用如图 9-2-3 所示的微小压强计研究甲、乙两种液体内部的压强规律，记录实验数据如下表所示。（液体甲的密度小于液体乙的密度）

所选液体	实验序号	橡皮膜深度/cm	U 形管两侧液面高度差/cm
甲液体	1	10	6
	2	20	11
	3	30	15
乙液体	4	10	7
	5	20	13
	6	30	18

（1）分析比较实验序号 1、2 与 3（或 4、5 与 6）的数据及相关条件，可得出的初步结论是____。

（2）分析比较实验序号________的数据及相关条件，可得出的初步结论是：在相同的深度处，液体的密度越大，液体的压强也越大。

选做题

8. 如图 9-2-8 所示，一容器盛有深度为 20 cm的某种液体，测得液体对液面下 4 cm深处的 A 点的压强是 540 Pa，那么液体对距容器底部 4 cm 处的 B 点所产生的压强是多大？（g 取 10 N/kg）

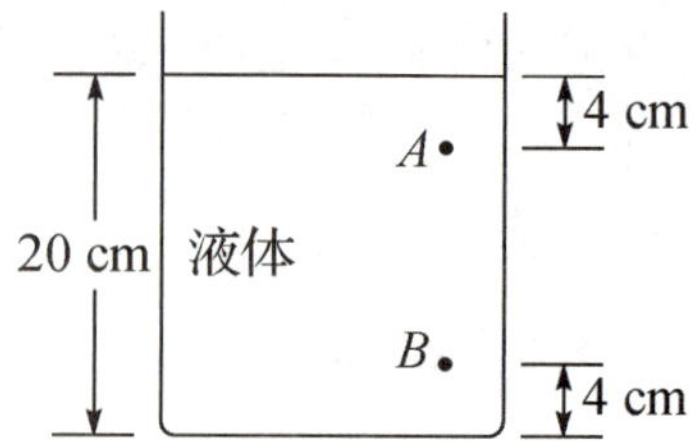

图 9-2-8

第 2 课时

教材助读 · 自主学习

1. 比较液体压强的大小

（1）决定液体压强大小的因素有两个，一是__________，二是________。

（2）要比较同种液体内不同位置液体压强的大小，关键要比较________的大小，________越大的位置压强越大；要比较不同液体内深度相同处压强的大小，关键要比较液体的________的大小，________越大的液体产生的压强越大。

2. 液体压力大小的计算

要计算液体产生的压力，可分两步进行：先根据液体压强公式 $p=$________求出液体产生的压强 p，再根据 $F=$________求出液体产生的压力。

课内探究 · 展示交流

一、液体压强的比较

例 1 如图 9-2-9 所示，甲、乙两个容器都放在水平桌面上，在两个容器中装入质量相同的水。则水对两个容器底部的压强大小相比（　　）

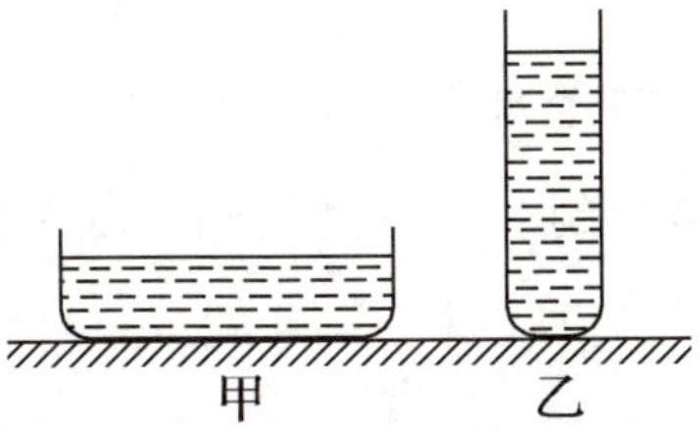

图 9-2-9

A. $p_甲>p_乙$　　B. $p_甲=p_乙$

C. $p_甲<p_乙$　　D. 无法确定

【思路导析】液体压强的大小与深度和液体的密度有关。甲、乙两个容器里装的都是水，即密度相等，因此，只要比较它们的深度大小即可。乙容器中的水比甲容器中的深，所以乙容器中的水对底部产生的压强较大。

例 2 已知盐水的密度大于水的密度，则关于图9-2-10液体中 A、B、C 三点的压强，下列说法正确的是（　　）

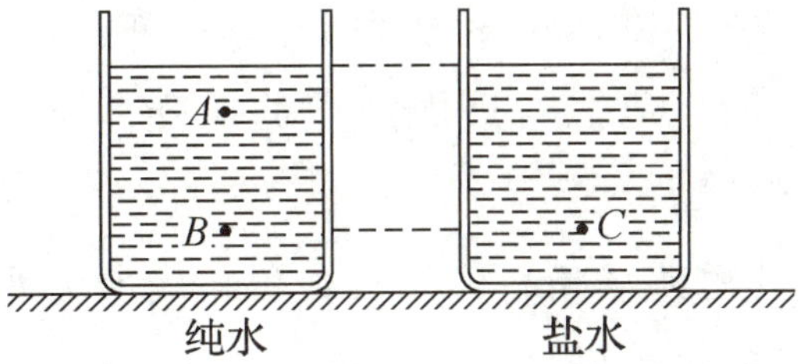

图 9-2-10

A. A 点向下的压强比向上的压强大

B. B 点的压强比 C 点的压强小

C. A、B 两点的压强相等

D. B、C 两点的压强相等

【思路导析】同一液体的同一深度处，液体向各个方向的压强都相等，所以选项 A 错误；B 点和 C 点分别是纯水和盐水中同一深度处，因为纯水的密度小于盐水的密度，所以 B 点的压强比 C 点的压强小，所以选项 B 正确，而选项 D 错误；A、B 两点都在纯水中，B 点比 A 点深度大，其压强也大，所以选项 C 错误。

交流·分享

决定液体压强大小的因素

液体压强的大小只与液体的深度和密度有关，与液体的体积、重力以及盛装液体的容器的形状、粗细等因素都没有关系。因此，要分析比较液体压强的大小，只要考虑液体的深度和密度两个因素，不需要关注其他因素。

二、液体、固体压强的综合计算

例3 水平桌面的正中央放着一个底面为圆形的鱼缸，重为 30 N，其底面积为 1 200 cm^2。鱼缸内装有0.2 m深的水，水的质量是 27 kg。请计算：

(1) 鱼缸内所装水所受的重力。

(2) 鱼缸底部受到的水的压强。

(3) 鱼缸对桌面产生的压强。(g 取 10 N/kg)

【思路导析】(1) 因为鱼缸内所装水的质量已知，所以其重力可直接由公式 $G=mg$ 计算出。(2) 鱼缸中水的深度、水的密度已知，鱼缸底部受到的水的压强可直接由液体压强公式 $p=\rho gh$ 计算。(3) 鱼缸对桌面产生的压力等于鱼缸和水所受的重力之和，受力面积等于鱼缸底面积，所以鱼缸对桌面的压强可用固体压强公式计算。

【示范解答】(1) 鱼缸内所装水所受的重力为

$G=mg=27\ \text{kg}\times 10\ \text{N/kg}=270\ \text{N}$

(2) 鱼缸底部受到水的压强为

$p_1=\rho gh=1.0\times 10^3\ \text{kg/m}^3\times 10\ \text{N/kg}\times 0.2\ \text{m}$

$=2\times 10^3\ \text{Pa}$

(3) 鱼缸对桌面的压力为 $F=270\ \text{N}+30\ \text{N}=300\ \text{N}$，

桌面的受力面积为 $S=1\ 200\ \text{cm}^2=0.12\ \text{m}^2$，

鱼缸对桌面产生的压强为

$$p_2=\frac{F}{S}=\frac{300\ \text{N}}{0.12\ \text{m}^2}=2.5\times 10^3\ \text{Pa}$$

交流·分享

公式 $p=\rho gh$ 与公式 $p=\frac{F}{S}$ 的异同

$p=\frac{F}{S}$ 是压强的定义式，它适用于固体、液体、气体压强的计算；$p=\rho gh$ 只适用于液体压强的计算。

课时作业·高效训练

一、选择题

1. 如图 9-2-11 所示，A、B、C 三个容器中分别装有盐水、清水和酒精，三个容器中液面相平，容器底部受到液体的压强分别为 p_A、p_B、p_C，则 ( )

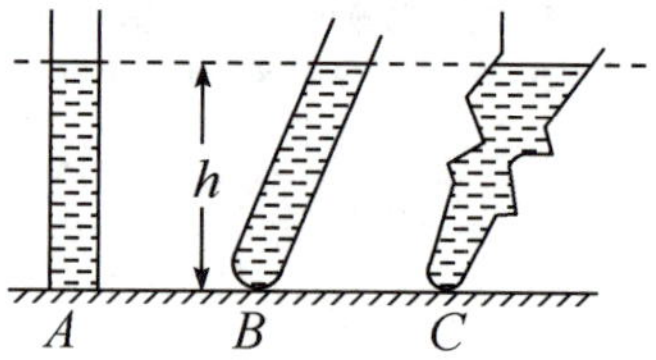

图 9-2-11

A. $p_A>p_B>p_C$　　B. $p_A<p_B<p_C$

C. $p_A=p_B=p_C$　　D. 无法确定

2. 如图 9-2-12 所示，一个容器被隔板分成甲、乙两个部分，隔板下部有一圆孔用橡皮膜密封，在两部分内装入深度相同的两种液体，橡皮膜向乙液体中凸出。若甲、乙两部分液体的密度分别为 $\rho_甲$、$\rho_乙$，则二者的大小关系是 ( )

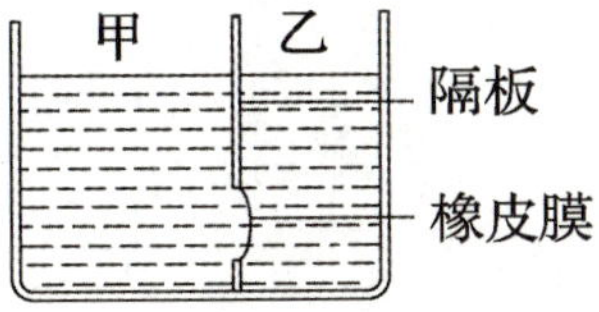

图 9-2-12

A. $\rho_{甲}>\rho_{乙}$　　　　B. $\rho_{甲}<\rho_{乙}$

C. $\rho_{甲}=\rho_{乙}$　　　　D. 无法比较

3. 匀速地向某容器内注满水，容器底所受水的压强与注水时间的关系如图 9-2-13 甲。这个容器可能是图乙中的　（　　）

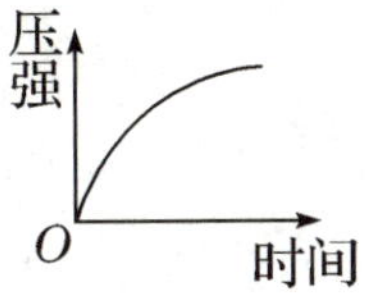

甲

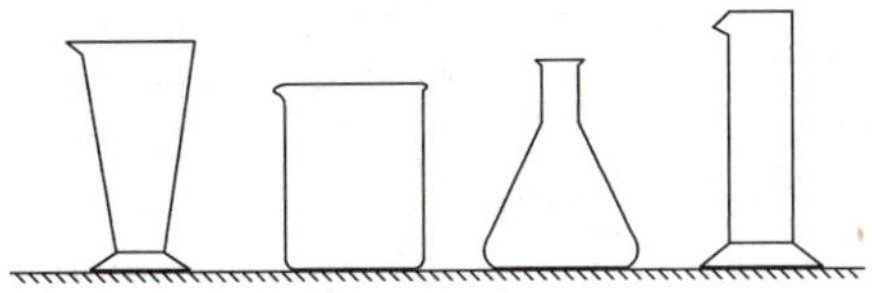

乙

图 9-2-13

A. 量杯　　　　B. 烧杯

C. 锥形瓶　　　　D. 量筒

二、填空题

4. 用水塔供水的同一座楼里的水龙头，楼层越高出水速度越小，其中一个重要原因是________________。如果每层楼高 3 m，当水龙头全部关闭时，相邻两层相应位置水管内的压强差为________Pa。（g 取 10 N/kg）

5. （2019・四川眉山）如图 9-2-14 所示，质量为 200 g、底面积为 20 cm^2 的薄壁容器中盛有 800 g 水，将容器放置在水平地面上，容器内水深 h 为 30 cm，则水对容器底部的压力为________N，容器对地面的压强为________Pa。（$\rho_{水}=1.0\times10^3$ kg/m^3，g 取10 N/kg）

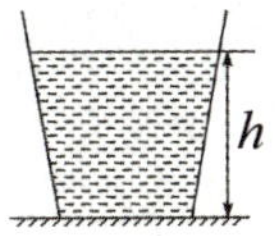

图 9-2-14

三、计算题

6. 如图 9-2-15 所示，重 20 N、底面积为 100 cm^2 的容器装入 10 kg 的水，水的深度为 30 cm，求：

（1）水对容器底部的压强和压力大小；

（2）容器对地面的压强。（g 取 10 N/kg）

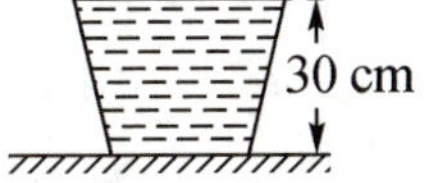

图 9-2-15

选做题

7. 如图 9-2-16 所示，底面积相等的甲、乙、丙三个容器放在水平桌面上，内盛深度相同的水。若三个容器的质量相等，则三个容器中的水对容器底部的压力大小关系是 $F_{甲}$________$F_{乙}$________$F_{丙}$；容器对桌面的压强大小关系是 $p_{甲}$________$p_{乙}$________$p_{丙}$。（均填“>”“<”或“=”）

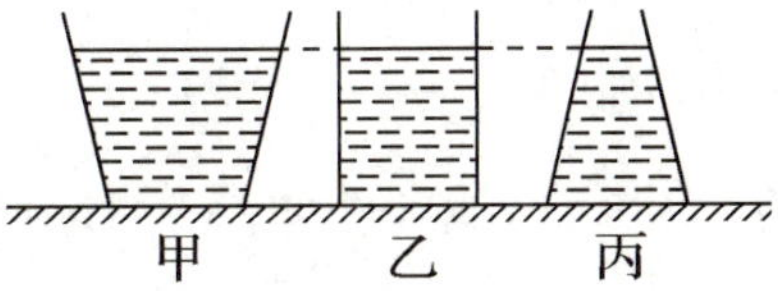

图 9-2-16

3. 连通器

教材助读·自主学习

1. **连通器**

上端________、下部________的容器就是连通器。

2. **连通器的特点**

实验表明，连通器里的同一种液体不流动时，各容器中的液面________。

3. **连通器的应用**

________是利用连通器的原理，实现江河船只通过拦河大坝的典型实例。

课内探究·展示交流

一、连通器

例 1 图 9-3-1 中的容器上的三个竖管上端都开口，其中 A 管与 B 管底部之间有一个开关 K。当开关 K 关闭后，________管和________管构成一个连通器。

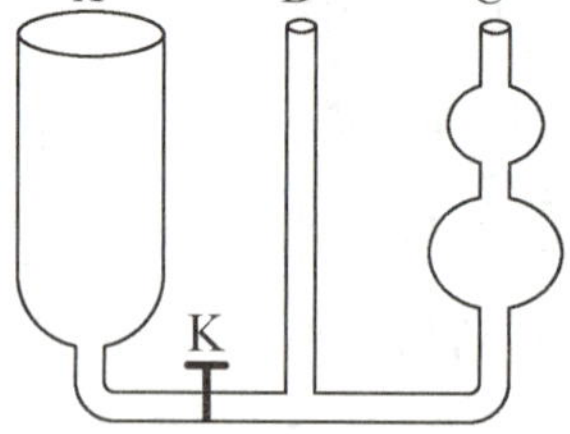

图 9-3-1

【思路导析】只有上端开口、下端连通的容器才能叫作连通器。

二、连通器的特点

例 2 在如图 9-3-2 所示的装置中，手中拿着的玻璃管中的水面和漏斗下方玻璃管中的水面相平。此时如果将手中的玻璃管慢慢向上移动，漏斗下方玻璃管中的水面将（　　）

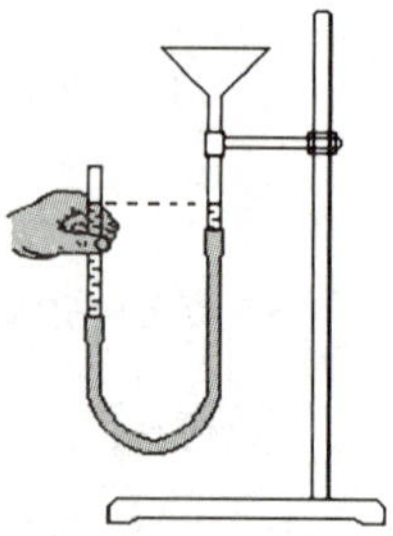
图 9-3-2

A. 上升

B. 下降

C. 不动

D. 无法判断

【思路导析】玻璃管和漏斗构成一个连通器，玻璃管向上移动时，会导致左边玻璃管中的水面比右边玻璃管中的水面高，水会从液面高的一端流向液面较低的一端中，导致右玻璃管中的水面升高。

三、讨论交流：船闸是怎样工作的

例 3 下列各图显示的是船从船闸的上游经船闸驶向下游的过程，请你观察图片，填充各图上文段中的空白。

（1）如图 9-3-3 所示，船从上游驶来，关闭下游闸门和闸门下的阀门 B，打开上游闸门下的阀门 A，________和________游水道构成一个连通器。

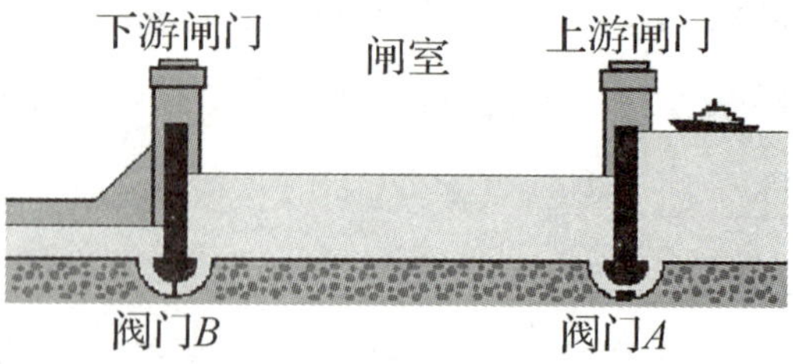

图 9-3-3

（2）如图 9-3-4 所示，上游的水通过阀门 A 流入闸室，当水停止流动时，上游和闸室中的水面________。打开上游闸门，船从__________驶入________。

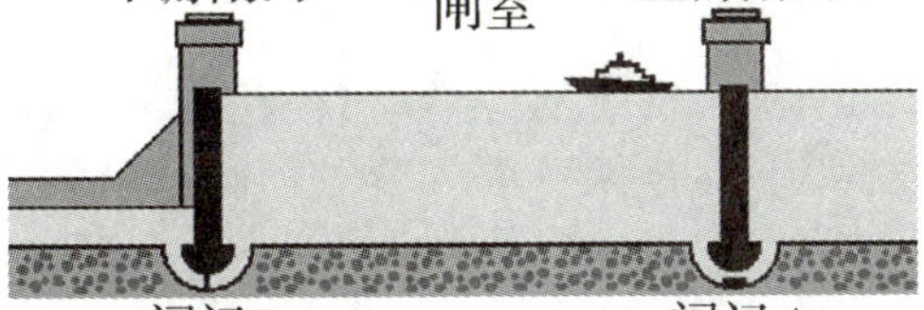

图 9-3-4

（3）如图 9-3-5 所示，关闭上游闸门和闸门下的阀门 A，打开下游闸门下的阀门 B，________和________游水道构成一个连通器。

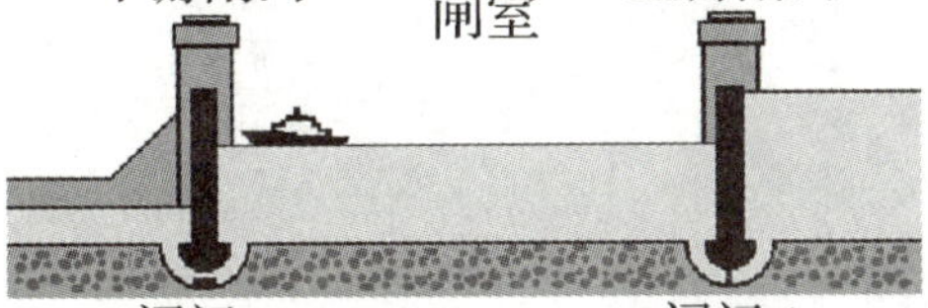

图 9-3-5

（4）如图 9-3-6 所示，闸室的水通过阀门 B 流到下游，当水停止流动时，闸室和下游的水面________。打开下游闸门，船从________驶向____________。

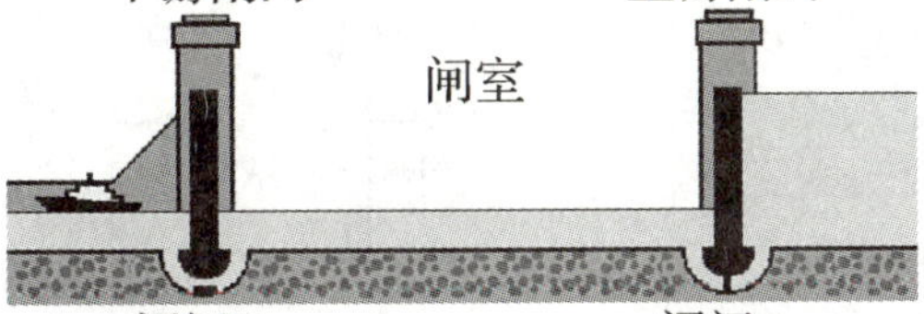

图 9-3-6

课时作业 · 高效训练

一、选择题

1. 如图 9-3-7 所示的各图中，能正确地表示连通器中的水静止时情况的是（　　）

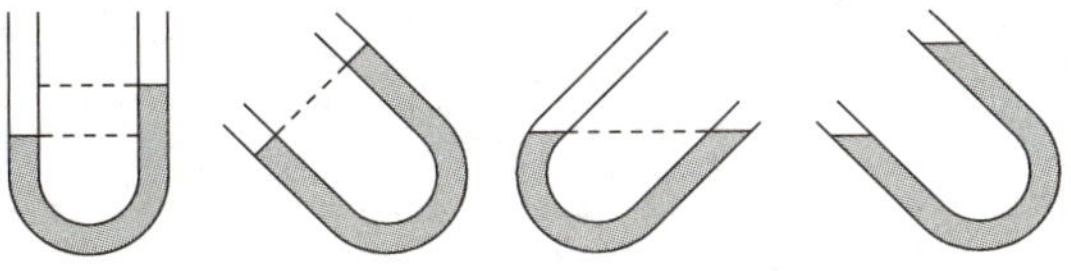

A　　B　　C　　D

图 9-3-7

2. 图 9-3-8 中的设备没有利用连通器原理的是（　　）

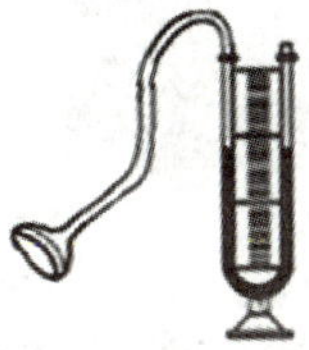

A. 微小压强计

B. 茶壶

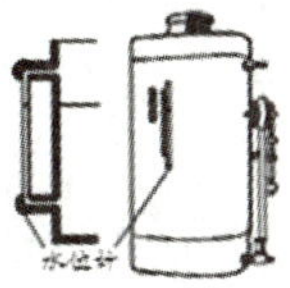

C. 水位计

D. 乳牛自动喂水器

图 9-3-8

3. 如图 9-3-9 所示是轮船从上游通过闸室驶到下游的情形，由此时船的位置可以知道船闸管理人员下一步的操作是（　　）

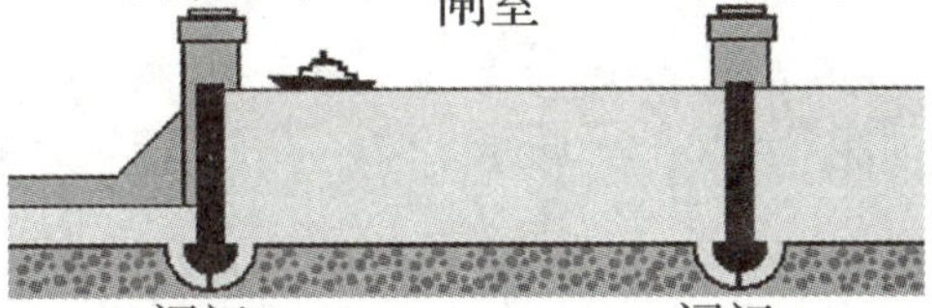

图 9-3-9

A. 先打开下游闸门，再打开阀门 B

B. 先打开阀门 B，再打开下游闸门

C. 同时打开下游闸门和阀门 B

D. 下游闸门和阀门 B 的打开顺序可以随意

二、填空题

4. 如图 9-3-10，三峡大坝的正常蓄水位为 175 m，则深为 20 m 的某处受到水的压强为________Pa。轮船在通过三峡大坝时，需经过五级船闸才能完成“跳大坝”的壮举，船闸利用了________原理。（$\rho_{水}=1\times10^3$ kg/m^3，g 取 10 N/kg）

图 9-3-10

5. 如图 9-3-11 所示是一个过道涵洞的剖面图，由此可知过道涵洞实质上是一个________。在修筑公路两旁水渠挡水墙时，要求它们的高度________。图中的水正从公路左侧的水渠通过涵洞向右侧水渠持续流动，由此可以判断，________侧水渠中的水面较高。

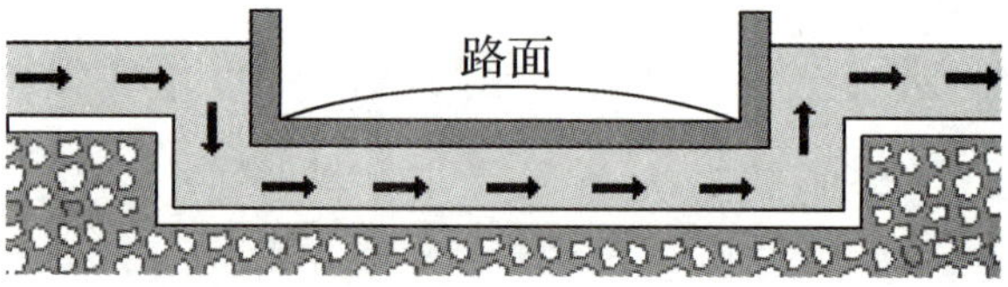

图 9-3-11

6. 如图 9-3-12 所示，在一个 U 形管的底端正中有一个阀门 K，关闭 K 后，在左管和右管中分别加入高度相等的水和食用油，则阀门________侧受到的压强较大，此时 U 形管________（填“能”或“不能”）看成是一个连通器。打开阀门后，________侧管中的液面将会下降。

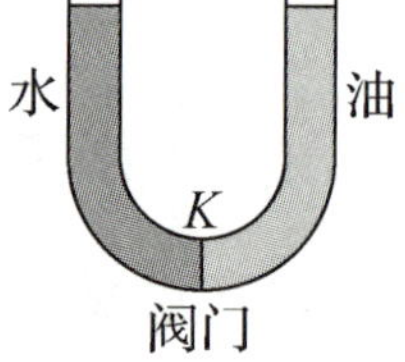

图 9-3-12

三、应用与计算

7. 如图 9-3-13 所示，粗细相同，高矮不同的甲、乙两把水壶，壶嘴等高，请问：哪把水壶能装更多的水？为什么？

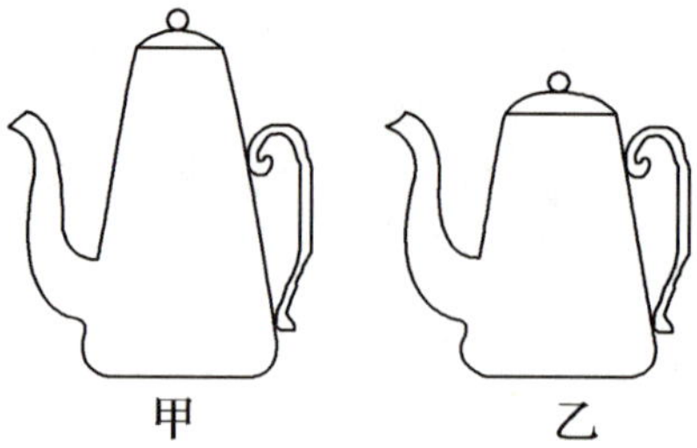

图 9-3-13

选做题

8. 如图 9-3-14 所示，U 形管内装有水银，向右管中倒入一定量的水后，两管中水银面相差 2 cm，求此时两管的液面高度差。（$\rho_{水银}=13.6\times10^3\ kg/m^3$）

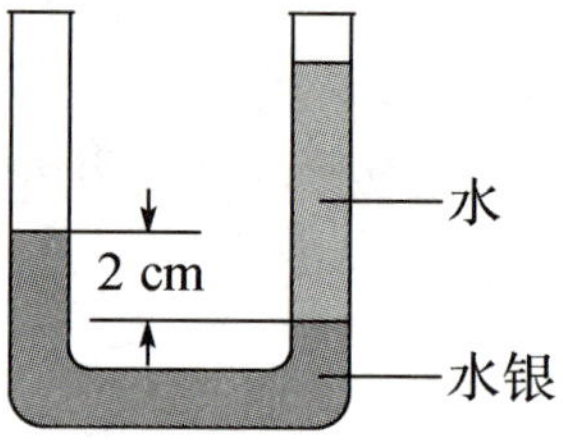

图 9-3-14

4. 大气压强（2 课时）

第 1 课时

教材助读 · 自主学习

1. 大气压强

大气对浸在它里面的物体也有________，叫作大气压强，简称____________。____________实验有力地证明了大气压强的存在。

2. 大气压强有多大

1644 年，意大利科学家托里拆利用实验的方法测量出了大气压强的值，我们把这个压强叫作____________，其大小为____________Pa。

3. 大气压强的变化

大气压随高度的增加而________。

课内探究 · 展示交流

一、大气压强的存在

例 1 如图 9-4-1 所示，先在一个空玻璃瓶底部铺上一层沙子，然后将一个点燃的酒精棉球投入瓶中，等酒精快烧完时，立即用一个剥了壳的熟鸡蛋（比瓶口略大）堵住瓶口。可以发现，鸡蛋将____________。这个实验证明了________的存在。

图 9-4-1

【思路导析】瓶中的空气被加热后，会受热膨胀并逸出一部分。用熟鸡蛋堵住瓶口后，里面的空气温度降低，压强会减小，鸡蛋在外面大气压的作用下被压入玻璃瓶中。

> 交流 · 分享
>
> **是“吸力”的作用还是压力的作用**
>
> 吸盘能吸在光滑的瓷砖上、用吸管能往嘴里吸饮料等事例中，我们常常误认为是“吸力”所致，其实，“吸”的过程只是减小封闭空间（吸盘、吸管）内气压的过程，真正起作用的是大气压力。

二、大气压的测量

例 2（多选）如图 9-4-2 所示，是托里拆利实验的规范操作过程，关于托里拆利实验，下面说法错误的是（　　）

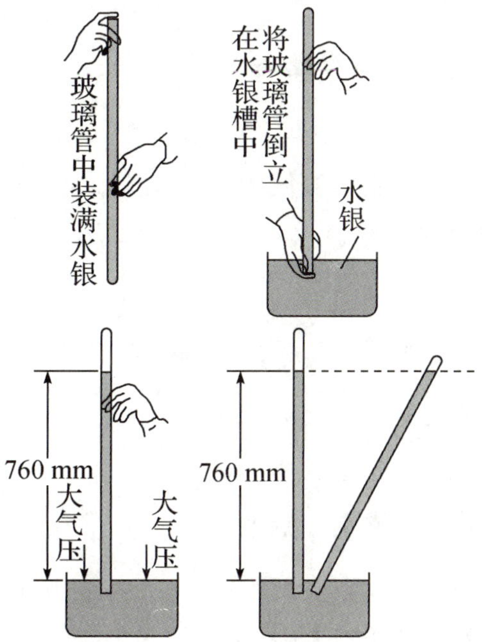

图 9-4-2

A. 实验中玻璃管内水银面的上方有少量空气

B. 是大气压支持玻璃管内的水银柱不会下落

C. 大气压的数值等于这段水银柱产生的压强

D. 在管顶打一个小孔，水银会从管顶喷出来

【思路导析】 玻璃管内的水银柱稳定后，上方是真空，气压为零。之所以水银柱不下落，是由于大气压的作用。如果在顶端开一个小孔，外界大气压就会通过小孔作用在管内水银面上方，这样管内水银柱就会失去大气压的支撑。

交流·分享

影响托里拆利实验中水银柱高度的因素

在托里拆利实验中，玻璃管内水银柱的高度只随外界大气压的变化而变化，与玻璃管的粗细、倾斜角度、管的长度、管下端浸入的深度等因素都没有关系。

三、大气压强的变化

例3 如图 9-4-3 所示为一座山的等高线图，某登山运动员携带气压计从 A 点经过 B 点到达 C 点，则运动员携带的气压计数值　(　　)

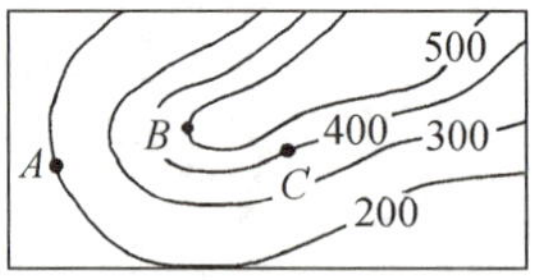

图 9-4-3

A. 一直在增大

B. 一直在减小

C. 先减小，后增大

D. 先增大，后减小

【思路导析】 从等高线图上可以看出，从 A 点到 B 点海拔增大，从 B 点到 C 点海拔减小。海拔越高，大气压越小；海拔越低，大气压越大。因此，从 A 点到 B 点的过程中大气压减小，从 B 点到 C 点的过程中大气压增大。

交流·分享

影响大气压大小的因素

(1) 大气压的变化跟高度有关。在海拔 3 000 m 内，大约每升高 10 m，大气压降低 100 Pa。(2) 大气压的变化还跟天气变化、季节气候有关。如晴天的大气压比阴雨天要大，冬季的大气压比夏季要大。

课时作业·高效训练

一、选择题

1. 如图 9-4-4 所示，将一个玻璃杯装满水，在杯口盖一张硬纸片。再用手压住硬纸片，将杯子倒转过来，再放开手。我们发现杯中的水和硬纸片不会掉下来，其中的秘密是　(　　)

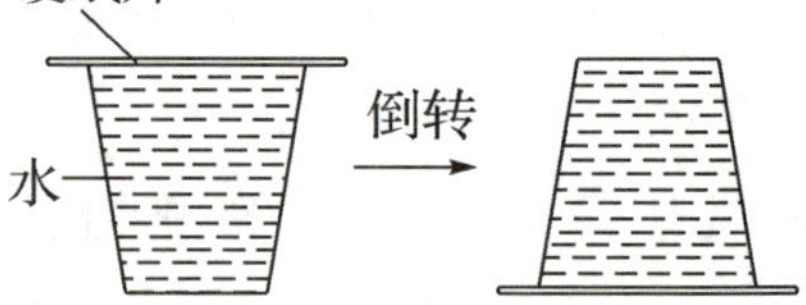

图 9-4-4

A. 水将硬纸片粘住了

B. 硬纸片将水托住了

C. 空气将硬纸片和水顶住了

D. 玻璃杯将水和硬纸片吸住了

2. 下列现象中能说明存在大气压的是　(　　)

A. 火箭升空过程中不断喷射高温燃气

B. 坦克装有宽大的履带

C. 医生推动活塞给病人注射药液

D. 用吸管将杯中的饮料吸入口中

3. 做托里拆利实验时，测量的大气压强值比真实值小，其原因可能是 ( )

A. 玻璃管放得不竖直

B. 玻璃管内混入少量空气

C. 水银槽内的水银太多

D. 玻璃管粗细不均匀

4. 小明用带橡皮塞的玻璃瓶、玻璃管制作了一个如图 9-4-5 所示的“水气压计”，他把这个气压计从教学楼的一楼拿到五楼的过程中，玻璃管中的水面将 ( )

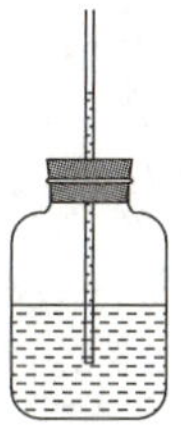
图 9-4-5

A. 不变

B. 升高

C. 下降

D. 先升高后下降

二、填空题

5. 如果我国西藏拉萨的某中学老师在课堂上演示托里拆利实验，那么，玻璃管内水银柱稳定后的高度将________（填“低于”或“高于”）760 mm，原因是拉萨的海拔较________，大气压较________。

6. 用吸管“取”水，如图 9-4-6 所示，要求用这根两端开口的塑料吸管把一只杯子中的水取出一些，移到另一只空杯中。现有以下四个动作：

a. 用手指封住管口

b. 将吸管移出水面到空杯上方

c. 将吸管插入水中

d. 松开封住管口的手指

以上四个动作的合理顺序是________（填字母）。这个实验的成功说明了________的存在。

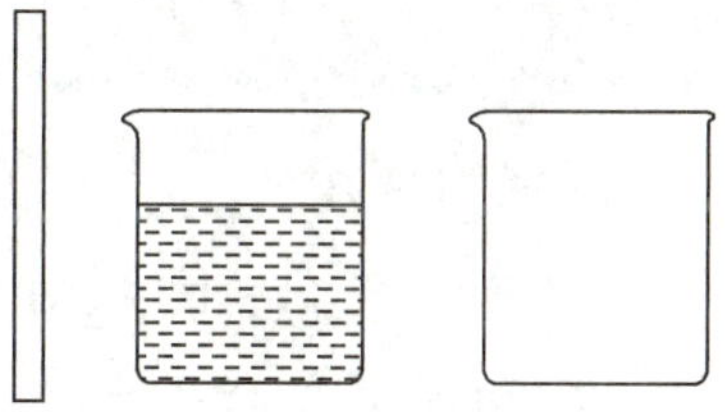
图 9-4-6

选做题

7. 如图 9-4-7 所示，将一个一端封闭、一端开口的弯曲玻璃管固定在一个有刻度的木板上，通过刻度读出玻璃管两边水银面的高度差为 750 mm。据此，请你求出此时的大气压强。

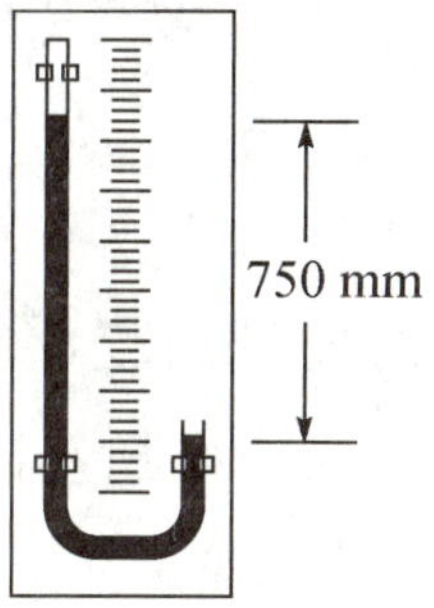

图 9-4-7

第 2 课时

教材助读 · 自主学习

1. **大气压强的利用**

生活、生产中，我们经常利用大气压来为我们服务，如塑料吸盘就是在________的作用下吸在平滑的玻璃上或瓷砖上；抽水机就是利用________把水从低处抽到高处的。

2. **与大气压相关的计算**

利用压强的公式 $p=\dfrac{F}{S}$ 的变形式 $F=$________可以计算出物体在一定面积上所受的________。

3. **大气压的粗略测量**

用________可以较为精确地测量大气压的大小。要粗略地测量大气压的大小，可以设法测量出作用在物体上的大气压力和受力面积，再根据 $p=$________计算出大气压的大小。

课内探究 · 展示交流

一、大气压强的利用

例 1 如图 9-4-8 为静止在竖直墙面上的"爬墙遥控车"，质量为 0.03 千克，车的"腹部"有吸盘，当"爬墙遥控车"的真空泵将吸盘内的空气向外抽出时，遥控车能牢牢吸在竖直的墙面上而不会掉落，这是因为遥控车 （　　）

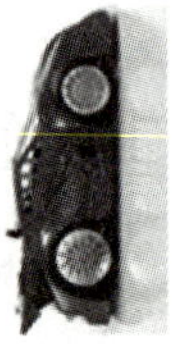

图 9-4-8

A. 质量小，重力可以忽略不计

B. 受到墙面对它向上的摩擦力

C. 受到大气对它的压力

D. 受到空气对它的浮力

【思路导析】静止在竖直墙面上的"爬墙遥控车"处于平衡状态，即受力平衡，在竖直方向上的摩擦力和重力平衡，则摩擦力大小等于重力大小，方向与重力方向相反，竖直向上。

二、与大气压相关的计算

例 2 张强同学家最近买了一个某品牌高压锅（如图 9-4-9 所示）。他测得高压锅限压阀的质量为 70 g，排气孔的横截面积约为 10 mm²，g 取 10 N/kg。

（1）这个高压锅工作时，其内部水蒸气的最大压强为多大？

（2）若锅盖面积为 260 cm²，则它所能承受的压力至少多大才能保证安全？（设大气压 $p_0=10^5$ Pa）

图 9-4-9

【思路导析】（1）锅内蒸汽需要承受的是锅外的大气压和限压阀的总压强。（2）锅盖承受的压强为锅内外的压强之差，根据差值和面积，用 $F=pS$ 可计算出锅盖所承受的最大压力。

【示范解答】（1）大气压与限压阀的压强之和与高压锅内的气压相等，则高压锅内的气压为

$$p=p_0+\frac{mg}{S_1}$$

$=10^5\ \text{Pa}+\dfrac{0.07\ \text{kg}\times 10\ \text{N/kg}}{10\times 10^{-6}\ \text{m}^2}$

$=1.7\times 10^5\ \text{Pa}$

（2）锅盖所能承受的最大压力为

$F=(p-p_0)\ S_2$

$=(1.7\times 10^5\ \text{Pa}-10^5\ \text{Pa})\times 260\times 10^{-4}\ \text{m}^2$

$=1\ 820\ \text{N}$

三、大气压强的粗略测量

例 3 为测量大气压强的数值，小宇进行了如下实验：如图 9-4-10 所示，将塑料挂钩吸盘按压在光滑水平玻璃下面，挤出塑料吸盘内的空气，测出吸盘压在玻璃上的面积为 S；将装适量细沙的小桶轻轻挂在吸盘下面的塑料挂钩上，用小勺轻轻向桶内加细沙，直到塑料吸盘刚好脱离玻璃板，测出此时塑料挂钩、小桶和沙所受的总重力为 G。

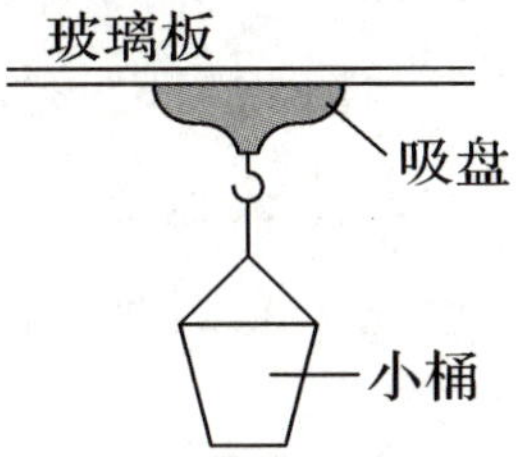

图 9-4-10

（1）吸盘即将脱离玻璃板时，空气对塑料吸盘的压力大小是______，所测大气压强的数值是________。

（2）该方法所测大气压强数值往往比实际值小一些，你认为产生这一误差的原因可能是（一条即可）____________________________。

【思路导析】（1）吸盘即将脱离玻璃板时，挂钩、小桶和沙所受的总重力 G 和大气压力是一对平衡力，二者大小相等，根据压强的定义推导出大气压的表达式。（2）根据 $p=\dfrac{F}{S}$，结合实际情况可知，影响测量结果的主要因素是压力的准确性，如果吸盘内部空气没有排尽，小桶对吸盘的拉力就小于大气压力。

课时作业·高效训练

一、选择题

1. 常见的茶壶盖上都开有一个小孔，如图 9-4-11 所示。关于这个小孔的作用，下列说法正确的是（　　）

图 9-4-11

A. 用来向壶内注水

B. 用来向壶外倒水

C. 用来观察壶内水的多少

D. 使大气压作用在壶内水面，方便倒水

2. 将烧瓶内的水加热至沸腾后移去火焰，水会停止沸腾。迅速塞上瓶塞，把烧瓶倒置并向瓶底浇冷水（如图 9-4-12），你会观察到烧瓶内的水又沸腾起来，产生这一现象的原因是（　　）

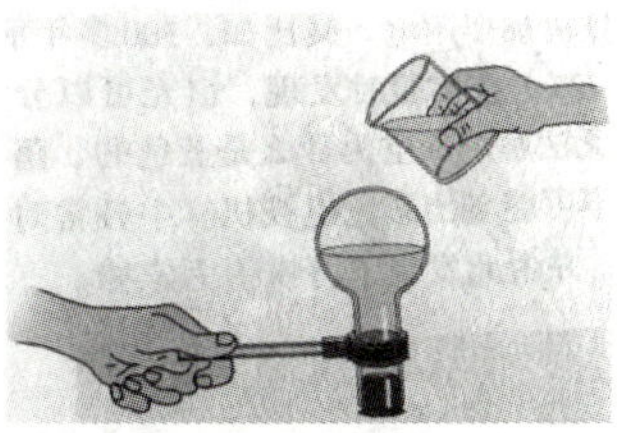
图 9-4-12

A. 瓶内气体温度升高，压强增大，水的沸点降低

B. 瓶内气体温度降低，压强减小，水的沸点降低

C. 瓶内气体温度降低，压强减小，水的沸点升高

D. 瓶内气体温度升高，压强增大，水的沸点升高

3. 如图 9-4-13 所示是利用活塞式抽水机抽水的两个步骤，下列对这两个步骤的分析中正确的是 ( )

①甲图中，阀门 A 上方的压强大于下方的压强

②甲图中，阀门 A 上方的压强小于下方的压强

③乙图中，阀门 B 上方的压强大于下方的压强

④乙图中，阀门 B 上方的压强小于下方的压强

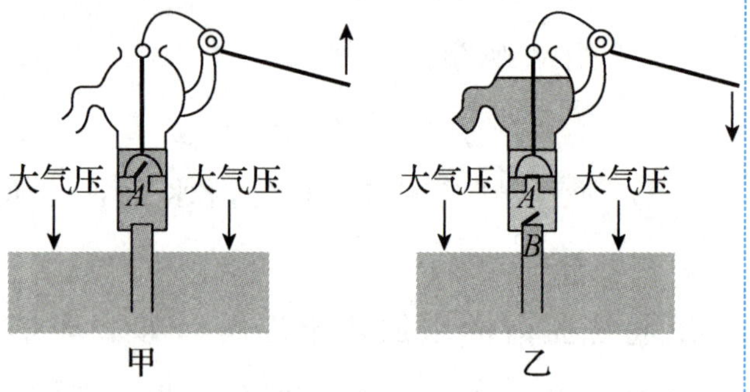

图 9-4-13

A. ①③　　B. ①④

C. ②③　　D. ②④

4. 大气压对你的一只大拇指指甲表面的压力大约是 ( )

A. 1 N　　B. 10 N

C. 100 N　　D. 1 000 N

二、填空题

5. 如图 9-4-14 所示的装置，抽气前气球内的气体压强________大气压；抽气时玻璃瓶内的气球在膨胀，说明气球内气体压强________玻璃瓶内气体压强，从而推测此时瓶内的气体压强________大气压（均填“大于”“等于”或“小于”）。

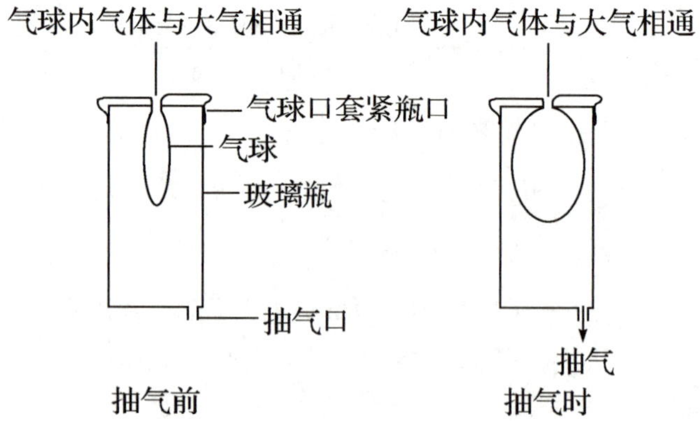

图 9-4-14

6. 一间平房的屋顶面积为 45 m^2，则大气对屋顶产生的压力大小为________N。为什么这么大的压力没有把屋顶压塌呢？原因是____。（设大气压 $p_0=10^5$ Pa）

选做题

7. 某玻璃厂用圆形吸盘搬运玻璃。如图 9-4-15 中 E 为圆形吸盘，其直径为 0.3 m，$ABCD$ 为一正方形平板玻璃，边长为 1 m，重 125.6 N。若吸盘能将该平板玻璃水平吸住并提升，求在此过程中，吸盘内外大气压的差为多少。

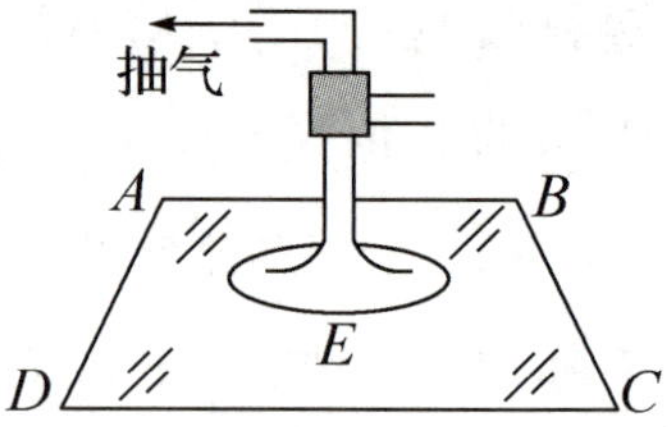

图 9-4-15

微课堂讲解（五）

有关压强的综合计算

微型讲解

1. 固体压强的计算

【例 1】 如图微 5-1 所示，边长分别为 0.2 m和 0.1 m 的实心正方体 A、B 放置在水平地面上，$\rho_A = 2 \times 10^3\ \mathrm{kg/m^3}$，$\rho_B = 8 \times 10^3\ \mathrm{kg/m^3}$。则物体 A 对地面的压强为________ Pa；物体 B 对地面的压强为________ Pa。（g 取 10 N/kg）

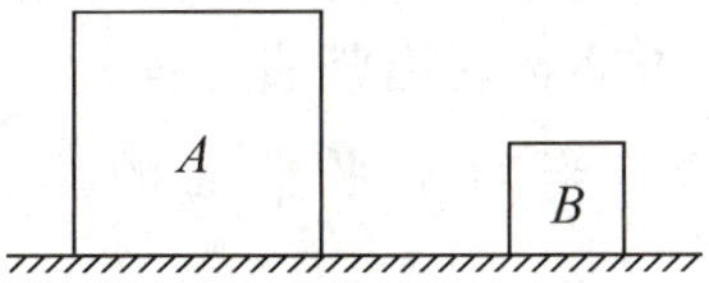

图微 5-1

【思路导析】 本题中，物体对地面的压力等于物体受到的重力，受力面积就是 A、B 分别与地面的接触面积，根据压强计算公式就可以求出压强的大小。

2. 液体压强的计算

【例 2】 我国“蛟龙号”潜水器在下潜试验中成功突破 7 000 m 水深大关，“蛟龙号”随着下潜深度的增加，所受水的压强________（填“变大”“不变”或“变小”），若海水的密度是 $1.03 \times 10^3\ \mathrm{kg/m^3}$，“蛟龙号”在深 7 000 m 处所受海水的压强为________ Pa。（g 取 10 N/kg）

【思路导析】 根据 $p = \rho gh$ 可知，“蛟龙号”在下潜过程中，所处的深度逐渐变大，所受的压强变大；计算压强时应用公式 $p = \rho gh$。

3. 气体压强的计算

【例 3】 玉树地区平均海拔达 4 000 m，在这里大气压较低，水的沸点较低，做饭不容易做熟，需要用高压锅。高压锅的示意图如图微 5-2 甲所示，锅盖上有一个空心柱为排气孔，空心柱上戴有一个限压阀。当高压锅内气体的压强超过安全值时，锅内的气体会顶起限压阀跑出一部分，使锅内气体压强减小，保证高压锅安全使用。现有一高压锅排气孔内径为 4 mm，限压阀的质量为 100 g，请你根据图乙中水的沸点与大气压的关系以及图丙中大气压与海拔的关系图计算，用该高压锅在玉树地区烧水，当水烧开时水的温度大约为多少？

【思路导析】 高压锅工作时，内部压强高于外界大气压，由内外压强差而产生的压力差刚好能将限压阀顶起，这时内部的压强就是最大的压强，根据这个压强就可以通过图像查出此时高压锅内的沸点。

【示范解答】 查图丙知玉树地区的大气压约为61.3 kPa＝________ Pa，大气对排气孔的空气柱所产生的压力为 $F = pS = 6.13 \times 10^4\ \mathrm{Pa} \times 3.14 \times (2 \times 10^{-3}\ \mathrm{m})^2 = 6.13 \times 10^4\ \mathrm{Pa} \times 1.256 \times 10^{-5}\ \mathrm{m^2} \approx$________ N，排气孔所受向下的总压力为 $F_{总} = G + F = mg + F =$________ kg × 9.8 N/kg + 0.77 N = ________ N。

当限压阀刚好被顶起时，锅内气体的压强为

$$p_{内}=\frac{F_{总}}{S}\approx\frac{1.75\ \text{N}}{1.256\times10^{-5}\ \text{m}^2}=1.39\times10^5\ \text{Pa}$$

查图像可知，气压为 1.39×10^5 Pa 时水的沸点为________℃。

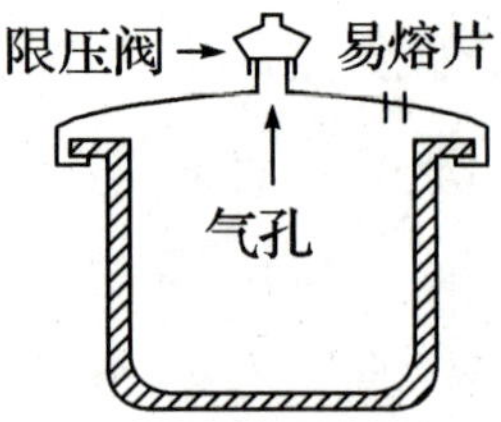

甲

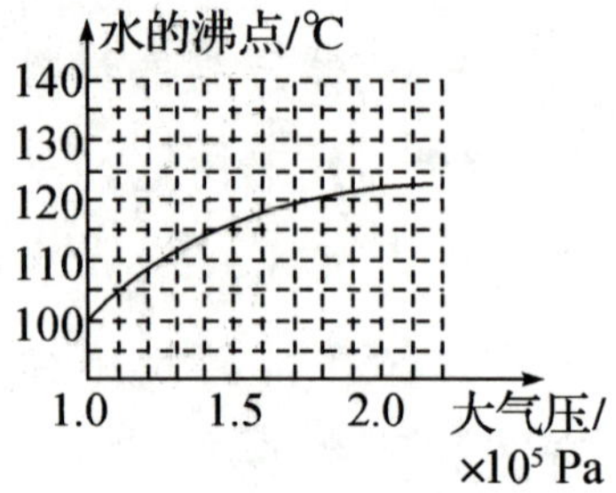

乙

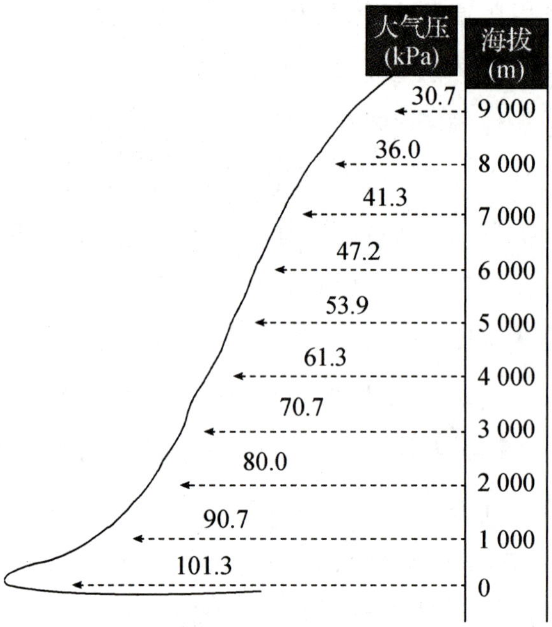

丙

图微 5-2

针对练习

1. 将质量为 200 g、底面积为 4×10^{-2} m² 的物理书平放在水平课桌中央，课桌面积为 0.2 m²，则书对课桌的压强为（g 取 10 N/kg）（　　）

A. 5 Pa　　B. 10 Pa

C. 50 Pa　　D. 5 000 Pa

2. 大气压是由于空气受到重力而产生的。如果地球的表面积约为 5×10^{14} m²，那么，在一个标准大气压下，地球周围的空气质量约为（标准大气压取 1.0×10^5 Pa，g 取 10 N/kg）（　　）

A. 5×10^{12} kg　　B. 5×10^{18} kg

C. 1×10^{18} kg　　D. 1×10^{12} kg

3. 正方体物块重 0.2 N，静止在水平桌面上，则物块对水平桌面的压力为________N。用刻度尺测量物块的棱长如图微 5-3 所示，读数为________cm，物块对水平桌面的压强大小为________Pa。如果把正方体物块沿竖直方向切去一半，则剩下的一半对水平桌面的压强大小为________Pa。

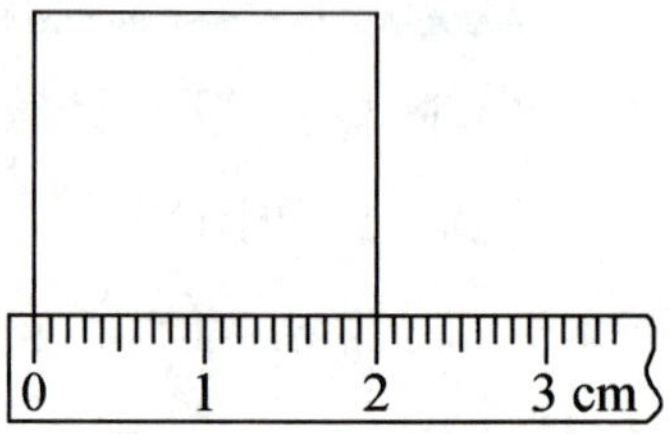

图微 5-3

4. 如图微 5-4 所示，图钉尖的面积是 5×10^{-8} m²，图钉帽的面积是 1×10^{-4} m²，木块能承受的最大压强是 6×10^8 Pa，手指至少要用______N 的力，图钉尖才能进入木块。

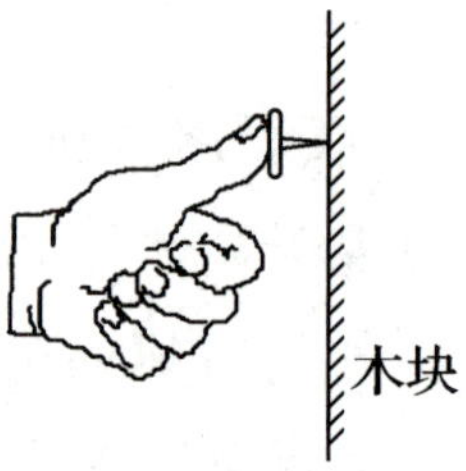

图微 5-4

5. 如图微 5-5 所示，一个底面积为 20 cm²、深度为 10 cm 的杯子装满水时，水对杯子底部的压强为________Pa，水对杯子底部的压力为________N。

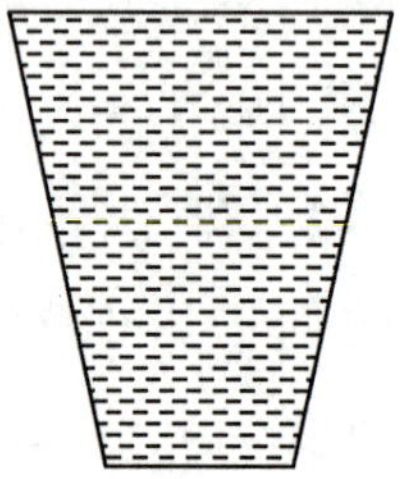
图微 5-5

6. 如图微 5-6 所示是某冷饮店推出的一种服务产品：店方为顾客提供一种密度为 950 kg/m^3 的果汁饮料，饮料中放冰块。已知饮料质量是 0.6 kg，冰块质量是 20 g，杯子内部底面积为 50 cm^2，杯中饮料的深度为10 cm，求杯底受到饮料和冰块的总压力是多少。（g 取 10 N/kg）

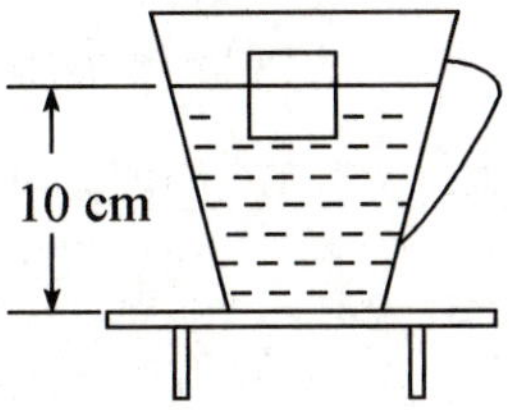

图微 5-6

7. 某中学生的质量为 65 kg，他一只脚与地面的接触面积为 130 cm^2，g 取 10 N/kg，求：

（1）他的重力大小；

（2）他在站立时对地面的压强。

8. 新学期开学，八年级学生领到了新的物理课本。

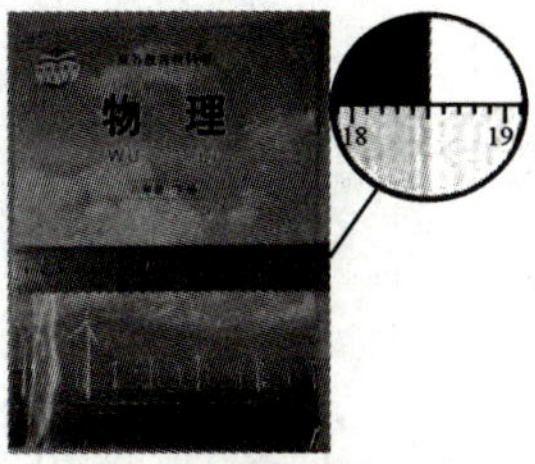

图微 5-7

（1）如图微 5-7 所示，用刻度尺测出课本的宽度是________cm。

（2）一本书的质量为 240 g，将它平放在水平桌面上，它与桌面的接触面积为 480 cm^2，它对桌面的压强为多少？（g 取 10 N/kg）

（3）将书由平放改为立放，它对桌面的压强如何变化？写出判断的依据。

微课堂讲解（六）

大气压强的测量

微型讲解

常见的粗略测量大气压强的主要思路是：首先想办法测出作用在某一表面上的大气压力及表面积，再运用公式 $p=\frac{F}{S}$ 计算出大气压强。

【例】 某实验小组利用注射器、弹簧测力计、刻度尺等器材测量大气压强的值，实验步骤如下：

（1）把注射器的活塞推至注射器筒的底端，然后用橡皮帽堵住注射器的小孔，这样做的目的是________________________。

（2）如图微 6-1 甲所示，用细绳拴住注射器活塞的颈部，使绳的另一端与弹簧测力计的挂钩相连，然后水平向右慢慢拉动注射器筒，当注射器中的活塞刚被拉动时，记下弹簧测力计的示数为 30 N。

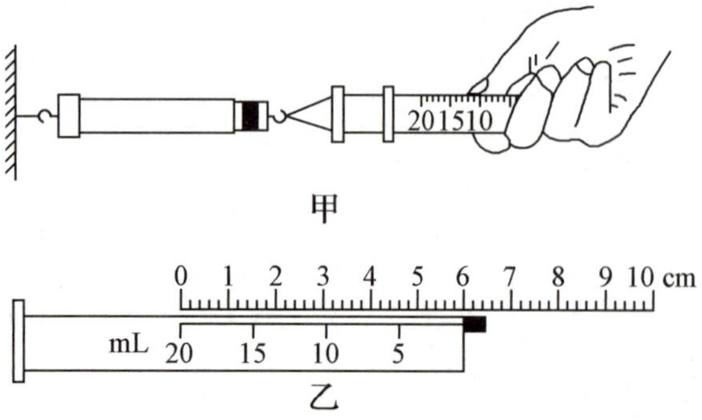

图微 6-1

（3）如图乙所示，用刻度尺测出注射器全部刻度的长度为________cm，计算出活塞的横截面积。

（4）计算得到大气压强的数值为________Pa。

（5）同学们发现实验误差较大，请分析该实验过程中导致误差的因素有（请写出一条）：________________________________。

【思路导析】 本实验的原理是：先排出注射器内的空气，这样在往外拉活塞时，由于外界大气压的作用，要拉动活塞需要很大的力，这个力的大小为 $F=pS$，故测出活塞横截面积 S 和拉动时的拉力 F，就可以根据 $p=\frac{F}{S}$，求出大气压强值。

针对练习

1. 物理兴趣小组的同学利用星期天开展了一次登山活动，他们想利用所学的物理知识测量龙王山的高度。若已知在竖直方向每升高 10 m 大气压强减小 Δp，且山下的大气压强为 p_0。他们随身携带了注射器（有刻度部分的容积为 V）、弹簧测力计、细线、刻度尺等。到达山顶后，他们首先排尽注射器内的空气并用橡皮帽封住其小孔，进行了如图微 6-2 所示的实验。（实验中注射器与活塞之间的摩擦不计）

（1）为了测量山顶的大气压强，你认为实验中应测出的物理量有（指出物理量的名称并用相应的符号表示)：

____

____；

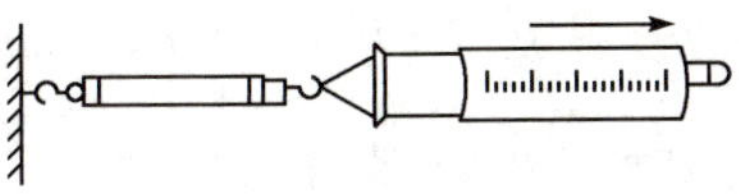

图微 6-2

(2) 山顶的大气压强 $p=$ ____________（用所测量的物理量及已知量来表示)；

(3) 龙王山的高度 $h=$ ____________（用所测量的物理量及已知量来表示)。

2. 小桂设计了用吸盘测量大气压值的实验，请帮助小桂做好以下工作：

(1) 请补充完整该实验的相关步骤：

①如图微 6-3 所示，将蘸水的塑料吸盘压在光滑的水平板上，挤出里面的空气；

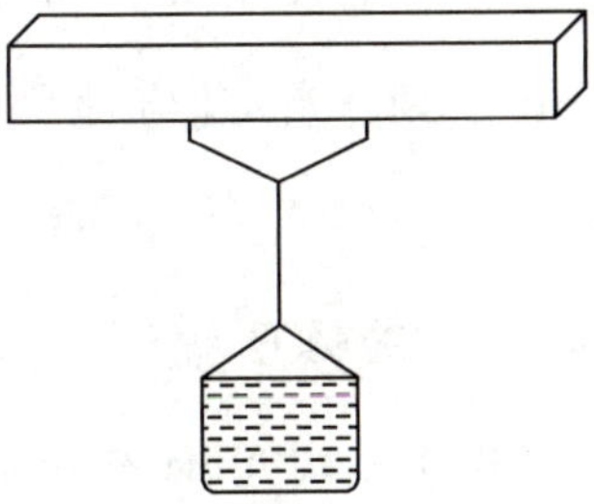

图微 6-3

②用小桶通过细绳与吸盘挂钩相连接，向小桶中缓慢注入细沙，直到吸盘恰好脱离板面；

③用天平测出细沙和小桶的质量为 M；

④用刻度尺测____________________；

⑤大气压强表达式为：____________。

(2) 本实验存在误差的原因是（写出两个)：

①____________________________；

②____________________________。

(3) 晓宇和同学决定对这个实验进行改进，找来约12 m长的透明细软橡胶管、水盆、足够长的卷尺、细绳、铁夹及足量的水，用这些器材测出了当天的大气压值，请你简述实验过程及所需测量的物理量并写出大气压强的表达式。

本章小结

考点题型探究

考点1　压强

1.（2019·江苏常州）以下四个增大压强的情景中，所用方法与另外三个不同的是（　　）

A. 盲道上有凸起的小圆点

B. 菜刀刀刃很锋利

C. 压路机的碾子很重

D. 注射器的针头很尖

2. 下列实例属于增大压强的是（　　）

A. 坦克装有履带

B. 铁路的钢轨铺在枕木上

C. 用较大的力劈开木柴

D. 取出一些书后，书包背起来更舒服

3. 如图9-1所示，均匀圆柱体甲和乙放置在水平地面上，现沿水平虚线切去一部分后，甲、乙剩余部分的高度均为h。若此时甲、乙的剩余部分对地面的压力相等，则甲、乙原先对地面的压强$p_甲$、$p_乙$和压力$F_甲$、$F_乙$的关系是（　　）

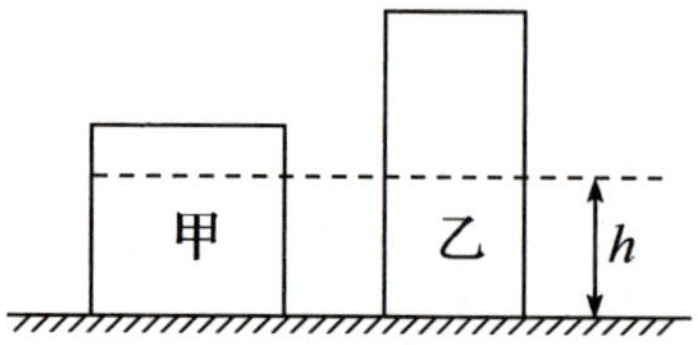

图9-1

A. $p_甲<p_乙$，$F_甲>F_乙$

B. $p_甲<p_乙$，$F_甲<F_乙$

C. $p_甲>p_乙$，$F_甲>F_乙$

D. $p_甲>p_乙$，$F_甲<F_乙$

4. 如图9-2所示，独轮车是一种新型电动代步车，下表是某型号独轮车的一些参数。

最大速度	满电时最大行程	最大爬坡角度	车身质量	最大负荷
16 km/h	28 km	15°	9.6 kg	120 kg

当该车在水平路面上以最大负荷状态匀速直线行驶时，地面对车的支持力为______N，若此时车轮与地面的接触面积为40 cm²，则车轮因与地面挤压而受到的压强为________Pa。（g取10 N/kg）

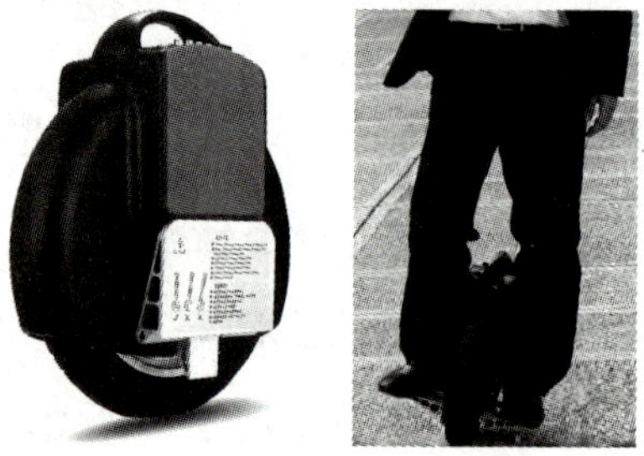
图9-2

考点2　液体压强

5.（2021·四川南充）如图9-3所示，甲、乙是两个质量和底面积均相同的容器，容器内装有质量相同的液体，若甲、乙两容器底部受到的液体压力分别是F_1、F_2，容器对地面的压强分别是p_1、p_2，下列关系正确的是（　　）

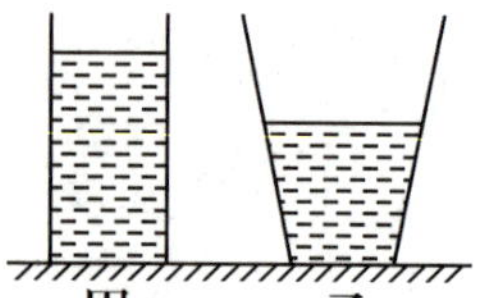

图9-3

A. $F_1=F_2$，$p_1>p_2$

B. $F_1>F_2$，$p_1>p_2$

C. $F_1=F_2$，$p_1=p_2$

D. $F_1>F_2$，$p_1=p_2$

6.（2021·四川南充）“奋斗者”号是我国自行研制的世界领先深海潜水器，若在某次工作过程中该潜水器下潜深度为 10 000 m，此时潜水器受到的海水压强为________ Pa；若“奋斗者”号舱门面积约为 0.6 m^2，则舱门所受液体压力为________ N（$g=10$ N/kg，$\rho_{海水}\approx1.03\times10^3$ kg/m^3）。

考点 3　大气压强

7. 如图 9-4（a）所示的覆杯实验中：

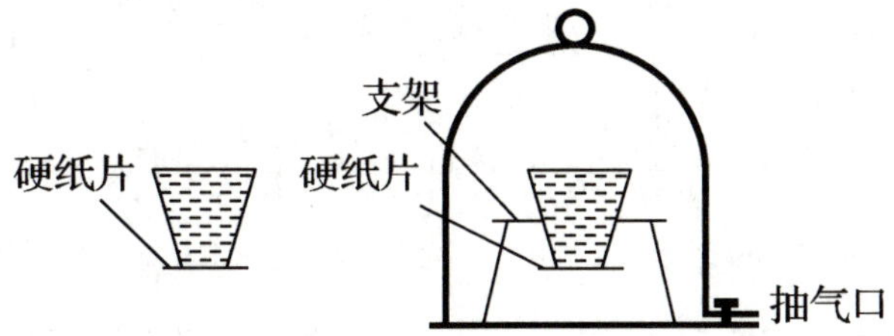

（a）　　（b）

图 9-4

（1）硬纸片不会掉下的事实是________存在的证据。

（2）有同学认为实验中是水粘住了纸片（不考虑纸片质量），老师用如图（b）所示装置进行实验。随着空气被抽出，纸片掉了下来，证明（1）中结论是正确的。若换用容积和高度均相同，而杯口更小的杯子进行实验，要使同一硬纸片掉下，相同情况下需要抽气的时间会________（填“变短”“变长”或“不变”）。

8. 图 9-5 为玻璃厂搬运平板玻璃时使用的真空吸盘起重机的示意图。起重机上有若干个相同的真空吸盘，下列关于真空吸盘起重机的说法，不正确的是　（　　）

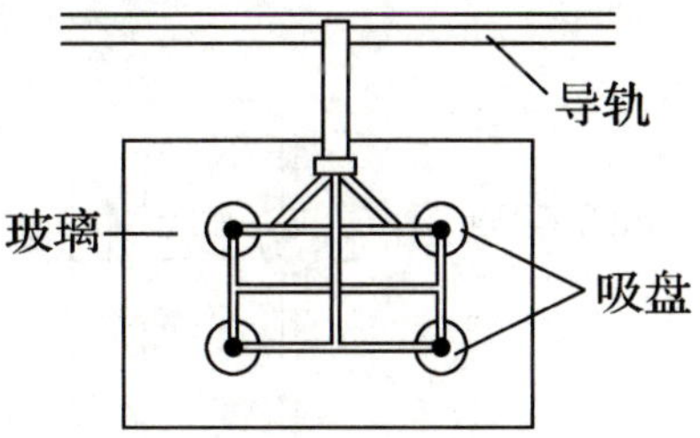

图 9-5

A. 吸盘起重机在使用时必须排尽吸盘内的空气

B. 当玻璃板静止在空中时，其所受重力等于吸盘对它的压力

C. 若要吊起更重的玻璃板，则应增加吸盘个数

D. 吸盘起重机不可以搬运表面粗糙的木板

9. 利用如图 9-6 所示的生活用品，设计与压强相关的实验，完成下表。

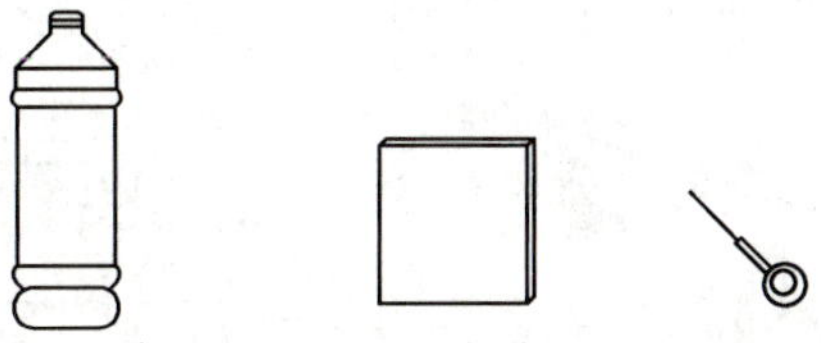

①灌满水的塑料瓶　②平板玻璃　③锥子

图 9-6

实验目的	工具序号	操作（简述）
求证：大气压是存在的		
探究：液体压强与深度的关系		

10. 如图 9-7 所示，两端开口的直筒下端浸在水中，在用拉力 F 缓慢向上拉动

活塞的过程中，筒内、外水面高度差 h 逐渐变大（活塞下面的筒内始终充满水），拉力 F 逐渐变大，不计活塞与筒壁之间的摩擦及活塞的重力，请分析说明拉力 F 变大的原因。

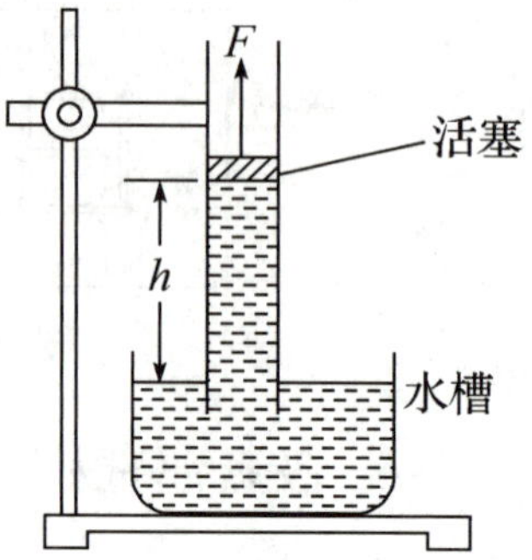

图 9-7

考点 4　连通器

11. 如图 9-8 所示的实例中，不是利用连通器原理工作的是　　(　　)

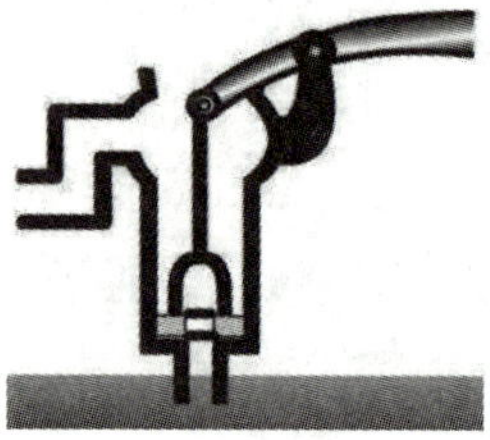

A. 活塞式抽水机

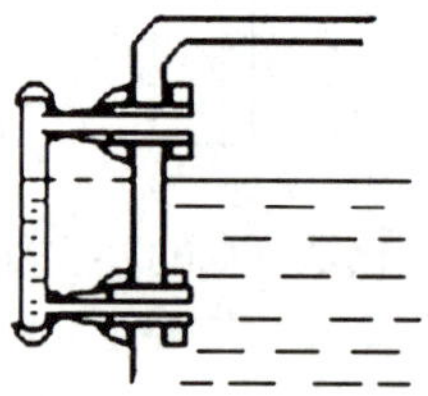

B. 锅炉水位计

C. 茶壶

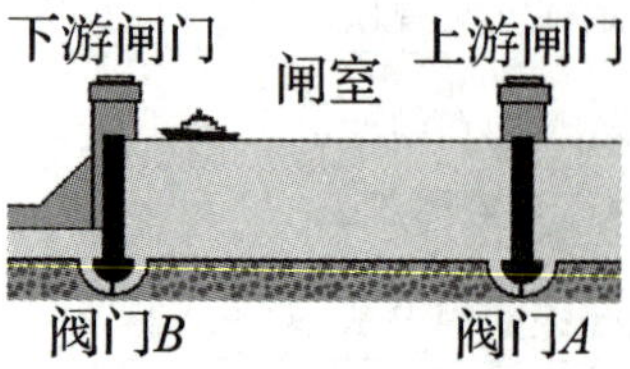

D. 船闸

图 9-8

最新考情分析

命题规律

纵观近几年全国各地中考试题，本章内容在中考中的命题特点如下：

1. 从题型来看，主要包括选择题、填空题、实验与探究题、计算题等。

2. 从命题角度来看，常以生活、工农业生产、自然、交通中与固体压强、液体压强、大气压强密切相关的情景为背景命题。

3. 从考查内容来看，主要包括：(1) 与固体压强、液体压强、大气压强相关的大小比较、现象分析及计算；(2) 探究固体、液体压强大小与哪些因素有关；(3) 用简单的器材粗略测量大气压的大小。

4. 从考查能力来看，主要考查同学们的实验探究能力、归纳概括能力、知识的迁移应用能力和语言表达能力。

第十章　流体的力现象

1. 在流体中运动

教材助读·自主学习

1. 流体压强与流速的关系

流体在流速大的地方压强________，流速小的地方压强________。这个规律叫作伯努利原理。

2. 飞机升力的产生

飞机的机翼形状是上________下________，气流同时流过飞机的上、下表面时的流速不同，导致机翼受到空气向上的压强________向下的压强，形成向______的压力差，这个压力差就是升力。

在海洋中，许多动物是靠水翼在水中自由游动、升降的。

课内探究·展示交流

一、流体压强与流速的关系

例 1　如图10-1-1所示，一根两端开口的水管由两段粗细不同的短管甲、乙连接而成，每一段短管上各有一根竖管（图中的 a、b）。将水管左端接到水龙头上并打开水龙头放水后，在甲、乙两短管中，水的流速较大的是______管，在 a、b 两根竖管中，水柱较高的是______管。

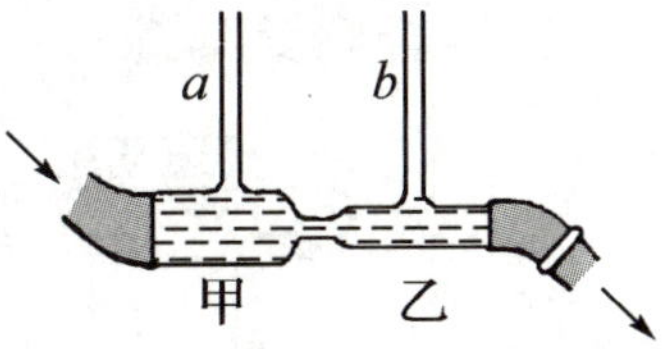

图 10-1-1

【思路导析】 自来水流过同一根管道的时候流量相同，因此，流过直径较大的甲管时流速较小，流过直径较小的乙管时流速较大。根据伯努利原理可知，甲管中的水产生的压强比乙管中的水产生的压强要大，使得 a 管中的水柱比 b 管中的水柱高。

例 2　为了探究气体流动时压强大小的特点，小王将两纸片靠拢，纸片下端自然下垂，如图10-1-2甲所示。然后他向两纸片间慢速吹气，实验现象如图乙所示。接着他快速吹气，实验现象如图丙所示。

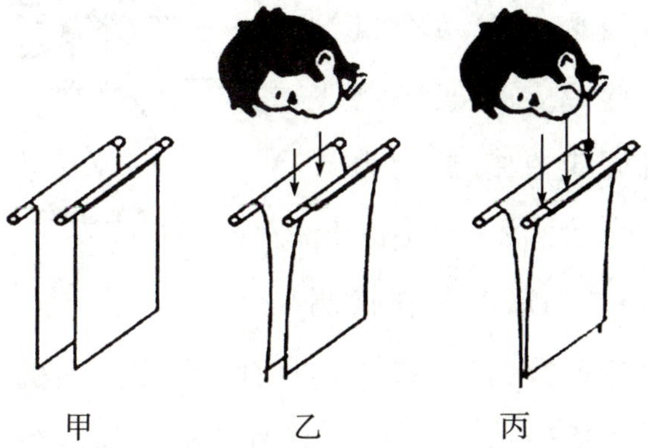

图 10-1-2

（1）分析比较图________和图________可知：气体流动时，压强会变小。

（2）分析比较图乙和图丙可知：______________。

【思路导析】（1）图甲中，未吹气时，两纸片内外两侧气体流速相同，压强相等，纸片自然下垂；当向中间吹气时，中间的空气流动速度增大，压强减小。纸片外侧的压强不变，纸片受到的向内的压强大于向外的压强，即受到的向内的压力大于向外的压力，纸片在压力差的作用下向中间靠拢，说明气体流速越大的地方压强越小。

(2) 图丙与图乙相比较，气体流速更快，纸片靠拢得更近，说明气体流速越大，压强越小。

交流·分享

如何确定流体里物体的运动方向

先根据情景找出“流速大”和“流速小”两个区域，再根据流体的压强与流速的关系确定“压强大”和“压强小”两个位置，最后对物体的受力情况或运动方向做出判断。

二、伯努利原理的运用

例3 在北京某科技馆内，有一个风洞实验室，一架模型飞机固定在托盘测力计上（如图 10-1-3 所示）。无风时，托盘测力计示数为15 N；当迎面吹着模型飞机的风速达到 20 m/s 时，托盘测力计的示数为 7 N，可以判定模型飞机受到了一个新的力。根据你的分析，模型飞机受到的这个新力大小为______N，方向向______。这个力形成的原因是：模型飞机的机翼上凸下平，上方气流流速比下方________，下方气流压强比上方________，上下的压力差使机翼受到了向上的力。

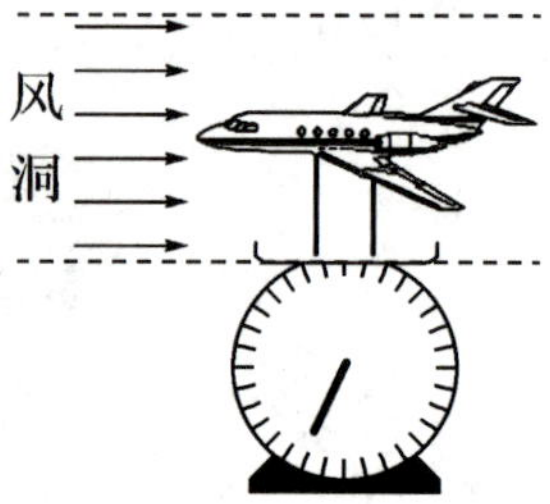

图 10-1-3

【思路导析】 无风时，托盘测力计显示的是模型飞机受到的重力，其大小为 15 N；有风时，托盘测力计的示数减小为 7 N，这意味着模型飞机受到了竖直向上的升力，两次示数之差即为飞机受到的升力。模型飞机在风洞中的情形与真实飞机在天空中的情形相似。

交流·分享

流体里运动物体的受力分析

具有“机翼”形状的运动物体，其受力方向分析的关键是：先要根据题目中的图片或文字表述确定机翼上的“平面”和“弧面”两个面的朝向，再根据流体压强与流速的关系确定两个面的压强大小，最后根据压强大小分析受力情况。

课时作业·高效训练

一、选择题

1. 如图 10-1-4 所示，A 是一个底部有许多小孔的塑料瓶，里面放有一个乒乓球，B 是一个与 A 的上端相通的硬塑料管。在 B 的右端接一个吹风机，开启吹风机后将看到乒乓球 ( )

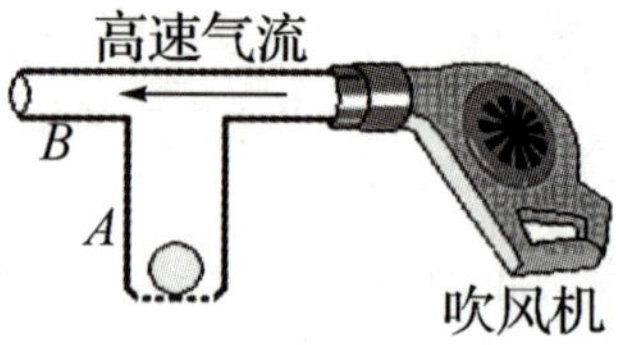

图 10-1-4

A. 仍静止

B. 左右摆动

C. 跳出塑料瓶被吹出来

D. 无法确定

2. 深圳地区经常会有台风（如图 10-1-5 所示），市政府要求居民将简易房的屋顶加固，对于这一要求下列解释正确的是（　　）

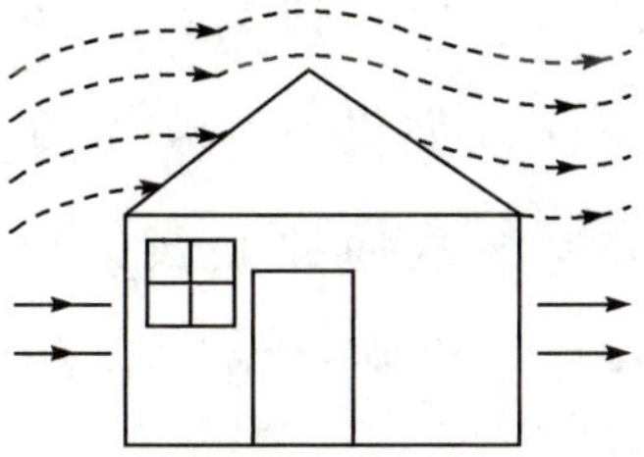

图 10-1-5

A. 屋顶上方空气的流速大于下方，屋顶被向下压垮

B. 屋顶上方空气的流速大于下方，屋顶被向上掀起

C. 屋顶上方空气的流速小于下方，屋顶被向下压垮

D. 屋顶上方空气的流速小于下方，屋顶被向上掀起

3. 如图 10-1-6 所示是一种水翼船，船体下安装了水翼。当船在高速航行时，水面下的水翼会使船体整体抬高从而减小水对船体的阻力。则水翼安装正确的是（　　）

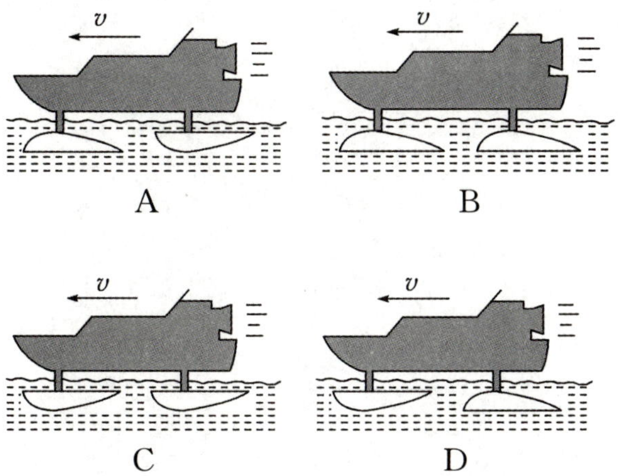

图 10-1-6

4. 如图 10-1-7 所示，在水龙头下接一根水管，水管的中间有一根 T 形管插入热水中，拧开水龙头后，从喷头内喷出的是（　　）

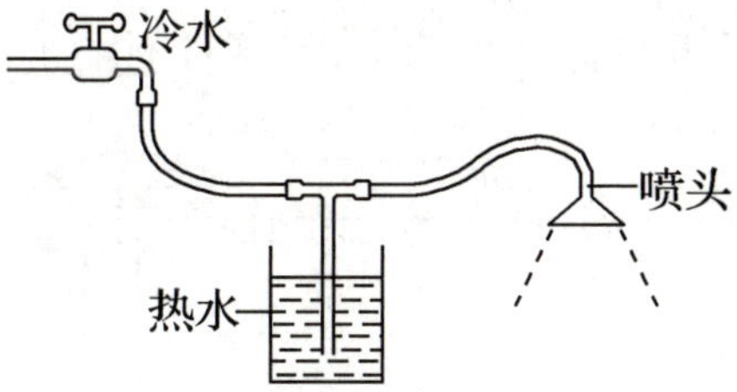

图 10-1-7

A. 冷水　　B. 热水

C. 温水　　D. 空气

二、填空题

5. 如图 10-1-8 所示，将乒乓球放在漏斗的下面紧贴漏斗，从漏斗口向上吸气，乒乓球不掉下来，这是因为乒乓球下方的空气压强________上方的空气压强；从漏斗口向下吹气，乒乓球也不会掉下来，这是因为乒乓球上方空气流速________，空气压强________，使得乒乓球下方的空气压强________上方的空气压强。

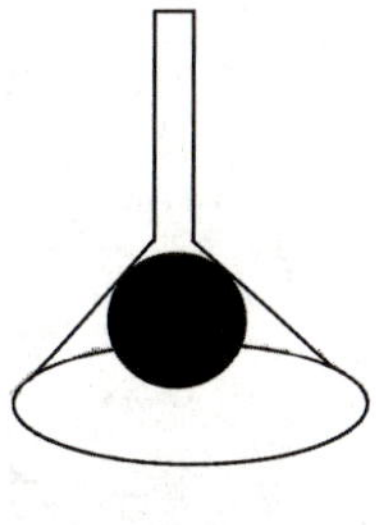

图 10-1-8

6. 龙卷风的实质是高速旋转的气流，它能"吸入"物体是由于内部的空气流速大于外部的空气流速，所以内部的压强________（填"大于"或"小于"）外部压强；物体被"卷向"空中是由于受到一个向________（填"上"或"下"）的合力。

三、问答题

7. 如图 10-1-9 所示是小明设计的一个风力大小显示仪，请你在研究其结构后指出：该显示仪刻度盘上的风级的大小应该如何标注？并说明这样标注的理由。

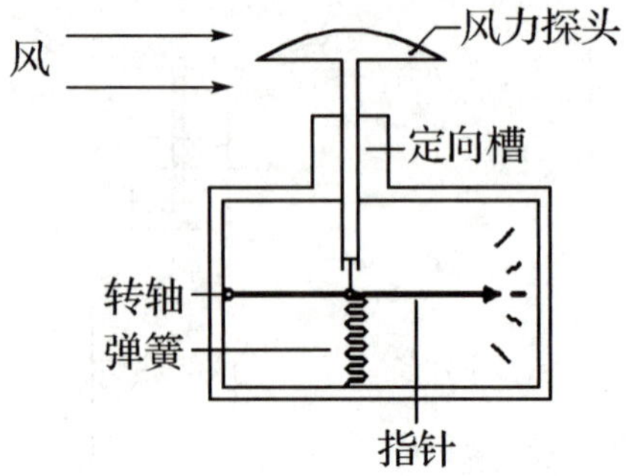

图 10-1-9

选做题

8. 用细线吊起一个空的塑料饮料瓶，使它绕对称轴旋转，转动的饮料瓶带动周围的空气绕它旋转。如果这时用电扇向它吹风，由于瓶的转动，它的两侧的风速将不一样，如图 10-1-10 所示，请根据流体流速与压强的关系，判断图中旋转的饮料瓶应向哪个方向移动。

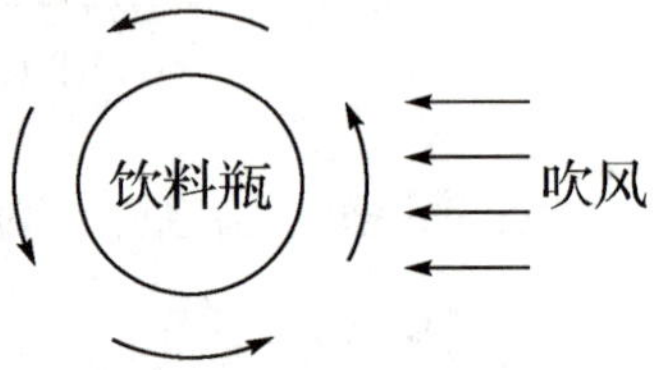

图 10-1-10

2. 认识浮力

教材助读·自主学习

1. 什么是浮力

一切浸入液体或气体中的物体，都受到液体或气体对它向______的力，叫作________。

2. 浮力产生的原因

液体对浸入其中的物体的四周都有压强。但由于液体内部的压强随深度的增加而________，因此物体受到的向________的压力要比其受到的向________的压力大。总的效果就出现了一个作用于这个物体的向______的力，即浮力。

3. 测量浮力

只要存在上下表面的________，液体中的物体就会受到浮力，与它的沉浮无关。

课内探究·展示交流

一、探究浮力产生的原因

例 1 为了验证浮力产生的原因，小明在一个玻璃筒的两端蒙上绷紧程度相同的橡皮膜，并在玻璃筒的中部接一根通气管。

（1）如图 10-2-1 甲所示，将玻璃筒平放在水中，可以发现：两端的橡皮膜凹陷程度相同。原因是：两端的橡皮膜在水中所处的深度相同，所受的水的压力相同。这个演示说明浸在液体中的物体，在水平方向上受到的压力的合力为________。

（2）如图 10-2-1 乙所示，将玻璃筒竖放在水中，可以发现：下端的橡皮膜凹陷较深。原因是：下端的橡皮膜在水中所处的深度比上端橡皮膜所处的深度要大，所受的水的压力要大。这个演示实验说明浸在液体中的物体，受到液体向上的压力要________向下的压力，即受到一个向________的压力差，这就是浮力。

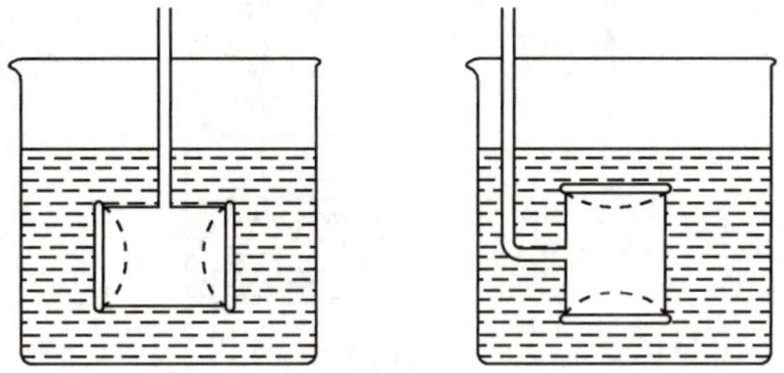

图 10-2-1

例 2 如图 10-2-2 所示，将一个塑料吸盘挤压空气后吸在玻璃缸的底部。如果向玻璃缸内缓缓加水，则加水后吸盘将（　　）

图 10-2-2

A. 因受到水向上的浮力而离开玻璃缸底

B. 因不会受到浮力而对玻璃缸底压力不变

C. 因受到水向上的压力而离开玻璃缸底

D. 因受到水向下的压力而更紧地贴在玻璃缸底

【思路导析】 水不能进入吸盘底部，不能对吸盘产生向上的压力，吸盘只受到水向下的压力，因此吸盘不会离开玻璃缸底部，只会更紧地贴在玻璃缸底部。

二、浮力的测量

例 3 如图 10-2-3 所示，将一个石块挂在弹簧测力计下，测得其重力为 $G=10\ \text{N}$；将它浸没在水中，弹簧测力计示数为 $F=8\ \text{N}$。则石块受到的浮力为________N，浮力的方向是________。

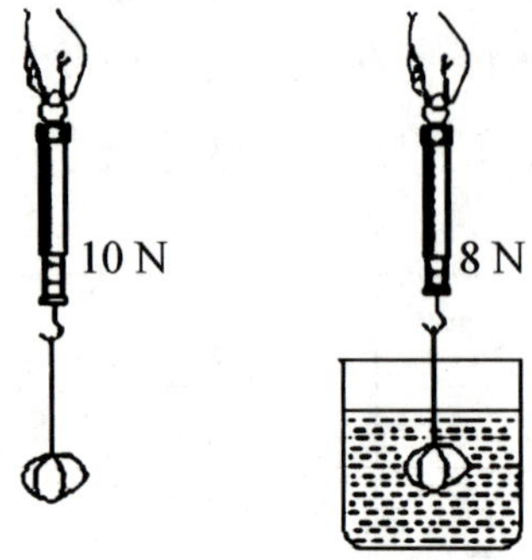

图 10-2-3

【思路导析】 石块浸没在水中后，对弹簧测力计的拉力减小了 $\Delta F=G-F=10\ \text{N}-8\ \text{N}=2\ \text{N}$。拉力减小的原因是水对石块施加了浮力，其方向竖直向上。

交流·分享

浮力的测量方法——“称重法”

用弹簧测力计分别测物体在空气中的重力 G 和物体浸没在液体中的“重力” G'，二者的差值就是物体所受浮力的大小，即 $F_{浮}=G-G'$。

课时作业·高效训练

一、选择题

1. 钓鱼的时候，鱼钩已经钩住了鱼。鱼还在水中时，人会感觉鱼很轻，但是当把鱼从水中拉离水面时就感觉鱼变“重”了。对钓鱼过程的下列几种解释，正确的是（　　）

   A. 鱼离开水后，失去了水的浮力，使人感觉鱼变重了

   B. 鱼离开水后，鱼所受的重力增大，使人感觉鱼变重了

   C. 鱼离开水后，线对竿的拉力会减小

   D. 鱼在水中时，深度越浅，浮力越大

2. 下列关于浮力的说法中正确的是（　　）

   A. 浮力都是由水产生的

   B. 只有固体才能受到浮力的作用

   C. 浮力方向与重力方向相反

   D. 在不同液体中浮力方向会不同

3. （多选）以下情景中受到浮力作用的物体是（　　）

   A. 沉入水底的石块

   B. 水中游动的鱼

   C. 在水面上航行的“辽宁号”

   D. 在水中下潜的“蛟龙号”

4. 如图 10-2-4 所示，浸没在水中的正方体，左、右两个侧面受到的水的压力分别为 F_1、F_2，上、下两个底面受到的水的压力分别为 F_3、F_4。则（　　）

   A. $F_1<F_2$

   B. $F_1>F_2$

   C. $F_3>F_4$

   D. $F_3<F_4$

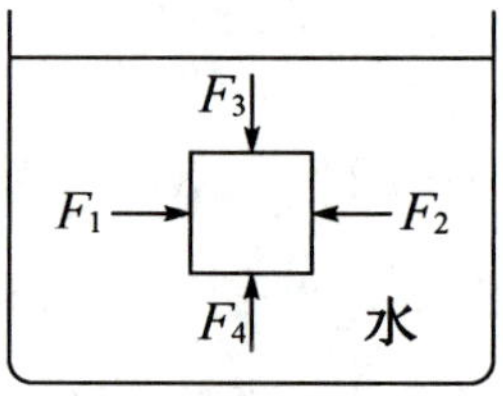

图 10-2-4

二、填空题

5. 小明游泳时，在水底摸到一块大石块，他在把石块从水里抱到岸边的过程中感觉到，石块在水中比空气中要轻一些。这是因为石块在水中要受到向______的浮力，浮力的施力物体是________。如果石块重为 60 N，在水中受到的浮力为 20 N，则小明在水中用________N 的力就可以将石块抱起来。

6. 如图 10-2-5 所示，将去盖的矿泉水瓶截去底后倒置，放入一乒乓球后用手压着球向里注水，然后放手，则乒乓球将________，同时观察到有少量水从瓶口流出；再用手将瓶口堵住，过一会儿，观察到乒乓球将________。该实验表明产生浮力的根本原因是____。

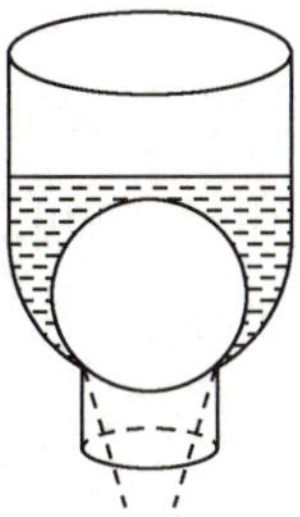
图 10-2-5

三、作图与实验

7. 如图 10-2-6 所示，一个木块静止地漂浮在水面上，请画出木块的受力示意图。

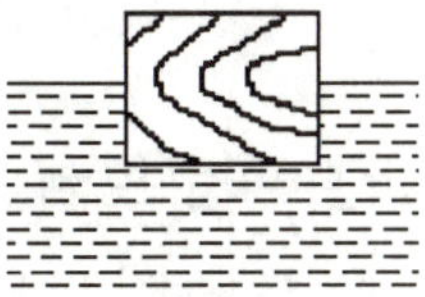
图 10-2-6

8. 将木块、塑料等物体放入水中会上浮，这表明它们受到了浮力。将铁块、石块等物体放入水中会下沉，它们是否受到了浮力呢？

(1) 猜想：________________________。

(2) 猜想的依据：________________________。

(3) 设计一个实验探究你的猜想是否正确（说明你实验设计的思路即可）。

选做题

9. 如图 10-2-7 所示，在一个方形容器中有四个物体：甲物体是漂浮于水面的木块，乙物体是与容器侧壁紧贴的塑料块，丙物体是与容器底面紧贴的方形塑料块，丁物体是沉在容器底部的粗糙铁块。请你在其中任意选择一个物体，分析它受几个力的作用。

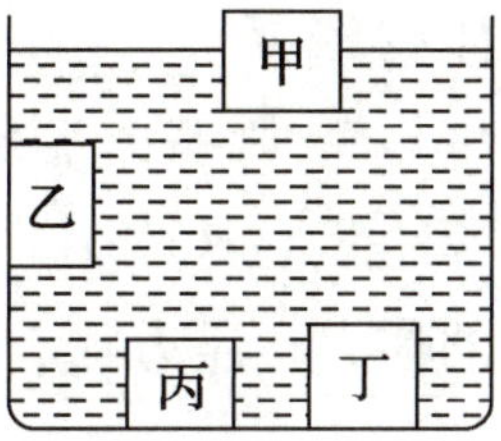

图 10-2-7

3. 科学探究：浮力的大小

教材助读·自主学习

1. 浮力大小与什么因素有关

浮力的大小与物体浸在液体中的________有关，和物体的密度______关，和液体的密度________关。

2. 阿基米德原理

浸在液体中的物体受到竖直向________的浮力，浮力的大小等于它排开的液体所受到的________。

用公式表示就是________________。

3. 阿基米德原理的应用

根据阿基米德原理可知，对于浸在液体中的物体，只要已知物体所排开的液体受到的重力或质量，或已知物体所排开的液体的________和________，就可以计算出物体所受到的浮力。

阿基米德原理不但适用于液体，也适用于______体。

课内探究·展示交流

一、探究浮力的大小与哪些因素有关

例 1 如图 10-3-1 所示是“探究浮力大小与哪些因素有关”的实验装置，请根据图示回答问题：

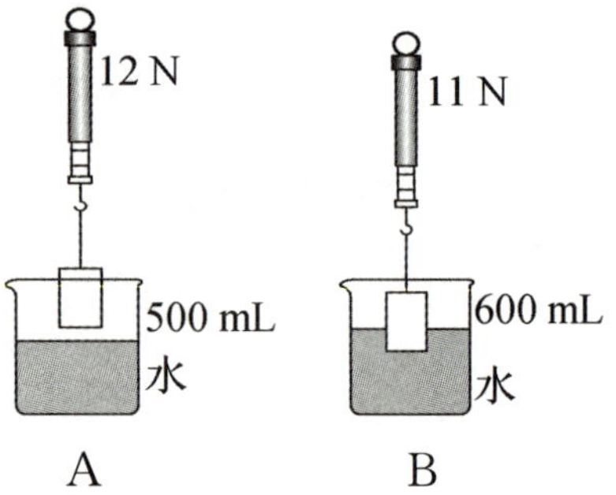

图 10-3-1

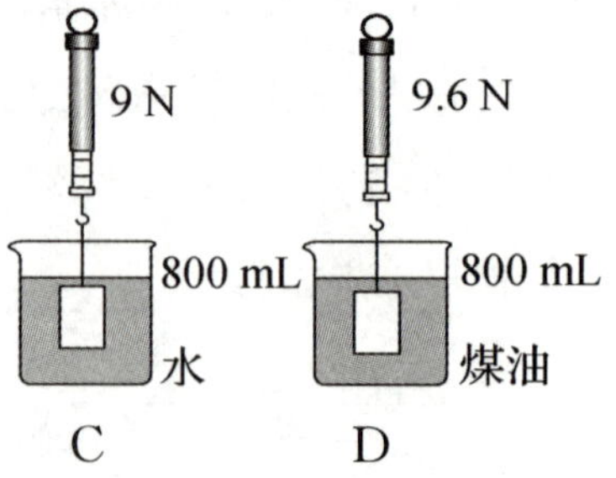

图 10-3-1（续）

(1) 由图 B 和图 C 可知，浸在液体中的物体所受的浮力大小跟________________有关。

(2) 由图 C 和图 D 可知，物体排开相同体积的液体时，浮力大小跟液体的________有关。

(3) 由________两图可计算出，当物体完全浸入水中时，物体所受浮力大小为________N。

【思路导析】 可用控制变量法的思想分析本题。(1) 图 B 和图 C 中，物体都浸在水中，但浸入的体积不同，导致浮力大小不同。(2) 图 C 和图 D 中，物体分别浸没在密度不同的水和煤油中，浮力的大小不同。(3) 物体所受的重力与物体完全浸入水中时弹簧测力计的示数之差即为其所受浮力。

二、阿基米德原理

例 2 在一个溢水杯中装满水，并在溢水杯口下放一个小烧杯，如图 10-3-2 所示。将一个体积为 10 cm^3 的金属块慢慢浸没到水中，等停止溢水后，小烧杯中承

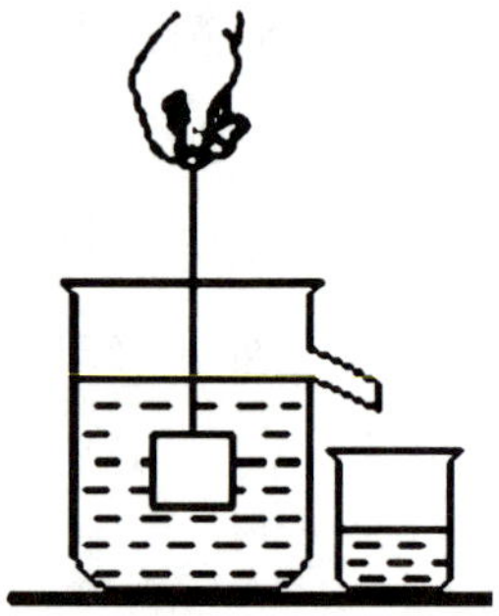

图 10-3-2

接的水的质量为________g，金属块受到的浮力为________N。（g 取 10 N/kg）

【思路导析】 小烧杯中承接的水的体积就是金属块的体积，由 $m=\rho V$ 可计算出小烧杯中水的质量；根据阿基米德原理可知，金属块受到的浮力等于其排开的水所受到的重力，由 $G=mg$ 可求出水的重力。

交流·分享

应用阿基米德原理计算的技巧

阿基米德原理表明 $F_{浮}=G_{排}$，如何计算 $G_{排}$ 呢？

（1）如果已知物体排开液体的质量，那么 $G_{排}=m_{排}g$；

（2）如果已知液体的密度和物体排开液体的体积，那么 $G_{排}=\rho_{液}gV_{排}$。

三、阿基米德原理的应用

例 3 如图 10-3-3 所示为某校校园艺术节时气球悬挂一幅标语的情景。已知气球的体积为 8 m³，气球（含内部所充气体）、标语及细绳的总质量为 9 kg，空气的密度为 1.29 kg/m³。g 取 10 N/kg。求系于地面拉住标语的细绳的拉力。

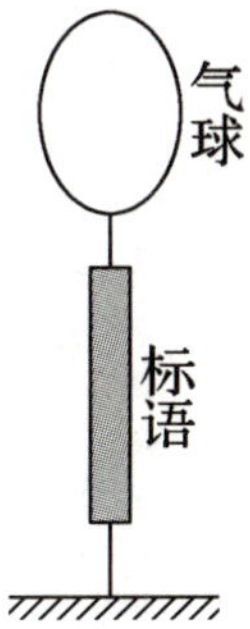

图 10-3-3

【思路导析】 因气球静止，所以气球受平衡力作用。先分别求出浮力和重力，再利用力的平衡知识列出等式可求出拉力。

【示范解答】 气球受到的浮力为

$F_{浮}=\rho_{空气}gV$

$=$________________

$=$________N

气球、标语及细绳受到的重力为

$G=mg=9\ \text{kg}\times10\ \text{N/kg}=90\ \text{N}$

根据力的平衡可知绳子受到的拉力为

$F_{拉}=F_{浮}-G$

$=$________________

$=$________N

课时作业·高效训练

一、选择题

1.（2019·山东临沂）将两个完全相同的小球分别放入装有不同液体的甲、乙两烧杯中，球静止时两烧杯液面相平，如图 10-3-4 所示。下列判断正确的是（　　）

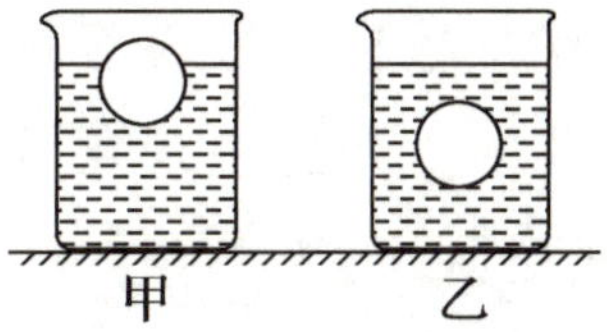

图 10-3-4

A. 两小球所受浮力大小相等

B. 乙烧杯中液体的密度大

C. 乙烧杯中小球排开的液体质量大

D. 甲烧杯底部受到液体的压强小

2. 如图 10-3-5 所示，一个弹簧测力计的上端固定，下端系住一块小石块，让小石块浸没在水中。现用滴管不断地向水中滴入浓盐水，在这一过程中，弹簧测力计的示数将（　　）

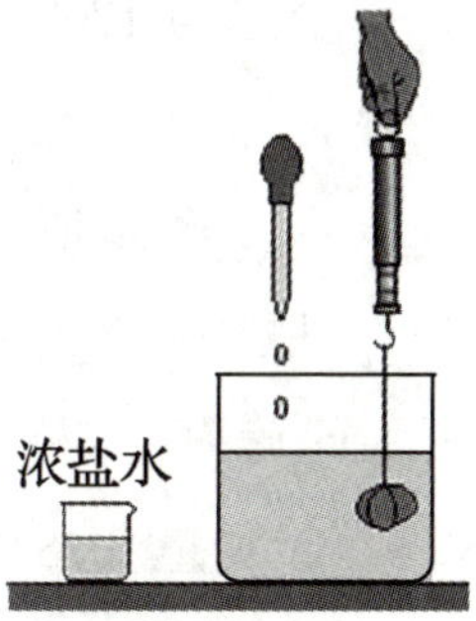

图 10-3-5

A. 变大

B. 变小

C. 不变

D. 先变大，后变小

3. 当潜艇从深海中上浮而未露出水面的过程中，它受到的海水的（　　）

A. 压强减小，浮力不变

B. 压强减小，浮力增大

C. 压强减小，浮力减小

D. 压强增大，浮力不变

4. 浸在液体中的物体所受的浮力大小取决于　　　　（　　）

A. 物体的形状

B. 物体的密度

C. 物体在液体中的深度

D. 物体排开液体的体积和液体的密度

二、填空题

5. 新鲜的生鸡蛋放在水中会下沉，如果不断向水中加入食盐并轻轻搅拌，最后鸡蛋会________，这一现象说明：物体在液体中受到的浮力与____________有关。

6. 小明从游泳池中的浅水区走向深水区的过程中，受到的浮力________，他对池底的压力________。（填“增大”“减小”或“不变”）

7. 一个重为 12 N、边长为 10 cm 的正方体物体，体积为________m^3；如果将它浸没在水中，物体所受的浮力是________N。（g 取 10 N/kg）

三、计算题

8. 一个质量为 810 g 的实心铝球，它的体积是多大？当它浸没在水中时，排开水的质量是多大？受到的浮力是多大？（$\rho_{铝}=2.7\ g/cm^3$，g 取 10 N/kg）

选做题

9. 夏天，一市民在自贡釜溪河游泳时捡到一个质量为 1.25 kg 的鹅卵石，已知鹅卵石的密度 $\rho_{石}=2.5\times10^3\ kg/m^3$，$\rho_{水}=1.0\times10^3\ kg/m^3$，$p_{大气}=1.013\times10^5\ Pa$，$g$ 取 10 N/kg。当该市民用手将鹅卵石置于水面下 0.5 m 深处静止不动时，求此时鹅卵石受到的

（1）压强大小是多少？

（2）浮力大小是多少？

（3）手的支持力大小是多少？

4. 沉与浮（2 课时）

第 1 课时

教材助读·自主学习

1. 物体的沉与浮

浸没在液体中的物体的沉浮取决于物体所受的重力 G 和浮力 $F_{浮}$。

（1）当 $F_{浮}>G$ 时，物体就会________；

（2）当 $F_{浮}<G$ 时，物体就会________；

（3）当 $F_{浮}=G$ 时，物体就会________。

2. 潜水艇

潜水艇是靠改变自身所受的重力来实现浮沉的。当向水舱中充水时，其重力增大而________；当水舱中的水排出时，其重力减小而________；当潜水艇所受的重力等于同体积的水重时，潜水艇________在水中。

3. 热气球

要使气球飞上天，有两种方法：一是充入密度________空气的氦气；二是将气球内的空气加热，使其成为密度较小的热空气。

课内探究·展示交流

一、判断物体的沉浮

例 1 把重 8 N、体积为 $1.0\times10^{-3}\ m^3$ 的物体投入水中，当物体静止时，物体的状态和所受浮力是（g 取10 N/kg）（　　）

A. 漂浮，$F_{浮}=10\ N$

B. 悬浮，$F_{浮}=8\ N$

C. 漂浮，$F_{浮}=8\ N$

D. 沉在水底，$F_{浮}=10\ N$

【思路导析】 先通过比较重力和浮力判断物体的沉浮，再根据物体的状态确定物体所受的浮力。当物体浸没在水中时，根据 $F_{浮}=\rho_{液}gV_{排}$ 可计算出物体受到的浮力为 10 N，比较重力和浮力的大小可知，物体将上浮，最后漂浮在水面。

二、物体沉浮的应用

例 2 如图 10-4-1 甲所示，烧杯里盛有 6 ℃的水，小球在水中恰好悬浮。经研究发现，水的密度随温度的变化如图乙所示。现在在烧杯四周放上大量的冰块，在烧杯内水的温度下降到 0 ℃的过程中，假设小球的体积始终不变，关于小球的浮沉情况判断正确的是（　　）

A. 先下沉然后上浮

B. 浮力变小，一直下沉

C. 先上浮然后下沉

D. 浮力变大，一直上浮

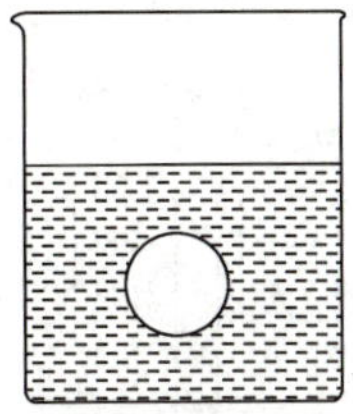

甲

图 10-4-1

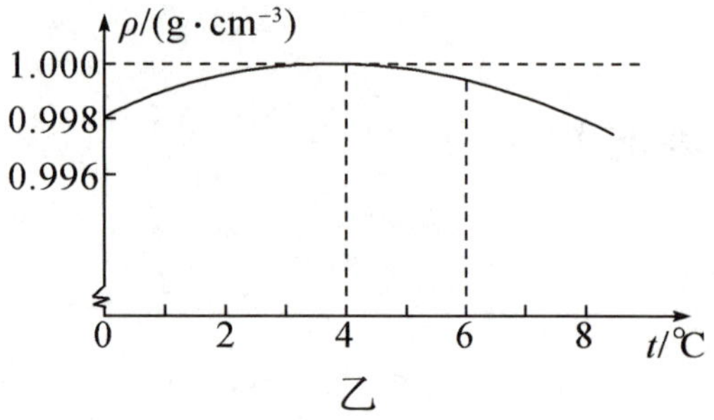

图 10-4-1（续）

【思路导析】 水温为 6 ℃时，小球在水中恰好悬浮，说明小球的密度等于此时水的密度。当水温下降时，水的密度先变大后变小，所以小球的密度先是比水小，后又比水大，所以小球先上浮后下沉。

交流·分享

“漂浮”与“悬浮”的异同

相同点：浮力与重力相等，即 $F_{浮}=G_{物}$。不同点：漂浮时，物体有一部分露出液面，即 $V_{排}<V_{物}$；悬浮时，物体浸没于液体中，即 $V_{排}=V_{物}$。

例 3 打捞沉船时，常先将金属浮箱注满水，沉入水底，再用钢绳将其固定在沉船上，然后向浮箱中压入气体，排出浮箱内的水，这样浮箱就可上浮把沉船拉起，如图 10-4-2 所示。某次打捞作业中，所用的浮箱是边长为 2 m 的正方体，自重 2 000 N。求：(g 取 10 N/kg)

（1）浮箱受到的水的浮力。

（2）当把浮箱内的水全部排出，浮箱与沉船一起匀速上浮时，浮箱对沉船的拉力。

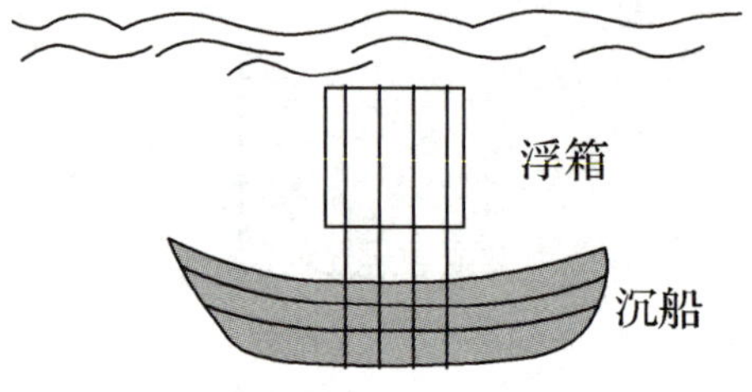

图 10-4-2

【思路导析】（1）先根据浮箱的边长求出体积，再根据阿基米德原理求出浮箱受到的浮力；（2）浮箱匀速上浮时，受到的浮力、重力和拉力构成了平衡力，根据平衡力等式可求出浮箱对沉船的拉力。

【示范解答】（1）浮箱受到的浮力

$F_{浮}=\rho_{水}gV_{排}$

$=1.0\times10^{3}\ \text{kg/m}^{3}\times10\ \text{N/kg}\times2^{3}\ \text{m}^{3}$

$=8\times10^{4}\ \text{N}$

（2）浮箱对沉船的拉力

$F_{拉}=F_{浮}-G=8\times10^{4}\ \text{N}-2\times10^{3}\ \text{N}$

$=7.8\times10^{4}\ \text{N}$

课时作业·高效训练

一、选择题

1. 小竹将质量为 120 g 的物体放入盛满水的溢水杯中，当物体静止时，溢水杯中溢出了 100 cm³ 的水，则物体（g 取 10 N/kg）（　　）

A. 漂浮在水面上

B. 悬浮在水中

C. 沉在溢水杯底部

D. 受到 1.2 N 的浮力

2. 鱼鳔是鱼体内可以涨缩的气囊，是鱼类的沉浮器官。鱼鳔主要是通过改变下列哪一个因素来实现沉浮的（　　）

A. 鱼的重力

B. 鱼的质量

C. 鱼排开水的体积

D. 鱼受到的压强

3. 将一个密度均匀的实心物体放入盛水的烧杯中，物体静止时正好悬浮在水中。若将该物体分成大小不同的两块，仍然放在盛水的烧杯中，则（　　）

A. 大块沉入杯底，小块漂在水面上

B. 大块、小块都沉入杯底

C. 大块、小块都漂在水面上

D. 大块、小块都悬浮在水中

二、填空题

4. 用手将一重为 5 N 的物体全部压入水中，物体排开的水重 5 N，此时物体受到的浮力为______N，放手后物体将________（填“上浮”“下沉”或“悬浮”），待物体静止时所受浮力为______N。

5. 如图 10-4-3 所示，密度为 ρ 的液体中有体积均为 V 的 A、B、C 三个实心物体，A 正在向上运动，B 静止，C 正在向下运动，此刻它们受到的浮力分别为 F_A、F_B、F_C，三者的大小关系是________________，请写出 B 物体所受的浮力表达式 $F_B=$________，B 物体的密度为________。

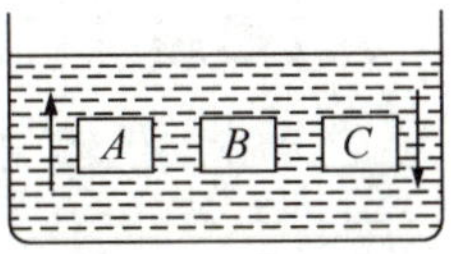

图 10-4-3

三、实验与探究

6. 在某次搜救行动中，参与搜救的某型号冲锋舟如图 10-4-4 所示，质量为 180 kg。求：

（1）冲锋舟受到的重力大小；

（2）该冲锋舟在水平地面上时，与地面的接触面积为2 m^2，求它对水平地面的压强；

（3）该冲锋舟的排水量是 1.2 t，表示它满载时冲锋舟排开水的质量是 1.2×10^3 kg，求该冲锋舟满载时受到的浮力大小。

图 10-4-4

选做题

7. 小亮在家里用注射器、玻璃筒、透明胶带、铁螺母、橡胶管制作了一只潜水艇模型，如图 10-4-5 所示。制作完成后，小亮将此模型放入水中。

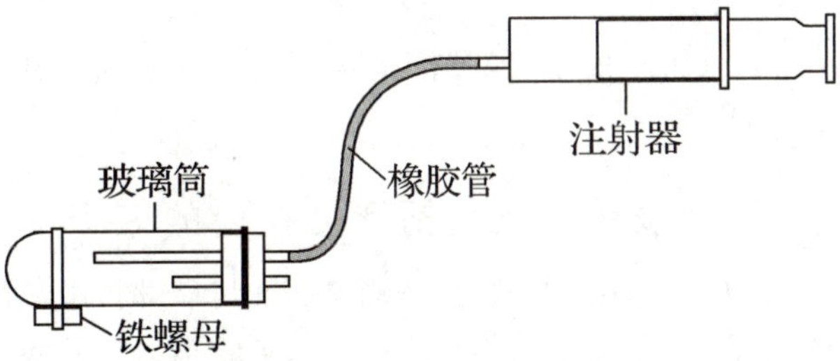

图 10-4-5

（1）要让“潜水艇”下沉，小亮的操作方法是____。

（2）要让“潜水艇”上浮，小亮的操作方法是____。

第 2 课时

教材助读 · 自主学习

1. 物体的漂浮

漂浮在液体表面的物体静止时，受到的重力 $G_{物}$ 和浮力 $F_{浮}$ 是一对平衡力，它们的关系为____________。

由于 $F_{浮}=G_{排}=m_{排}g=\rho_{液}gV_{排}$，$G_{物}=m_{物}g=\rho_{物}gV_{物}$，所以，由等式 $F_{浮}=G_{物}$ 可以变形演变出多个计算式，利用这些计算式可以用来计算不同情况下的相关物理量。

2. 浮力的综合应用

（1）测量物体的密度

一个密度大于液体的物体，用弹簧测力计测出它受到的重力为 G，将物体浸没在液体中时，弹簧测力计的示数为 F，则物体的密度为 $\rho_{物}=\dfrac{G}{G-F}\cdot\rho_{液}$。

（2）应用平衡力法进行浮力的相关计算

当物体受到包括浮力在内的三个或三个以上的力并处于平衡状态时，利用力的平衡条件列出平衡等式，根据题意确定等式中的已知量，可求出未知量。

课内探究 · 展示交流

一、与漂浮相关的分析或计算

例 1 如图 10-4-6 所示为一种自制简易密度计，它是在木棒的一端缠绕一些铜丝做成的，用它来测量液体密度时，该密度计________在被测液体中（填“悬浮”“漂浮”或“下沉”）。将此密度计分别放入装有密度为 ρ_1 和 ρ_2 的液体的两个烧杯中，可以判断：ρ_1________ρ_2。若该密度计两次测量中排开液体的质量分别为 m_1、m_2，则 m_1________m_2。（后两空填“<”“=”或“>”）

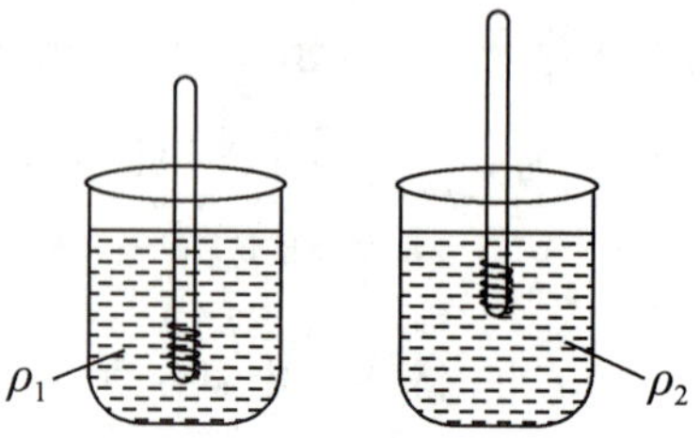

图 10-4-6

【思路导析】 密度计是根据同一物体漂浮在不同液体中，所受重力一定，即浮力一定时，浸入液体的体积越大，液体的密度就越小，从而来测定液体的密度。

二、浮力问题的综合分析或计算

例 2 如图 10-4-7 甲所示，用一弹簧测力计挂着一实心圆柱体，圆柱体的底面刚好与水面接触（未浸入水中），然后将其逐渐浸入水中。如图乙是弹簧测力计示数随圆柱体逐渐浸入水中的深度的变化情况。求：（g 取 10 N/kg）

（1）圆柱体受到的最大浮力。

（2）圆柱体刚好浸没时下表面受到的液体压强。

（3）圆柱体的密度。

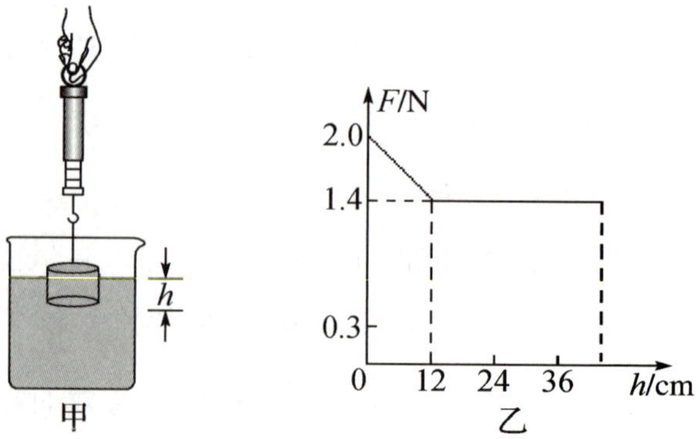

图 10-4-7

【思路导析】(1) 圆柱体没有浸入水中时，弹簧测力计对应的示数为圆柱体的重力，由图乙可知，圆柱体受到的重力为 2 N；当圆柱体全部浸入水中后，受到的浮力不变，对应的图线是水平直线部分，此时弹簧测力计的示数为 1.4 N；由以上分析可知，圆柱体受到的浮力为两次示数之差。(2) 由图乙可知，圆柱体的长度为12 cm，由此可计算出圆柱体下表面受到的压强。(3) 先由 $F_{浮}=\rho_{水}gV_{排}$ 变形可计算出圆柱体的体积，然后由 $\rho=\frac{G}{gV}$ 计算出圆柱体的密度。

【示范解答】(1) 圆柱体受到的最大浮力为

$F_{浮}=2\ \text{N}-1.4\ \text{N}=0.6\ \text{N}$

(2) 由图乙可知，圆柱体的长度为

$h=12\ \text{cm}=0.12\ \text{m}$

则刚浸没时下表面受到的液体压强为

$p=\rho_{水}gh$

$=1.0\times10^3\ \text{kg/m}^3\times10\ \text{N/kg}\times0.12\ \text{m}$

$=1\ 200\ \text{Pa}$

(3) 由 $F_{浮}=\rho_{水}gV_{排}$ 可知，圆柱体的体积为

$$V=\frac{F_{浮}}{\rho_{水}g}=\frac{0.6\ \text{N}}{1.0\times10^3\ \text{kg/m}^3\times10\ \text{N/kg}}=6\times10^{-5}\ \text{m}^3$$

则圆柱体的密度为

$$\rho_{圆柱}=\frac{G_{圆柱}}{gV}=\frac{2\ \text{N}}{10\ \text{N/kg}\times6\times10^{-5}\ \text{m}^3}\approx3.3\times10^3\ \text{kg/m}^3$$

课时作业·高效训练

一、选择题

1. 水平桌面上放有甲、乙两个盛水的容器，现把两个形状和体积都相同的物体分别放入两容器中，当物体静止时，两容器中液面刚好相平，如图 10-4-8 所示，下列说法正确的是　　(　　)

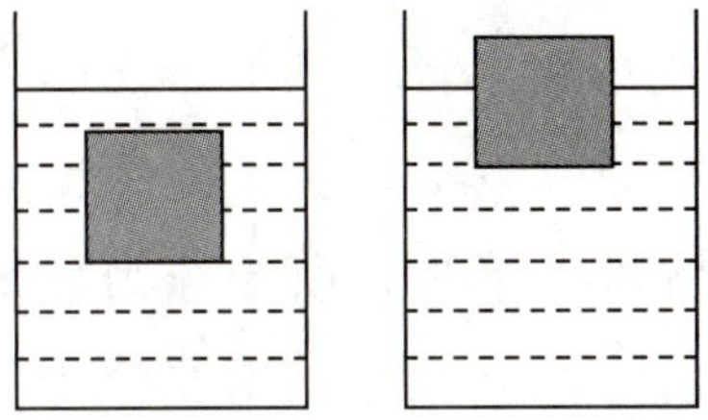

图 10-4-8

A. 两物体受到的浮力相等
B. 两容器底部所受液体的压强相等
C. 两物体的质量相等
D. 乙容器中物体密度较大

2. (多选)(2019·山东潍坊) 2019 年 4 月，我国自主研发的6 000 m无人遥控潜水器“海龙Ⅲ”成功完成下潜任务。在某次下潜中，若从“海龙Ⅲ”刚好浸没开始计时，到返回水面结束计时，下潜深度 h 随时间 t 的变化关系如图 10-4-9 所示。忽略海水密度变化和“海龙Ⅲ”的形变，下列对“海龙Ⅲ”分析正确的是　　(　　)

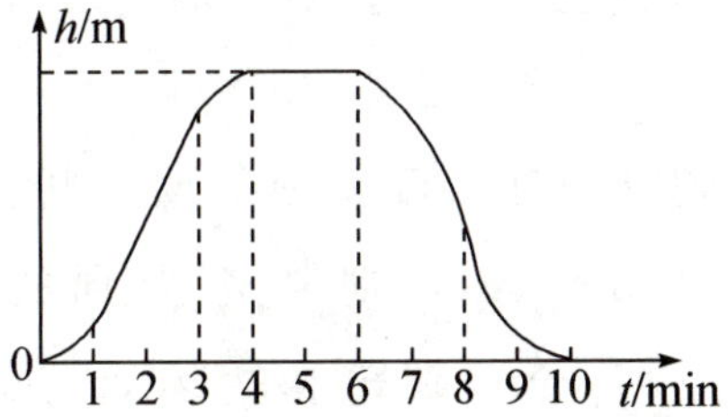

图 10-4-9

A. 从开始到结束计时，共用时 10 min

B. 在 1～3 min，受到海水的浮力逐渐变大

C. 在 4～6 min，处于匀速直线运动状态

D. 在 6～8 min，受到海水的压强逐渐减小

3. 航空母舰被称为海面上移动的机场。一艘航母的舰载机飞离航母后，则（　　）

A. 航母将上浮，所受浮力减小

B. 航母将下沉，所受浮力增大

C. 航母将下沉，所受浮力减小

D. 航母始终漂浮，所受浮力不变

4. 在弹簧测力计下挂一实心物体，弹簧测力计的示数是 F，如果把物体浸没在水中，物体静止时弹簧测力计的示数为 $\frac{F}{5}$，则该物体的密度是（　　）

A. 1.0×10^3 kg/m³

B. 0.8×10^3 kg/m³

C. 1.5×10^3 kg/m³

D. 1.25×10^3 kg/m³

二、填空题

5. 一个密度均匀的实心物体漂浮在水面上，有 $\frac{2}{5}$ 的体积露出水面，则该物体的密度是______kg/m³。如果该物体的体积为 200 cm³，则它受到的浮力为______N。如果用竖直向下的力将该物体慢慢压入水中，则这个力至少为______N。(g 取 10 N/kg)

6. 一艘邮轮在长江中航行时，排开水的体积是 300 m³，则邮轮受到的浮力为______N，邮轮和货物受到的总重力为______N。在码头卸下了 80 t 的货物后，邮轮排开水的体积变为______m³。(g 取 10 N/kg)

三、计算题

7. 一艘排水量 100 t 的货船，船上装有质量为 8 t 的货物，货物的底面积为 5 m²（货物底面与船完全接触）。

(1) 求该船满载时受到的浮力；

(2) 求货物对船的压强；

(3) 将货物从船上卸下后，船排开水的体积减少多少？($\rho_{水}=1.0\times10^3$ kg/m³，g 取 10 N/kg)

选做题

8. 如图 10-4-10 所示的图像分别表示甲、乙两个物体的质量与体积的关系。分析图像提供的信息，填写下面空白。

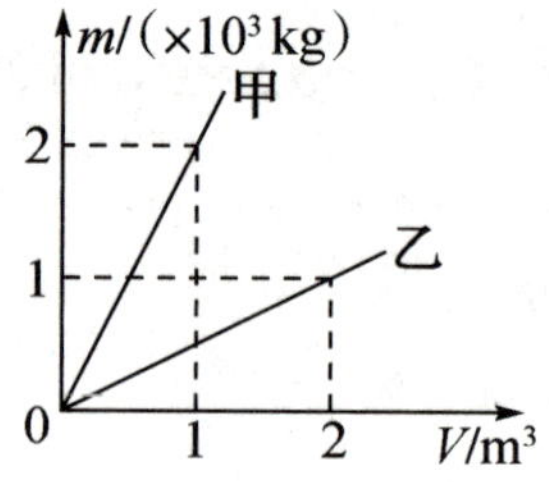

图 10-4-10

(1) 将甲物体放在水中会______；

(2) 将乙物体放在水中会______；

(3) 如果甲、乙两个物体的体积相等，则将它们捆绑在一起放入水中，它们将______。

微课堂讲解（七）

浮力的综合计算

微型讲解

有关浮力的题目一般综合性较强，它所涉及的知识有：受力分析、二力平衡、密度、压强等，因此做起来有一定的难度。解答浮力问题的一般方法是：先根据沉浮条件确定物体所处的状态，再根据物体所处的状态进行受力分析，找出各力之间的关系，建立关系式，然后利用物体的沉浮条件或阿基米德原理结合题目的已知条件解题。

【例】 如图微 7-1 所示，在容器底部固定一个轻质弹簧，弹簧上方连有长方体木块 A，容器侧面的底部有一个由阀门 B 控制的出水口，当容器中水深为 20 cm 时，木块 A 有 $\frac{3}{5}$ 的体积浸在水中，此时弹簧恰好处于自然状态，即没有发生形变。（已知水的密度为 $1.0\times10^3\ \mathrm{kg/m^3}$，不计弹簧所受的浮力，$g$ 取 10 N/kg）

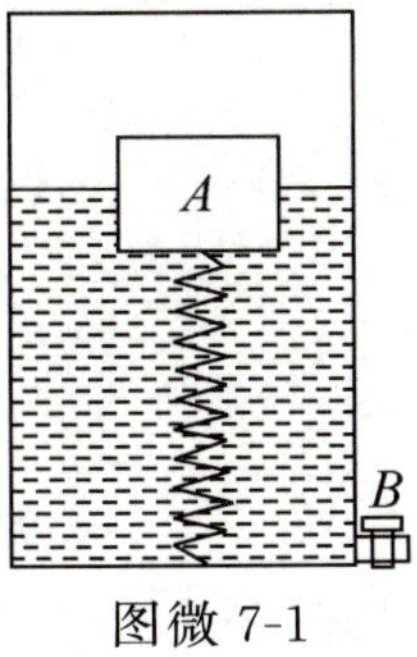

图微 7-1

（1）求此时容器底部受到的水的压强；

（2）求木块 A 的密度；

（3）先向容器内缓慢加水，直至木块 A 刚好完全浸入水中，此时弹簧对木块的作用力为 F_1，再打开阀门 B 缓慢放水，直至木块 A 完全离开水面时，再关闭阀门 B，此时弹簧对木块 A 的作用力为 F_2，求 F_1 与 F_2 之比。

【思路导析】（1）已知水的密度和水的深度，根据液体压强公式可直接求出压强大小；（2）此时弹簧处于自然状态，说明弹簧和木块之间没有力的作用，故此时的木块只受到两个力的作用，即浮力和重力，且浮力等于重力；（3）木块完全浸入水中时，受到三个力的作用，即重力、浮力和弹簧对木块向下的拉力，它们的大小关系是 $F_{浮}=G+F_1$；木块完全离开水面时，木块只受到重力和弹簧对它的支持力，且二力是平衡力。根据这些关系即可解答此题。

【示范解答】（1）容器底部受到水的压强为

$p=\rho gh=1.0\times10^3\ \mathrm{kg\cdot m^{-3}}\times10\ \mathrm{N/kg}\times0.2\ \mathrm{m}=2\times10^3\ \mathrm{Pa}$

（2）当弹簧处于自然状态时，$G_{木}=F_{浮}$，

即 $\rho_{水}g\frac{3}{5}V=\rho_{木}gV$，

则得 $\rho_{木}=\frac{3}{5}\rho_{水}=\frac{3}{5}\times1.0\times10^3\ \mathrm{kg/m^3}=600\ \mathrm{kg/m^3}$。

(3) 木块 A 完全浸入时，$G_{木}+F_1=F_{浮}$，

则 $F_1=F_{浮}-G_{木}=\rho_{水}gV-\rho_{木}gV=(\rho_{水}-\rho_{木})gV$。

木块 A 完全露出时，$F_2=G_{木}=\rho_{木}gV$，

故 $\frac{F_1}{F_2}=\frac{2}{3}$。

针对练习

1. 物块轻轻放入盛满水的大烧杯中，静止后有 76 g 水溢出；将其轻轻放入盛满酒精的大烧杯中，静止后有 64 g 酒精溢出。已知酒精的密度是 0.8×10^3 kg/m³，则物块在水中的状态及物块的密度是 ( )

A. 悬浮，1.0×10^3 kg/m³

B. 漂浮，0.95×10^3 kg/m³

C. 下沉，1.2×10^3 kg/m³

D. 漂浮，0.90×10^3 kg/m³

2. 有一个实心的球形物体，用弹簧测力计在空气中称重时，弹簧测力计的示数为 12 N；当把物体的一半体积浸入水中时，弹簧测力计的示数为 5 N。把物体从弹簧测力计上取下投入水中静止时，物体受到的浮力是 ( )

A. 5 N B. 7 N C. 14 N D. 12 N

3. (多选) 一弹簧测力计下挂一圆柱体，将圆柱体从盛水的烧杯上方离水面某一高度处缓慢下降，然后将圆柱体逐渐浸入水中。图微 7-2 是整个过程中弹簧测力计的示数 F 与圆柱体下降高度 h 之间的变化关系的图像 (g 取 10 N/kg)。下列说法正确的是 ( )

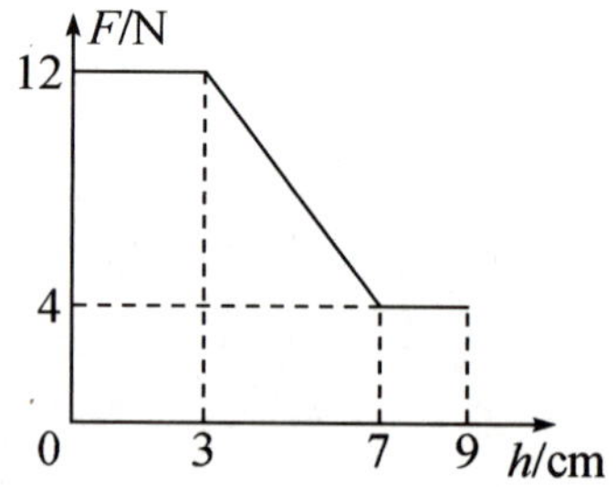

图微 7-2

A. 当圆柱体刚好浸没时，下表面受到水的压强为 700 Pa

B. 圆柱体受到的重力是 12 N

C. 圆柱体受到的最大浮力是 4 N

D. 圆柱体的密度是 1.5×10^3 kg/m³

4. 如图微 7-3 所示，体积为 $V=200$ cm³ 的木块在绳子拉力 $F=0.8$ N 的作用下完全浸入水中 (g 取 10 N/kg，$\rho_{水}=1.0\times10^3$ kg/m³，绳子重力不计)。求：

(1) 木块此时受到的浮力；

(2) 木块受到的重力；

(3) 剪断绳子，木块静止时排开水的体积。

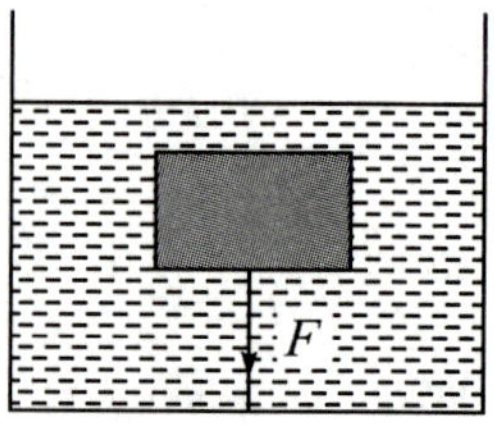

图微 7-3

5. 如图微 7-4，我国第一艘航母“辽宁号”已于 2012 年 9 月正式服役，其最大吃水深度为 10.5 m（指最底部到水面的竖直距离），排水量达 6.7×10^4 t，舰载机 50 余架，它将为保护我国领土领海发挥重要的作用。（取 $\rho_{海水}=1.0\times10^3$ kg/m³，$g=10$ N/kg）

（1）每次舰载机从甲板起降前，机组成员要对甲板进行地毯式排查。已知飞行甲板长 300 m，排查时人的行走速度约为 1.5 m/s，则船员从船头到船尾进行一次排查需要多长时间？

（2）当“辽宁号”达到最大吃水深度时，其底部受到海水的压强为多大？

（3）当一架质量为 20 t 的舰载机起飞后，航母排开海水的体积减小了多少？

图微 7-4

6. 为安全起见，初学游泳者常使用一块泡沫浮板，用双臂把浮板压入水中，借助浮板所受的浮力来辅助游泳。已知泡沫浮板的密度是 0.1×10^3 kg/m³，体积为 3 000 cm³（取 $\rho_{水}=1.0\times10^3$ kg/m³，$g=10$ N/kg）。求：

（1）当浮板自由漂浮在水面上时，浮板受到的浮力的大小；

（2）浮板被压没入水中静止时，浮板受到双臂的压力的大小。

7. 一边长为 10 cm，密度为 0.6 g/cm^3 的正方体木块，用一细线将其置于容器的水中，如图微 7-5 所示。

(1) 求木块所受的浮力大小。

(2) 求细线的拉力大小。

(3) 细线剪断后，木块静止时，木块下方所受的水的压强是多大？

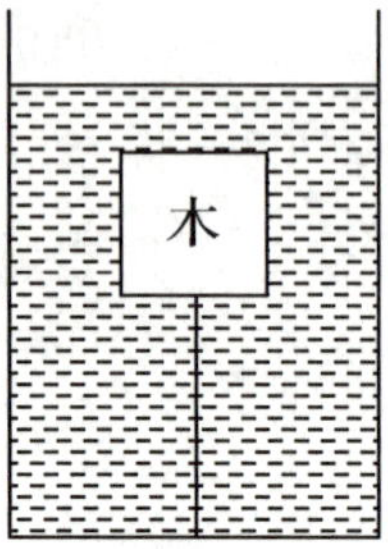

图微 7-5

8. 如图微 7-6 所示，有一实心长方体，悬浮在水和水银的界面上，浸在水中和水银中的体积之比为 3∶1，已知水的密度为 1.0×10^3 kg/m^3，水银的密度为 13.6×10^3 kg/m^3。求：

(1) 该物体在水中和水银中所受浮力之比；

(2) 该物体在水中所受浮力与物体所受重力之比；

(3) 该物体的密度。

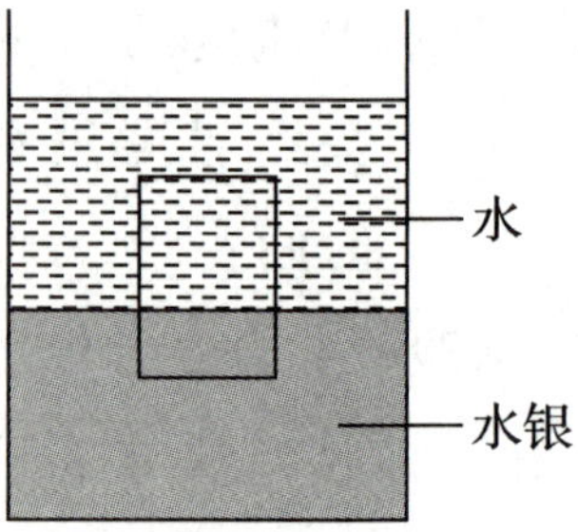

图微 7-6

微课堂讲解（八）

利用浮力知识测密度

微型讲解

【例1】小强用弹簧测力计等器材测量一块石灰石的密度，请将下面实验步骤中的数据补充完整。(g 取10 N/kg)

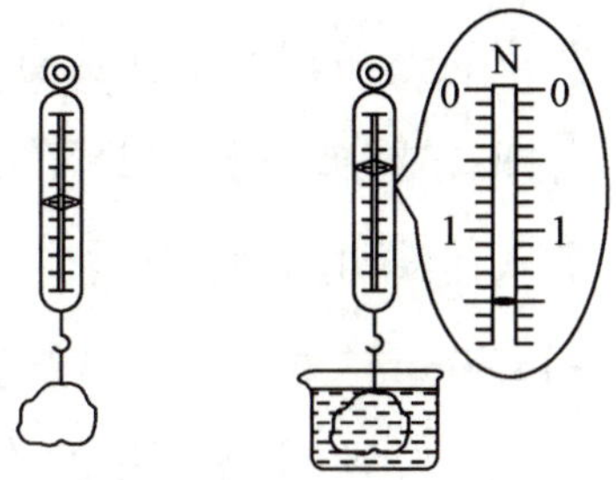

图微 8-1

(1) 如图微 8-1 甲所示，用弹簧测力计测出该石灰石在空气中所受的重力 $G=2.5$ N；

(2) 将该石灰石浸没在水中静止时，如图微 8-1 乙所示，弹簧测力计的示数$F=$________N；

(3) 根据阿基米德原理可算出该石灰石的体积 $V=$________m^3；

(4) 该石灰石的密度 $\rho=$______kg/m^3。

【思路导析】根据甲图中的示数可以知道物体所受的重力，从而可以求出物体的质量；通过比较甲、乙两图可以得出物体全部浸入水中受到的浮力，根据阿基米德原理可以求出 $V_{排}$，而 $V_{物}=V_{排}$，这样就可以根据密度计算公式求出物体的密度。

【例2】小桂用量筒、水和细铁丝等器材测量一个小木块（不吸水）的密度，如图微 8-2 所示的是实验情景，请完成下面的步骤：

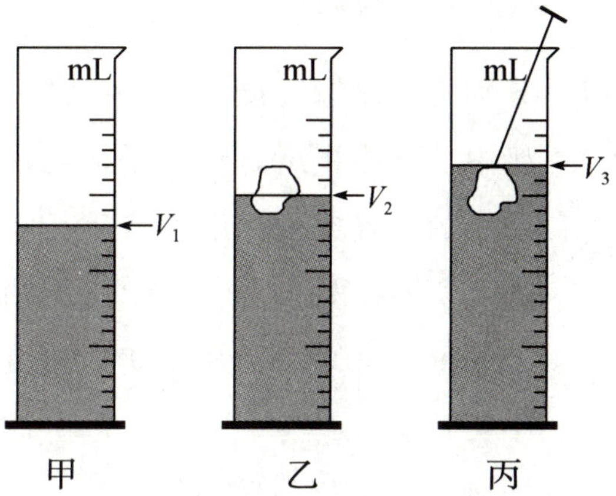

图微 8-2

(1) 根据图________和图________可知，木块受到的浮力为 $F_{浮}=$________。

(2) 根据图________和图________可知，木块的体积为 $V_{木}=$________。

(3) 木块的密度为 $\rho_{木}=$________。

【思路导析】根据甲、乙两图可知，木块排开水的体积为 V_2-V_1，根据排开水的体积可以求出木块的浮力，而此时浮力等于重力，所以可以求出木块的质量；根据甲、丙两图可以求出木块的体积，这样根据密度的计算公式就可以求出木块的密度。

针对练习

1. 资料显示：牛奶中掺水量越多，牛奶密度越小。小丽想通过测定密度来比较两种牛奶品质的优劣，她自制了一个可测液体密度的“浮标”——在竹签子下面缠绕一些铁丝，如图微 8-3 甲所示。

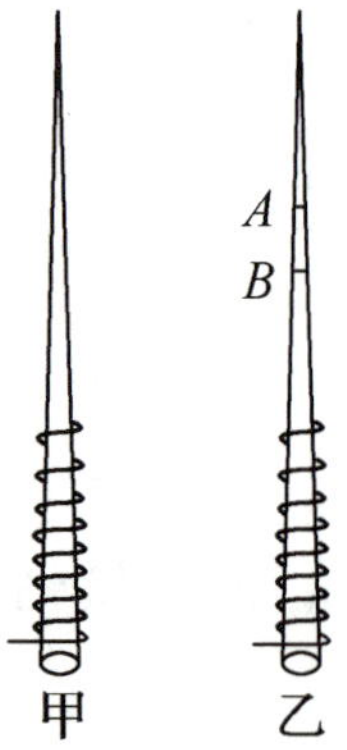

图微 8-3

(1) 分别将“浮标”浸入 A、B 两种牛奶中，待静止后，竹签子上与液面相平的位置分别标记为 A 和 B，如图乙所示。比较标线 A 和 B 的上下位置，可知 A、B 牛奶的密度大小关系为 ρ_A ________ ρ_B，由此可知 A、B 牛奶品质的优劣。

(2) 在实际测量过程中，发现“浮标”杆上的两条标记线靠得很近，为了更易区分，请你提出一条改进“浮标”的建议__________________________________。

2. 由某种合金制成的两个大小不同的工艺品，其中一个实心，一个空心。小明为判定哪个是空心的，进行了如下实验。(已知 $\rho_水=1.0\ g/cm^3$，g 取 10 N/kg)

【实验过程】将下列实验步骤中的空白处补充完整。

①用弹簧测力计测出小工艺品的重力 $G_1=2$ N。

②将挂在弹簧测力计下方的小工艺品浸没水中，小工艺品受到________个力的作用，此时弹簧测力计的示数 $F_1=1.6$ N，则浮力 $F_浮=$________N。

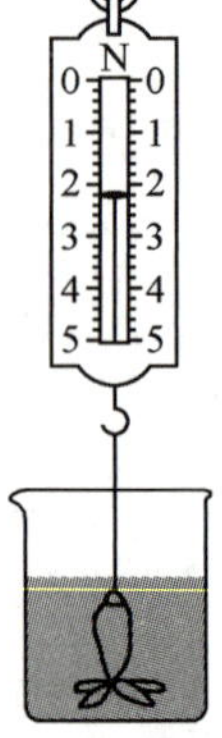

图微 8-4

③用弹簧测力计测出大工艺品的重力 $G_2=3$ N。

④如图微 8-4 所示，将挂在弹簧测力计下方的大工艺品浸没在水中，测力计的示数 $F_2=$________N。

⑤合金的密度 $\rho=$________g/cm^3，则________（填“大”或“小”）工艺品是空心的。

【拓展应用】空心工艺品的空心部分的体积是______cm^3。

3. 放在水平桌面上的量筒中盛有 120 cm^3 的水，当把挂在弹簧测力计下的小金属块完全浸入量筒里的水中后，量筒的水面上升到170 cm^3 处，弹簧测力计的示数为 3.4 N，则金属块的体积为________cm^3，所受浮力为________，金属块受到的重力为________，密度为________kg/m^3。(g 取 10 N/kg)

4. 某同学利用“替代法”测量一粒花生米的密度，实验过程如图微 8-5 所示。

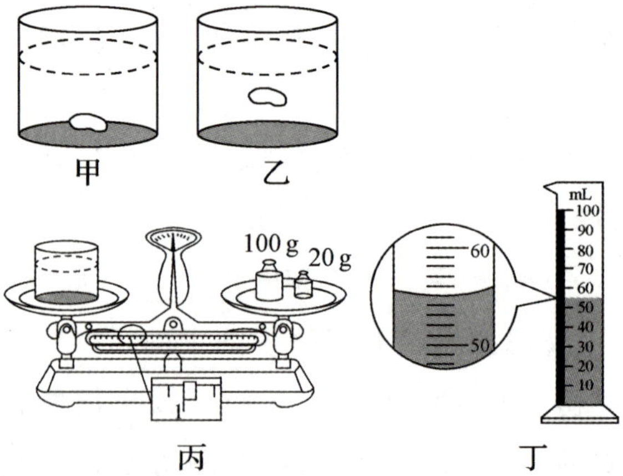

图微 8-5

(1) 在下列空格中填写适当内容。

①选择一粒饱满的花生米放入装有适量水的透明玻璃杯中，发现花生米下沉至杯底，如图甲所示，此时

花生米所受的浮力________（填“大于”“等于”或“小于”）重力。

②往杯中逐渐加盐并搅拌，直至观察到花生米________，随即停止加盐，如图乙所示。

③取出花生米，用调好的天平测杯子和盐水的总质量，如图丙所示，天平的读数为________g。

④将玻璃杯中的盐水全部倒入量筒，如图丁所示，量筒的读数为________mL。

⑤利用密度公式计算出盐水的密度。

(2) 实验中若加盐过量，可进行如下操作：________________________。

(3) 实验中遗漏了重要的一步，即____________。

5. 酱油是一种密度略大于水的居家常用调味品。小明学习了密度测量的有关知识后，设计了一个测定家里所用酱油密度的实验。

所用器材有：一个边长为 L 的正方体小塑料块，两只小碗，一把刻度尺，水和酱油。

小明拟定的实验步骤如下：

A. 往一只小碗中加入适量的水，让正方体小塑料块漂浮在水面上，在正方体的水面位置处做上标记；

B. 取出正方体小塑料块，用刻度尺量出小塑料块浸没在水中的深度 h；

C. 往另一只小碗中加入适量的酱油，让正方体小塑料块漂浮在液面上，在正方体的液面位置处做上标记；

D. 取出正方体小塑料块，用刻度尺量出小塑料块浸没在酱油中的深度 d。

已知水的密度为 ρ，则：

(1) 正方体小塑料块的质量 $m=$________；

(2) 正方体小塑料块所受水的浮力 F_1________所受酱油的浮力 F_2（填“>”“=”或“<”）；

(3) 该酱油的密度 $\rho'=$________.

6. 小亮想测出小木块（密度比水小，表面经处理后不吸水）的密度。除了此木块，老师还给他提供了如下器材：与木块体积相同的铜块，足够大的量筒和足量的水（已知水的密度为 $\rho_水$）。请你仅利用上述器材帮他设计测量这个木块密度的实验方案，要求：

(1) 写出实验步骤及所需测量的物理量；

(2) 写出木块密度的数学表达式（用已知量和测量量表示）。

本章小结

考点题型探究

考点1 流体压强与流速的关系

1. 图10-1是喷雾器工作原理示意图。当推动活塞时，管口的空气速度增大，管口处的压强________（填“增大”“减小”或“不变”）；瓶中的液体就在__________的作用下被压上去，随流动的空气而喷成雾状。

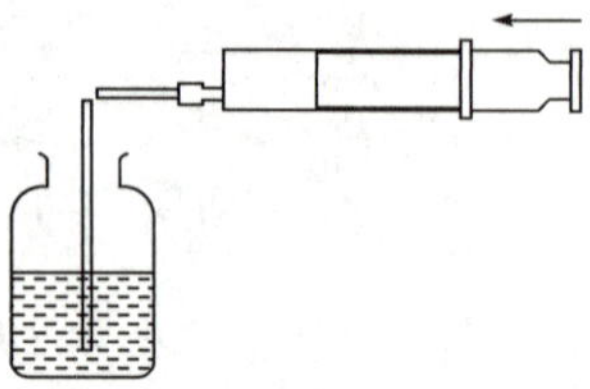

图 10-1

2. 如图10-2所示，相信同学们都有过这样的经历：下雨时，我们撑着一把伞步行在雨中，一阵大风吹来，雨伞往往会被向上吸起来。请你用学过的物理知识解释这个现象。

图 10-2

考点2 浮力

3. 同样重的实心铜块和实心铁块，都浸没在煤油中，这时________（填“铜”或“铁”）块受到的浮力大。同样重的实心铜块和实心铁块，铜块浸没在煤油中，铁块浸没在水中，这时________（填“铜”或“铁”）块受到的浮力大。

4. 将一个体育测试用的实心球和一个乒乓球同时没入水中，放手后发现：实心球沉入水底，而乒乓球浮出水面，如图10-3所示。比较实心球和乒乓球没入水中受到的浮力大小，则（　　）

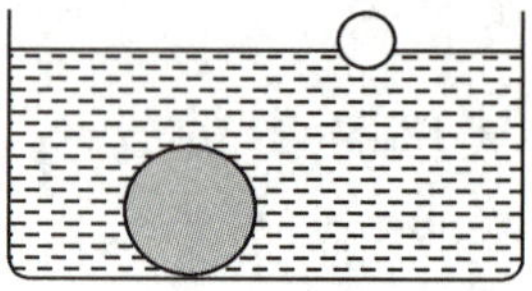

图 10-3

A. 实心球受到的浮力大

B. 乒乓球受到的浮力大

C. 它们受到的浮力一样大

D. 不能确定

5. 在物理教学研讨会上，王老师用自制教具演示了如下实验：将一只去盖、去底的饮料瓶的瓶口朝下，把乒乓球（直径略大于瓶口直径）放入瓶内并注水，看到有少量水从瓶口流出，此时乒乓球静止（图10-4）。然后用手堵住瓶口，一会儿乒乓球浮起来了。以下分析正确的是（　　）

图 10-4

A. 乒乓球静止时没有受到浮力作用

B. 乒乓球静止时受到的支持力与受到的重力平衡

C. 乒乓球上浮过程中，受到的浮力等于受到的重力

D. 乒乓球上浮过程中，受到的浮力始终不变

考点 3　阿基米德原理

6. 取一只空牙膏皮，第一次将它挤瘪，第二次将它撑开，两次都拧紧盖后放入同一杯水中，如图 10-5 所示。两次牙膏皮的质量 $m_甲$ 和 $m_乙$ 的大小关系是 $m_甲$________ $m_乙$；两次排开水的体积 $V_甲$ 和 $V_乙$ 的大小关系是 $V_甲$________ $V_乙$；两次所受的浮力 $F_甲$ 和 $F_乙$ 的大小关系是 $F_甲$________ $F_乙$；两次杯底受到水的压强 $p_甲$ 和 $p_乙$ 的大小关系是 $p_甲$________ $p_乙$。（均填“>”“<”或“=”）

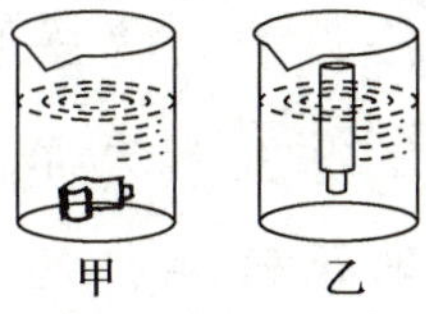

图 10-5

7. 图 10-6（a）是修建码头时用钢缆绳拉着实心长方体 A 沿竖直方向以 0.3 m/s的速度匀速下降的情景。图（b）是 A 下降到水底之前钢缆绳对 A 的拉力 F 随时间 t 变化的图像。水的密度为 $\rho=1.0\times10^3\ \text{kg/m}^3$，$g$ 取 10 N/kg。求：

（1）长方体 A 的高度；

（2）长方体 A 浸没在水中后受到的浮力；

（3）长方体 A 的密度。

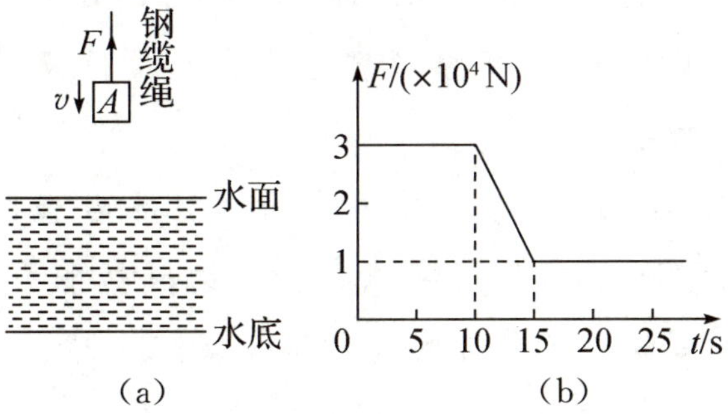

图 10-6

考点 4　物体的沉浮条件及应用

8.（2021·山东济宁）重为 0.5 N、体积为 300 cm^3 的小球浸没在水中受到的浮力为________ N，水面下 20 cm 深度处水的压强为________ Pa。（g 取 10 N/kg）

9.（多选）（2021·四川南充）甲、乙两实心物体在水中的浮沉情况如图 10-7 所示，它们的质量分别为 m_1、m_2，体积分别为 V_1、V_2，密度分别为 ρ_1、ρ_2，所受浮力分别为 F_1、F_2，下列说法正确的是（　　）

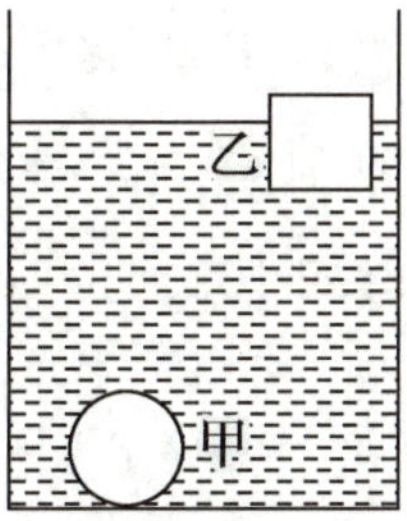

图 10-7

A. 若 $m_1>m_2$，则一定有 $F_1>F_2$

B. 若 $m_1=m_2$，则一定有 $V_1<V_2$

C. 若 $V_1=V_2$，则一定有 $m_1>m_2$

D. 若 $V_1<V_2$，则一定有 $F_1<F_2$

10.（2021·山东德州）水平桌面上有甲、乙两个相同容器，分别装有密度不同的食盐水，将两个完全相同的小球分别放入两容器中，小球静止时，两容器液面相平（如图 10-8 所示），若甲、乙两容器中食盐水的密度分别为 ρ_1、ρ_2，两小球在甲、乙两容器中受到的浮力分别为 F_1、F_2。下列说法正确的是（　　）

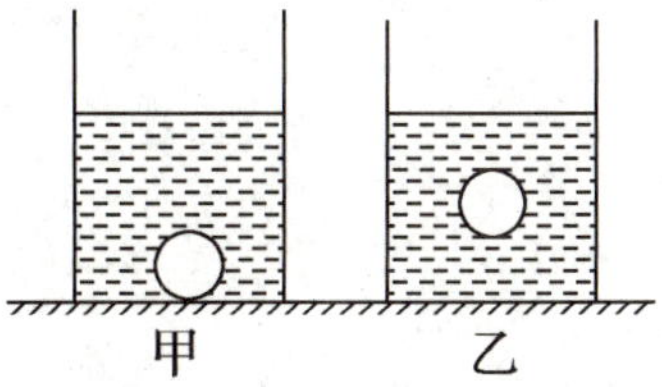

图 10-8

A. $F_1 < F_2$，$\rho_1 > \rho_2$

B. 甲容器底部受到食盐水的压强大于乙容器底部受到食盐水的压强

C. 甲容器对桌面的压力大于乙容器对桌面的压力

D. 若将乙容器中的食盐水及小球倒入甲容器中，充分混合后两小球均沉底

考点 5　探究浮力的大小与哪些因素有关

11. 课前，小科和小思对物体浸没前受到的浮力大小与浸入水中的深度是否有关有不同的猜想，于是用相同的长方体重物，分别以如图 10-9（a）（b）的方式进行实验，并获得如下数据：

实验者	实验序号	物体重 G/N	浸入水中深度 h/cm	弹簧测力计读数 F/N	浮力大小 $F_浮$/N
小科	1	4.8	2.0	4.2	
	2		4.0	3.6	
	3		6.0	3.0	
小思	4	4.8	3.0	3.6	
	5		4.0	3.2	
	6		5.0	2.8	

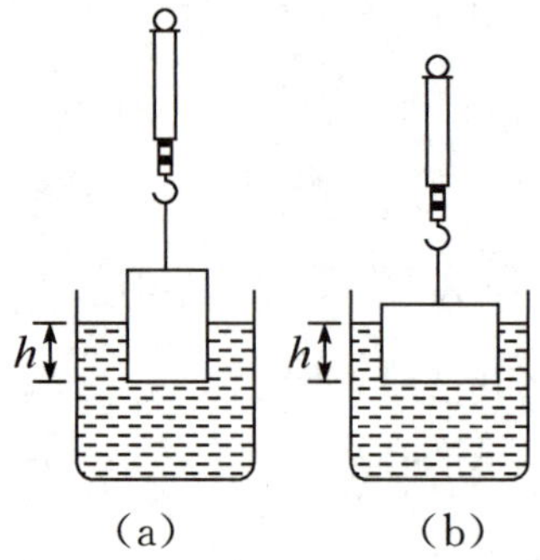

图 10-9

（1）分析小科测得的数据可以得出：浸没前，物体受到的浮力大小随浸入水中的深度增大而________，小思的数据也说明了这一点。

（2）综合分析两个人的数据却发现，第（1）小题的结论是不正确的，其中________两次实验数据可以证明这一点。（填实验序号）

课后，小科和小思才知道，物体受到的浮力大小随排开水的体积增大而增大。

最新考情分析

命题规律

纵观近几年全国各地中考试题，本章内容在中考中的命题特点如下：

1. 从题型来看，主要包括选择题、填空题、实验与探究题、计算题等。

2. 从命题角度来看，常以生活、自然、军事中与浮力密切相关的情景为背景命题。

3. 从考查内容来看，主要包括：（1）与浮力、物体的浮沉及其应用相关的现象分析；（2）浮力大小的比较与计算；（3）探究影响浮力大小的因素有哪些。

4. 从考查能力来看，主要考查同学们的实验探究能力、归纳概括能力、知识的迁移应用能力和语言表达能力。

第十一章　机械与功

1. 杠杆（2课时）

第1课时

教材助读·自主学习

1. **杠杆**

只要在力的作用下能够绕______转动的________都可以看作杠杆。

2. **支点、动力与阻力**

杠杆绕着转动的支撑点叫作________，使杠杆转动的力叫作________，阻碍杠杆转动的力叫作________。

3. **力的作用线与力臂**

通过力的________沿力的作用______的直线叫作力的作用线。

从________到________________的距离叫作力臂。

4. **杠杆的平衡条件**

当动力和阻力对杠杆的转动效果相互________时，杠杆将处于________状态，这种状态叫作杠杆平衡。

杠杆的平衡条件是______________________，用公式表示为_______________。

5. **杠杆的分类**

杠杆类型	力臂的大小关系	力的大小
省力杠杆	动力臂_____阻力臂	动力_____阻力
费力杠杆	动力臂_____阻力臂	动力_____阻力
等臂杠杆	动力臂_____阻力臂	动力_____阻力

课内探究·展示交流

一、杠杆的作图

例1 如图11-1-1所示是工人在用撬棍撬一块石头，请在图中标出支点 O 的位置，并画出作用在撬棍上的力 F_1 的力臂。

图 11-1-1

【思路导析】 撬棍在撬动石头的过程中，会绕着撬棍底下的小石头转动，因此撬棍可以看成是一个杠杆，支点是撬棍与小石头的接触点。过支点作力 F_1 的作用线的垂线就是力 F_1 的力臂。

二、探究杠杆的平衡条件

例2 在探究杠杆平衡条件的实验中：

(1) 如图11-1-2甲所示，要使杠杆在水平位置平衡，可将杠杆左端的平衡螺母向________调节。

(2) 如图乙所示，调节平衡后，左侧挂上钩码，在右侧用弹簧测力计（图中未画出）拉杠杆，使其在水平位置平衡，为便于测量力臂，应使弹簧测力计拉力的方向________。

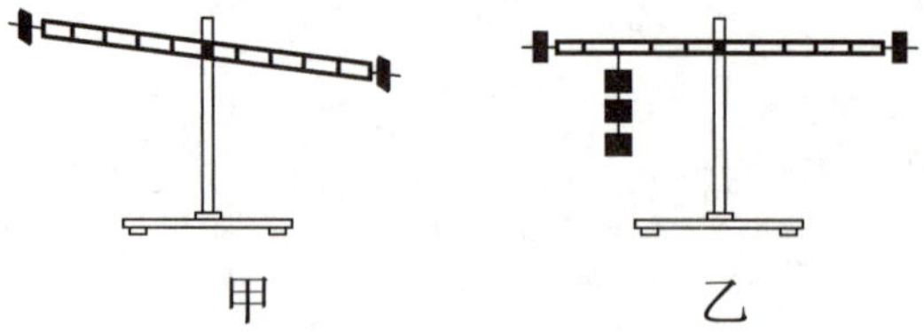

图 11-1-2

(3) 操作过程中，当弹簧测力计的示数达到量程仍不能使杠杆水平平衡，你认为接下来合理的操作是________________________________。（写出一条即可）

(4) 甲同学测出了一组数据后就得出了“动力×动力臂＝阻力×阻力臂”的结论，乙同学认为他的做法不合理，理由是________________。

【思路导析】 实验前将杠杆调节至在水平位置平衡，这样做的目的是便于测量力臂；如果用弹簧测力计来提供动力或阻力，应该使拉力的方向与杠杆垂直，这样支点到力的作用点的距离就是力臂。

三、判断杠杆的类型

例 3 如图 11-1-3 所示的工具中，属于费力杠杆的是　　（　　）

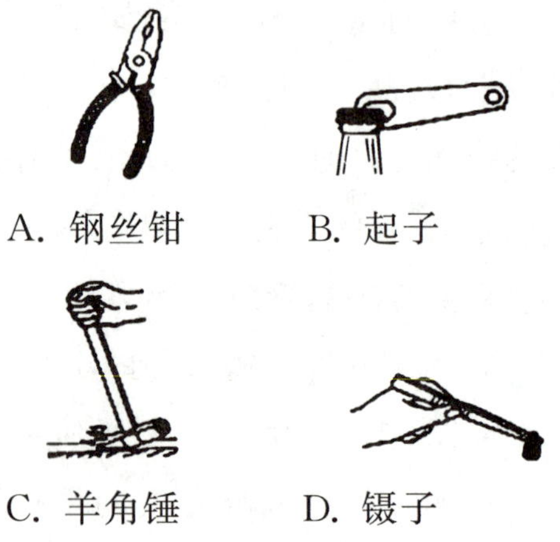

图 11-1-3

【思路导析】 费力杠杆的动力臂必定小于阻力臂，根据图中各个杠杆的使用情况可以看出只有镊子的动力臂小于阻力臂，属于费力杠杆，其余工具的动力臂均大于阻力臂，属于省力杠杆。

课时作业 · 高效训练

一、选择题

1. 小梦在做探究杠杆平衡条件的实验时，先在杠杆两侧挂钩码进行实验探究，再用弹簧测力计取代一侧的钩码继续探究，如图 11-1-4 所示，他这样做的最终目的是　　（　　）

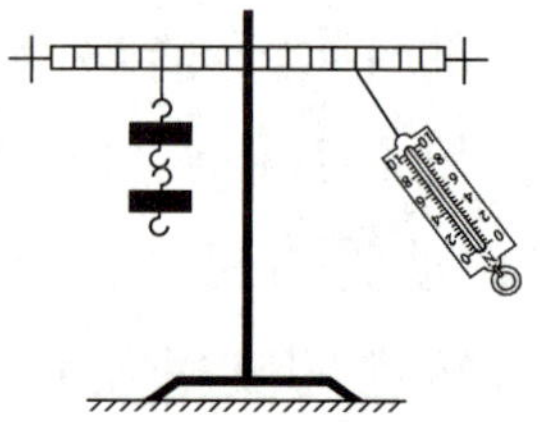

图 11-1-4

A. 便于直接读出拉力的大小

B. 便于提供不同方向的拉力

C. 便于正确认识力臂

D. 便于测量力臂的大小

2. 下列（图 11-1-5）关于力 F 的力臂的作法中，正确的是　　（　　）

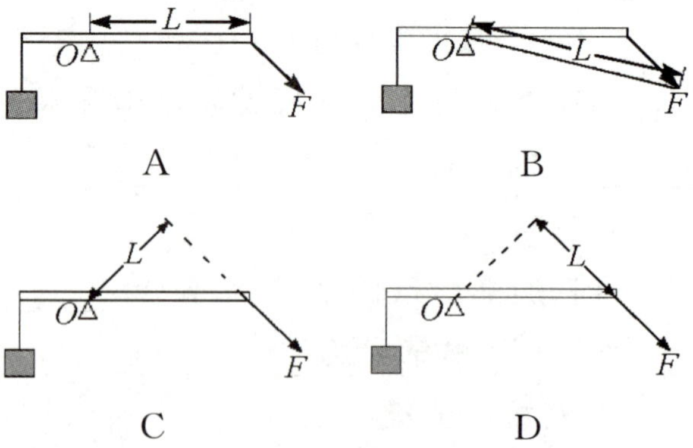

图 11-1-5

3. 如图 11-1-6 所示，杠杆 AOB 的 A 端挂重为 G_A 的物体，B 端挂重为 G_B 的物体，杠杆处于平衡状态，若 $AO=BO$，

杠杆自身重力不计。则（　　）

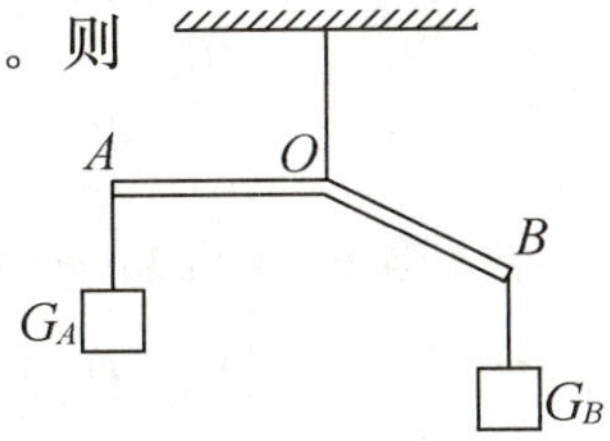

图 11-1-6

A. $G_A=G_B$

B. $G_A<G_B$

C. $G_A>G_B$

D. 无法判断

4. 根据工作需要选择合适的工具是劳动者的基本技能，要剪断铁丝等较硬的物体时，图 11-1-7 中的 4 种剪刀应选择（　　）

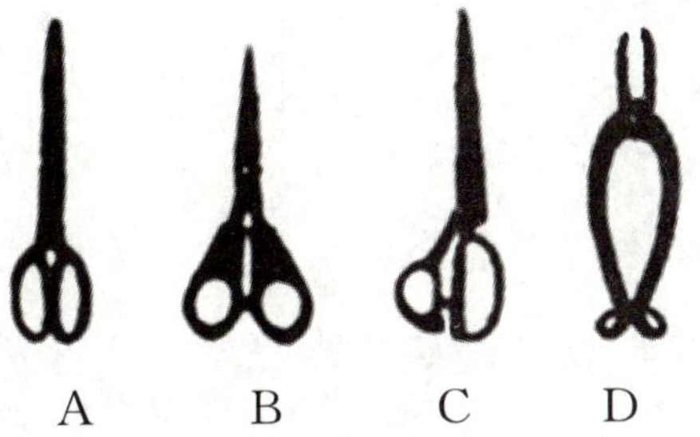

图 11-1-7

二、填空题

5. 俗话说“小小秤砣压千斤”，这句话可以用________原理来解释，只要秤砣重力的力臂比所称物体重力的力臂________（填“大得多”或“小得多”），那么“小小秤砣压千斤”是完全可以实现的。

6. 如图 11-1-8 所示是自行车手闸示意图，手闸是一个简单机械，这种简单机械的名称是________，当图中手对车闸的作用力 $F=10\ \text{N}$ 时，刹车拉线受到的力的大小为________N。

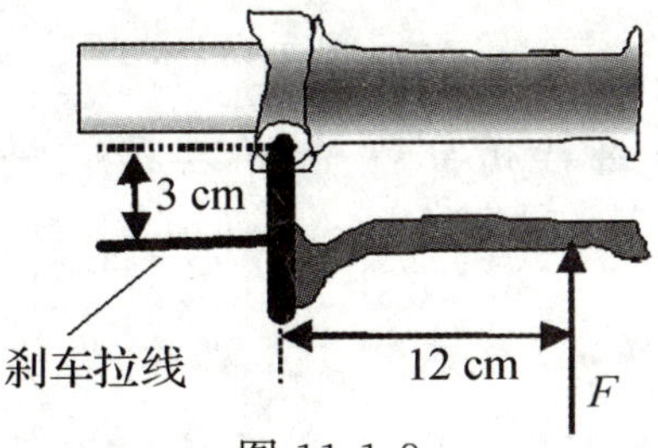

图 11-1-8

三、作图与计算

7. 铡刀铡草时的示意图如图 11-1-9 所示，请做出作用在铡刀上的动力 F_1 和阻力 F_2 的力臂。

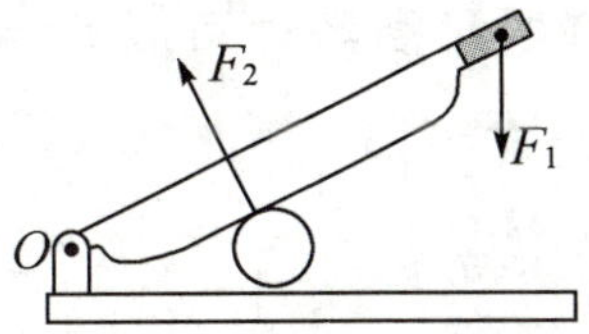

图 11-1-9

8. 如图 11-1-10 所示，重力不计的一木板可绕 O 点无摩擦转动，在 A 端挂一个正方体 P，一个体重为 500 N 的中学生站在 B 点时，P 对地面的压力刚好为零，已知 $OA=1\ \text{m}$，$OB=3\ \text{m}$。求：

（1）物体 P 的重力。

（2）当人向左走 1 m 时，P 对地面的压力。

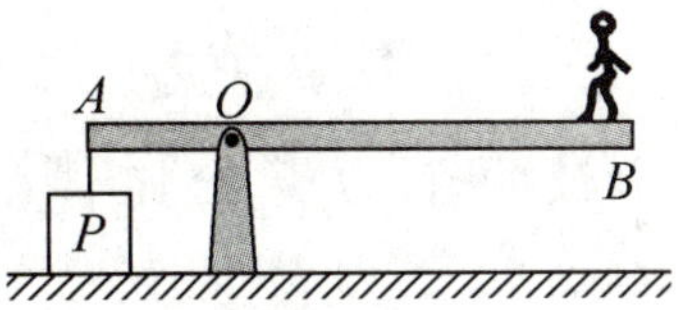

图 11-1-10

选做题

9. 如图 11-1-11 所示，密度均匀的直尺 AB 放在水平桌面上，尺子伸出桌面的部分 OB 是全尺长的三分之一。当 B 端挂 5 N 的重物 P 时，直尺的 A 端刚刚开始翘起，则此直尺受到的重力是________N。

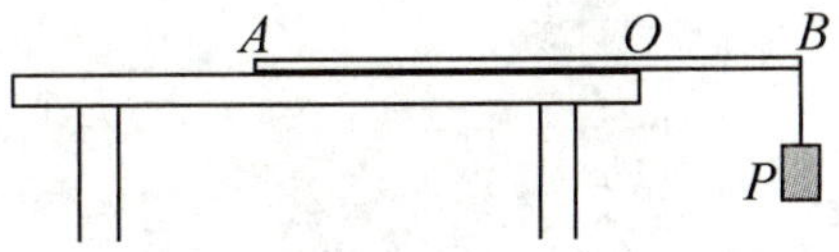

图 11-1-11

第 2 课时

教材助读 · 自主学习

1. 杠杆的平衡条件可以表示为 $F_1L_1=F_2L_2$。由此式可知：

（1）只要一个力与其力臂的乘积（F_1L_1 或 F_2L_2）一定，另一个力与其力臂成________比。

（2）当阻力与阻力臂的乘积 F_2L_2 一定，动力臂 L_1 最大时，对应的动力 F_1 必然最小。

2. 如果把杠杆平衡条件的数学表达式变形为“比例”的形式，可以写成 $\frac{F_1}{F_2}=\frac{L_2}{L_1}$。由此式可知：

（1）只要任意已知动力或阻力中的一个及两个力臂的比值，就可以求出另一个力。

（2）只要任意已知动力臂或阻力臂中的一个及两个力的比值，就可以求出另一个力臂。

课内探究 · 展示交流

一、用作图法找“最小动力”

例 1 图 11-1-12 是使用道钉撬的示意图，请在图中画出最省力的力的示意图，并做出相应的力臂。

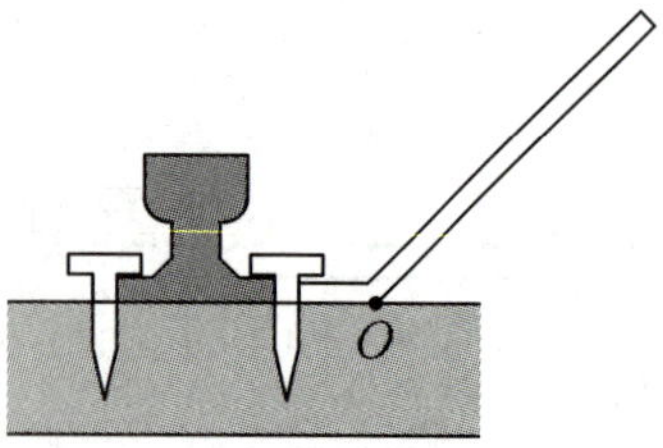

图 11-1-12

【思路导析】道钉撬在使用过程中可以看成一个杠杆，且其阻力和阻力臂都是一定的。由杠杆平衡条件可知，要想动力最小，必须找到它对应的最大的动力臂。由题图可以看出，最大的动力臂是从支点到道钉撬末端的距离，动力的方向与之垂直。

交流 · 分享

如何做出最小动力

根据杠杆平衡条件可知，在阻力和阻力臂都一定的情况下，动力和动力臂成反比，则最小的动力对应着最大的动力臂。要做出最小的动力，关键是找到最大的动力臂。

二、“动态杠杆”分析

例 2 如图 11-1-13 所示，一根质量分布均匀的铁棒，在始终与棒垂直的力 F 的作用下，被慢慢地从地面抬起到竖直的过程中，力 F 的大小将（　　）

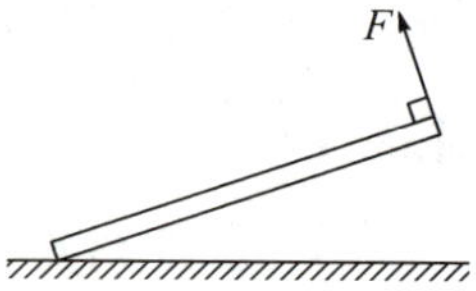

图 11-1-13

A. 逐渐变大

B. 逐渐变小

C. 始终不变

D. 先变大，后变小

【思路导析】铁棒可以看成是一个杠杆，其平衡式为 $F\cdot L=G\cdot L_G$。动力 F 始终与铁棒垂直，动力臂 L 为铁棒的长度，大小不变。阻力为铁棒的重力 G，在被抬起的过程中，重力不变，但其力臂 L_G 在逐渐减小。由平衡式可知，动力 F 逐渐变小。

交流·分享

“动态杠杆”问题的分析要领

先根据杠杆的平衡条件列出杠杆的平衡式，再根据具体情境逐个分析等式中的两个力和力臂的变化情况，最后判断待分析的那个量是如何随其他量的变化而变化的。

三、利用杠杆平衡条件进行综合计算

例3 如图 11-1-14 所示，一根 1.6 m 长的杠杆，左端挂 300 N 的物体，右端挂 500 N 的物体，若不计杠杆重力，要使杠杆平衡，支点应在什么位置？如果两端各加 100 N 的重物，要使杠杆仍然平衡，支点应向哪端移动？移动多少？

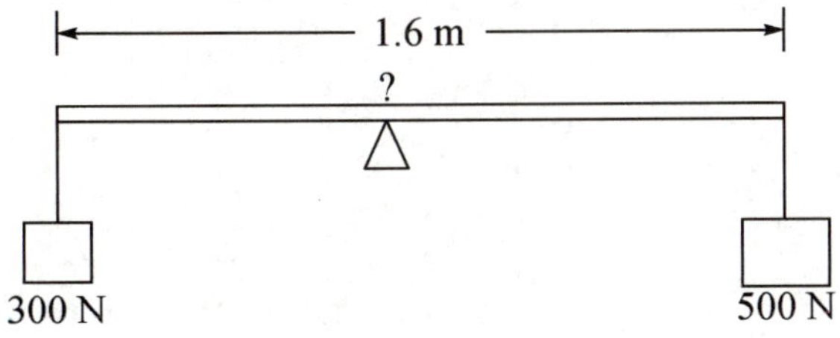

图 11-1-14

【示范解答】 设支点到左端的距离为 L，根据杠杆平衡条件可得 $300\ \text{N}\times L=500\ \text{N}\times(1.6\ \text{m}-L)$，

解得 $L=1\ \text{m}$，

故支点应在距离左端 1 m 的位置。

当两端各加 100 N 的重物后，根据杠杆的平衡条件可得 $400\ \text{N}\times L'=600\ \text{N}\times(1.6\ \text{m}-L')$，

解得 $L'=0.96\ \text{m}$，

即支点应向左端移动 0.04 m。

交流·分享

利用杠杆的平衡条件计算的要领

在具体的计算中，根据具体的情形，有时要对杠杆的平衡条件的表达式 $F_1L_1=F_2L_2$ 按需要作一定的变形。在等式中的四个量中，只要任意知道其中的三个量（或同类型量的比值及不同类型量的一个值），就可以求出剩下的那个未知量。

课时作业·高效训练

一、选择题

1. 如图 11-1-15 所示，杠杆 OB 可以绕 O 点转动，在 B 端施加的三个力 F_1、F_2、F_3 都能使其在水平位置平衡，则（　　）

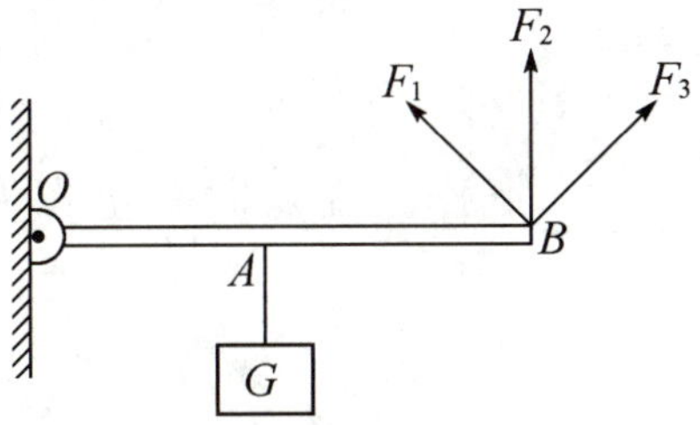

图 11-1-15

A. F_1 最小　　B. F_2 最小

C. F_3 最小　　D. 三个力一样大

2. 如图 11-1-16 所示是小明探究“杠杆平衡条件”的实验装置，用弹簧测力计在 C 处竖直向上拉，杠杆保持平衡。若将弹簧测力计逐渐向右倾斜，仍然使杠杆保持平衡，拉力 F 的变化情况是（　　）

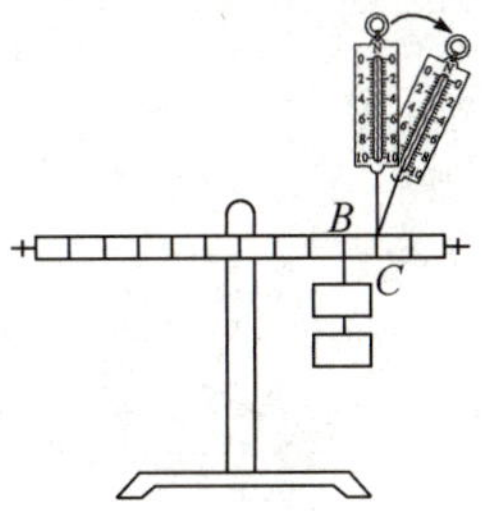

图 11-1-16

A. 变小　　B. 变大

C. 不变　　D. 无法确定

3. 重 400 N 的匀质钢管放在水平地面上，现用力使它的一端稍稍离开地面，这个力至少为　（　　）

A. 100 N　　B. 200 N

C. 400 N　　D. 800 N

二、填空题

4. 如图 11-1-17 是一个竖放在地面上的箱子，现在想用最小的推力将它向右边推倒，你的计划是：以______点为推力的作用点，让箱子绕______点转动，推力的方向是____________。

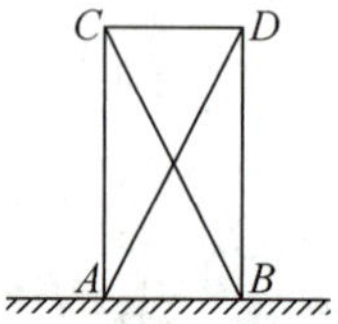

图 11-1-17

5. 如图 11-1-18 所示，钓鱼竿可看成一根______（填“省力”“费力”或“等臂”）杠杆，在 A、B 两点中，将______点作为支点时会更省力。

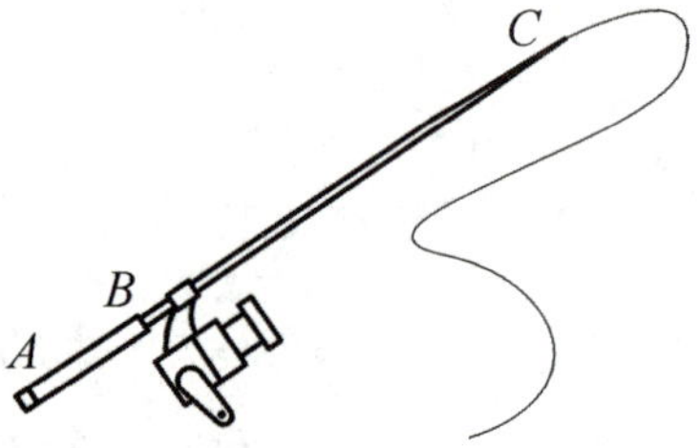

图 11-1-18

三、作图与计算

6. 如图 11-1-19 所示，木工师傅想用一个羊角锤拔起一个钉在木板上的钉子，请你画出施加在锤柄的最小的力的示意图。

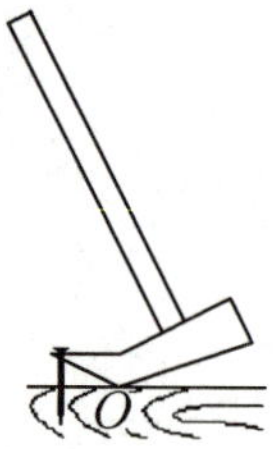

图 11-1-19

7. 如图 11-1-20 所示，重力不计的木棒 AOB 可绕支点 O 无摩擦转动，木棒 AB 长为 3 m，均匀正方体甲的边长为10 cm，物体乙的质量为 5.6 kg。当把甲、乙两物体用细绳分别挂在木棒的两个端点 A、B 上时，木棒在水平位置平衡，此时物体甲对地面的压强为3 000 Pa，支点 O 距 A 点 1.6 m。求：

(1) 物体乙受到的重力；

(2) 物体甲受到的支持力；

(3) 物体甲的密度。

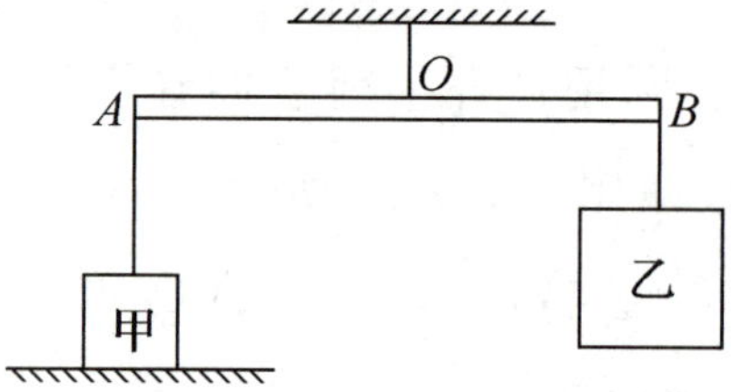

图 11-1-20

选做题

8. 如图 11-1-21 所示，王师傅想用最省力的方法把一个铁桶推上台阶，请在图中画出这个力的示意图。（图中 O 点是铁桶横截面的圆心）

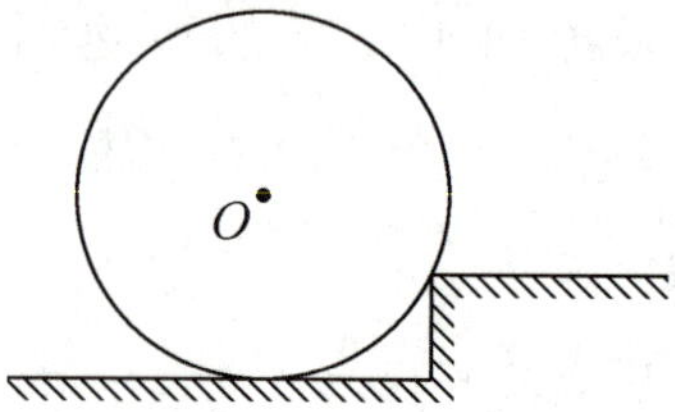

图 11-1-21

2. 滑轮

教材助读·自主学习

1. **定滑轮**

使用时滑轮的位置__________的叫作定滑轮。使用定滑轮不能省力，但能改变力的________。

2. **动滑轮**

使用时滑轮的位置跟被拉动的物体一起运动的叫作动滑轮。使用动滑轮是为了________。

3. **滑轮组**

把________滑轮和________滑轮组合在一起的机械叫作滑轮组。滑轮组的作用是既能________又能改变动力的________。

课内探究·展示交流

一、判断滑轮的类型

例1 用如图 11-2-1 所示的两个滑轮来提升重物，以下说法中正确的是 （　　）

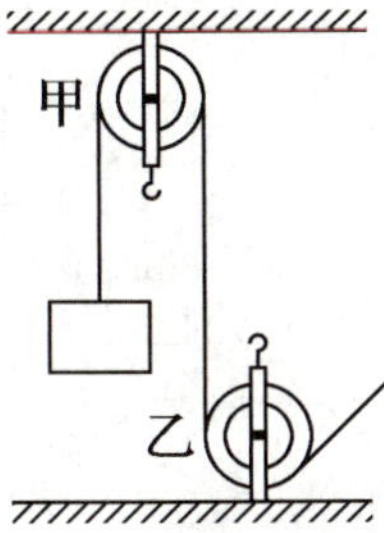

图 11-2-1

A. 甲是定滑轮，乙是动滑轮

B. 甲是动滑轮，乙是定滑轮

C. 甲、乙都是定滑轮

D. 甲、乙都是动滑轮

【思路导析】在提升重物的过程中，甲、乙两个滑轮的位置都固定不动。

交流·分享

定滑轮和动滑轮的本质

定滑轮实质是一个等臂杠杆，如图 11-2-2 甲所示，因此，使用定滑轮不省力。动滑轮实质是动力臂为阻力臂二倍的杠杆，如图乙所示，因此，使用动滑轮可以省一半力。

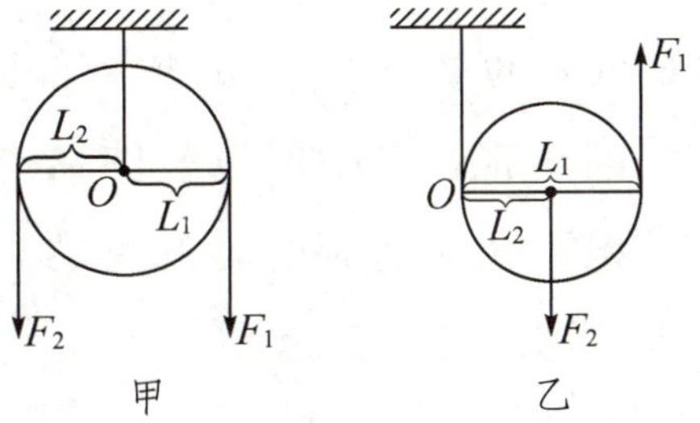

图 11-2-2

二、探究定滑轮和动滑轮的特点

例2 如图 11-2-3 所示是小明同学“研究定滑轮和动滑轮特点”的实验装置。他按图示提起钩码时保持弹簧测力计匀速移动。

请你分析：

(1) 比较甲、乙两弹簧测力计拉力的方向可知，使用定滑轮的好处是________________；

(2) 比较甲、丙两弹簧测力计示数的大小可知，使用动滑轮的好处是________________；

(3) 使钩码升高相同的高度，比较乙和丙两弹簧测力计移动的距离可知，使用动滑轮要________。

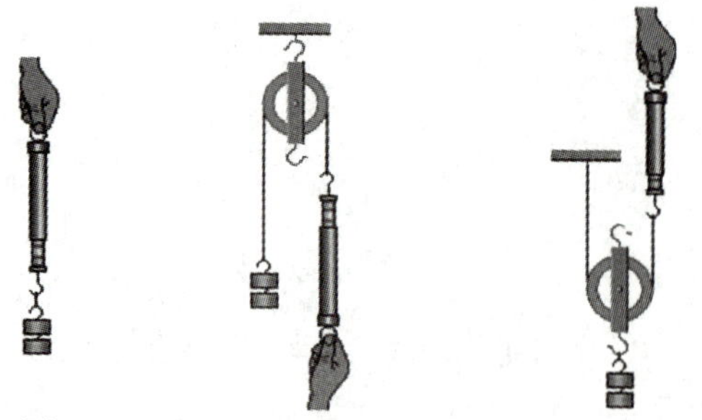

图 11-2-3

【思路导析】使用定滑轮后，可以用向其他方向的拉力来实现向上提起重物，这表明定滑轮能改变用力方向。使用动滑轮提起重物时，重物的重力由动滑轮上的两根绳子共同承担，而手所拉起的绳子只是其中的一根，从而达到省力的目的。动滑轮在省力的同时必然费距离。

三、滑轮组

例3 如图 11-2-4 所示，利用滑轮组拉着重为3 000 N的物体 M 在水平地面上做匀速直线运动，物体移动的距离为 $s=3$ m，作用在绳端的拉力 $F=150$ N。如果不计滑轮、绳子的重力以及各种摩擦，则物体与地面之间的摩擦力 F_f、绳子自由端移动的距离 s'分别为________N、________m。

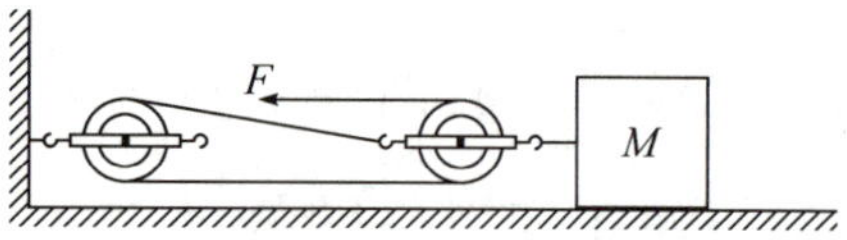

图 11-2-4

【思路导析】题中的滑轮组由一定一动两个滑轮组成，拉动物体的绳子的段数为3段，滑轮组克服的力是物体与地面之间的摩擦力，因此，摩擦力 F_f 与拉力 F 之间的关系为 $F_f=3F$，绳子自由端移动的距离 s' 与物体移动的距离 s 之间的关系为 $s'=3s$。

课时作业·高效训练

一、选择题

1. 如图 11-2-5 所示是滑轮的两种用法，下列说法中正确的是 (　　)

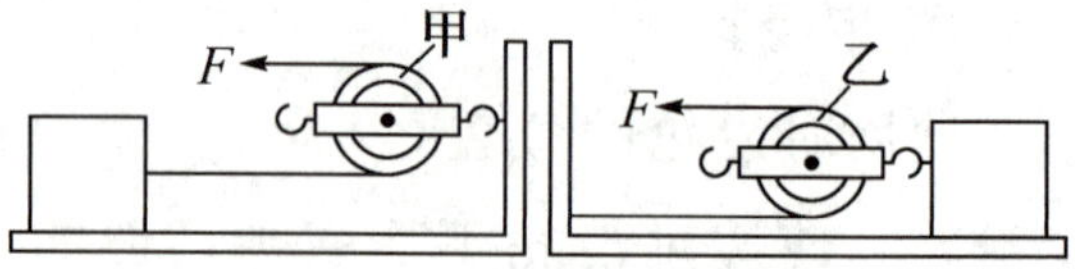

图 11-2-5

A. 甲是动滑轮，使用时不能省力
B. 乙是动滑轮，使用时可以省力
C. 甲是定滑轮，使用时可以省力
D. 乙是定滑轮，使用时不能省力

2. 学校旗杆顶端装有定滑轮，这样做 (　　)

A. 既省力，也改变力的方向
B. 省力，但不改变力的方向
C. 不省力，但改变力的方向
D. 既不省力，也不改变力的方向

3. 使用如图 11-2-6 所示的装置来提升物体时，既能省力又能改变力的方向的装置是 (　　)

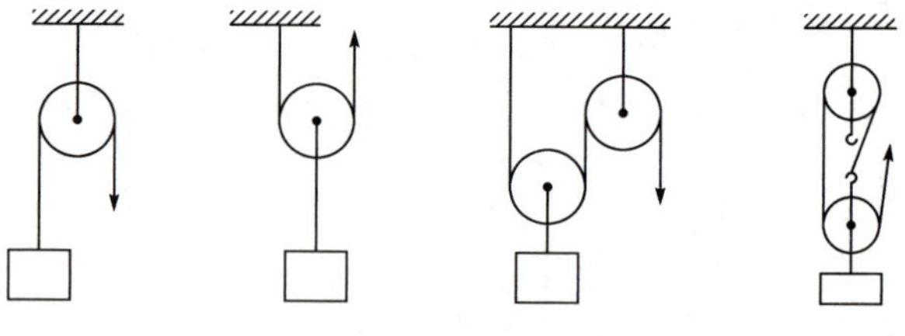

图 11-2-6

4. 如图 11-2-7 所示的滑轮组，每个滑轮重为20 N，绳重及摩擦不计。用它匀速提升重为 100 N 的物体，所用的拉力 F 是 (　　)

A. 50 N　　B. 60 N
C. 70 N　　D. 120 N

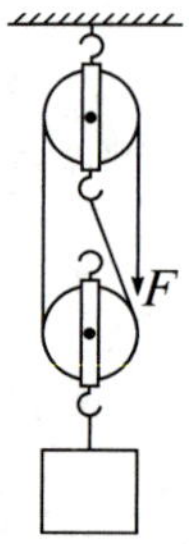

图 11-2-7

二、填空题

5. 如图 11-2-8 所示是一种打捞船，其吊臂上一共有 4 个滑轮，其中下面的两个滑轮是________（填“定”或“动”）滑轮，这两个滑轮的作用是________。如果货箱上升的距离为 4 m，那么，船上的电动卷扬机卷起的钢缆长为________m。

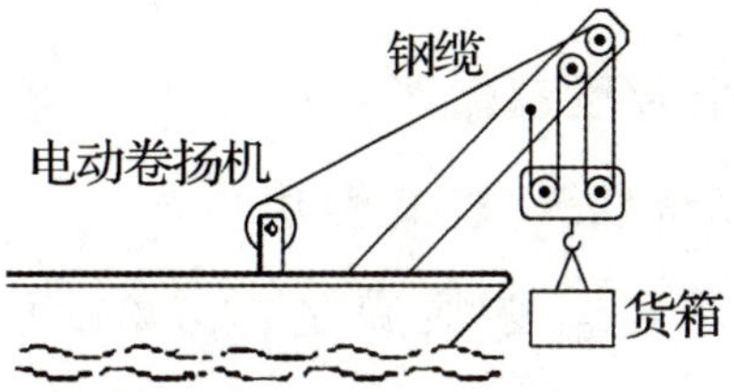

图 11-2-8

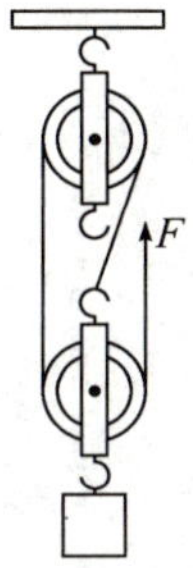

图 11-2-9

6. 如图 11-2-9 所示，用滑轮组匀速提升重物。如果不计摩擦和滑轮的重力，在绳子自由端所用的拉力 $F=20$ N，则物体的重力 $G=$________N；如果物体的重力不变，且动滑轮的重力为 6 N，则在绳子自由端所用的拉力 $F=$________N；如果绳子自由端竖直向上拉动 1.5 m，则重物上升________m。

三、实验与探究

7. 小明用如图 11-2-10 所示的装置来探究用动滑轮提升重物的特点，装置中的甲、乙是两个弹簧测力计，下表是他在实验过程中的数据记录。

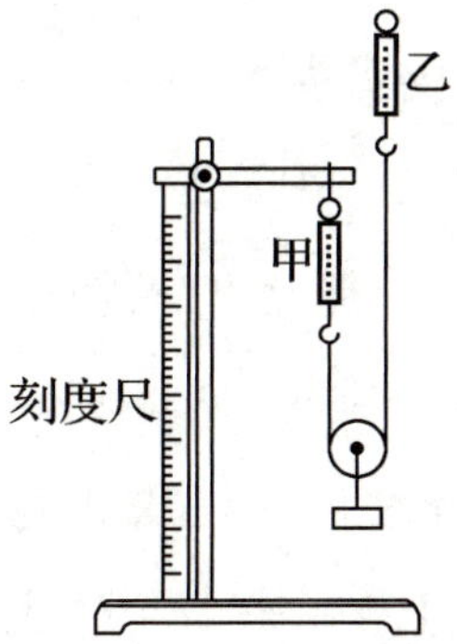

图 11-2-10

实验次数	物体的重力 G/N	重物上升的高度 h/m	甲弹簧测力计的示数 F_1/N	乙弹簧测力计的示数 F_2/N
1	2.0	0.1	1.1	1.1
2	3.0	0.15	1.6	1.6
3	4.0	0.2	2.1	2.1

根据数据记录可知：

(1) 第 1、2、3 次实验中，乙弹簧测力计上升的高度分别为________、________、________。

(2) 由实验可知，使用动滑轮______省力，________省距离。（填“能”或“不能”）

选做题

8. 如图 11-2-11 所示，在竖直向上、大小为 10 N 的力 F 的作用下，重物 A 沿竖直方向匀速上升。已知重物 A 上升速度为 0.2 m/s，不计滑轮重、绳重及绳与滑轮间的摩擦，则物体的重力大小和滑轮上升的速度分别为　　（　　）

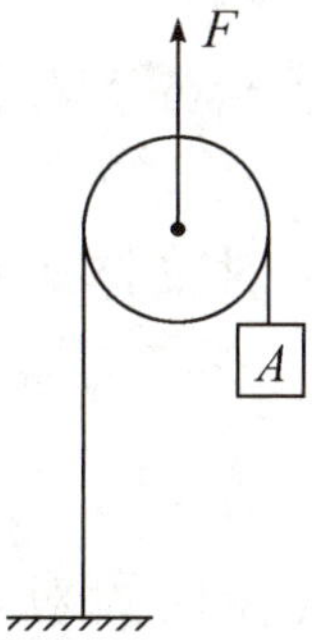

图 11-2-11

A. 20 N　0.4 m/s

B. 20 N　0.1 m/s

C. 5 N　0.4 m/s

D. 5 N　0.1 m/s

3. 功 功率（2课时）

第1课时

教材助读·自主学习

1. 力做功

物理学中规定：如果物体________且沿________移动一定的________，就说力对物体做了功。

2. 功的计算

物理学中规定：功等于________与____________移动距离的乘积。

如果用 F 表示力，s 表示物体沿力的方向移动的距离，W 表示功，则功的计算公式可写成__________。

在国际单位制中，功的单位是________，简称________，符号是______。它有一个专门的名称________，简称________，符号是________。

课内探究·展示交流

一、判断力对物体是否做功

例1 如图11-3-1所示，小丽背着书包先沿水平路面匀速行走，然后沿台阶走到高处。她在这两个阶段对书包的做功情况是（　　）

图 11-3-1

A. 第一阶段做了功，第二阶段没有做功

B. 第一阶段没有做功，第二阶段做了功

C. 两个阶段都做了功

D. 两个阶段都没有做功

【思路导析】必须满足做功的两个因素：“力”必须是使物体运动或阻碍物体运动的那个力，“距离”必须是在力的方向上移动的距离。

交流·分享

哪几种情况力不做功

作用在物体上的力和物体在力的方向上移动的距离是做功的两个必要因素。据此，有几种不做功的情况：(1) 有力无距。有力作用在物体上，但物体没有移动距离。(2) 有距无力。物体在光滑水平面上由于惯性而做匀速直线运动。(3) 力距垂直。力的方向与物体运动方向互相垂直。

二、功的计算

例2 如图11-3-2所示，一个斜坡长5 m，高3 m，搬运工人将一个重500 N的货箱从斜坡底部（A 点）推上顶端（B 点），在这个过程中，工人克服重力做的功是________J。在平台 BC 上，搬运工人又用200 N的推力将货箱匀速推移了5 m，在这个过程中，工人克服重力做的功是________J，推力做的功是________J。

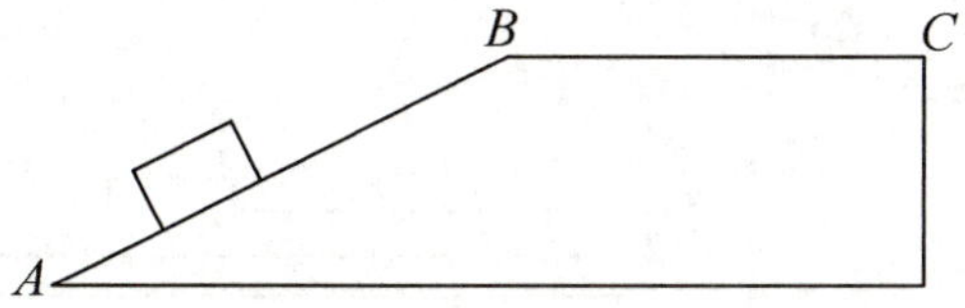

图 11-3-2

【思路导析】在斜面 AB 上，工人的推力使货箱在竖直方向上移动的距离等于斜面的高，克服重力做的功为 $W=Gh=500\ \text{N}\times3\ \text{m}=1\ 500\ \text{J}$；在平台 BC 上，物体在重力方向上没有移动距离，因此，工人没有克服重力做功，只有推力做了功，大小为 $W'=Fs=200\ \text{N}\times5\ \text{m}=1\ 000\ \text{J}$。

例 3 一个体重为 500 N 的同学骑自行车上学，在水平路面上以 4 m/s 的速度匀速行驶，有关数据如下表所示。

自行车净重	200 N
匀速行驶过程中的总阻力	30 N
车轮直径	0.61 m
轮胎承受的最大气压	2.0×10^5 Pa

则该同学骑自行车沿直线匀速行驶 10 min 做了多少功？

【思路导析】该同学在匀速直线行驶过程中对车施加的牵引力与车受到的总阻力是一对平衡力，因此，牵引力与总阻力大小相等。只要先求出该同学骑自行车沿直线匀速行驶 10 min 所走过的路程，就可根据功的计算公式求出该同学所做的功。

【示范解答】因为自行车在水平路面上匀速行驶，所以人使车前进的力

$F=F_f=$________N

自行车 10 min 行驶的路程

$s=$________$=$________________$=$________m

该同学骑车做的功为

$W=$________$=$________________$=$________J

课时作业·高效训练

一、选择题

1. 下列情况中人对物体做功的是　(　　)
   A. 提着水桶在水平地面上匀速前进
   B. 举着杠铃原地不动
   C. 用力搬石头但没有搬动
   D. 推着小车前进

2. 李晶同学将放在水平课桌面上的文具盒由桌边推至桌的中央，她对此过程提出了如下的猜想，你认为合理的是(　　)
   A. 文具盒所受重力对它做了功
   B. 文具盒所受支持力对它做了功
   C. 文具盒所受的推力对它做了功
   D. 在此过程中没有力对文具盒做功

3. 在粗糙的水平面上，用 100 N 的水平推力使一个重为 500 N 的物体前进了 10 m，在此过程中　(　　)
   A. 推力做了 5 000 J 的功
   B. 推力做了 1 000 J 的功
   C. 重力做了 5 000 J 的功
   D. 重力做了 1 000 J 的功

4. 小李同学先后用同样大小的力 F 使同一木箱分别在如图 11-3-3 所示的甲、乙、丙三个表面上沿力的方向移动相同的距离，力 F 在这三个过程中所做的功分别为 $W_甲$、$W_乙$、$W_丙$，下列关于做功大小的说法中正确的是　(　　)

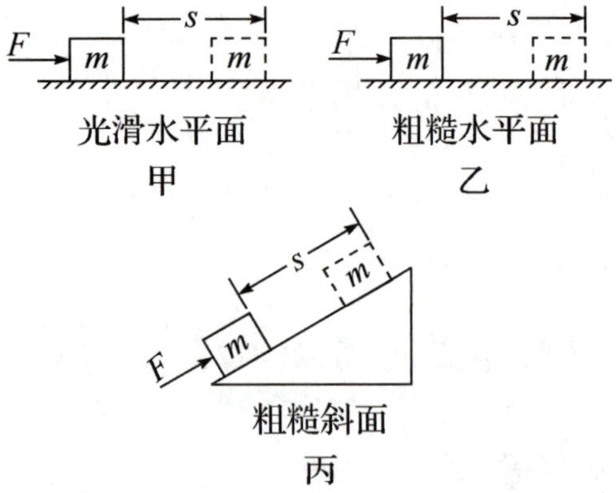

图 11-3-3

A. $W_{甲}<W_{乙}<W_{丙}$

B. $W_{甲}>W_{乙}>W_{丙}$

C. $W_{甲}=W_{乙}=W_{丙}$

D. $W_{甲}=W_{乙}<W_{丙}$

二、填空题

5. 小琳在公园里荡秋千，则在秋千摆动的过程中，重力对秋千__________功，绳子的拉力对秋千________功。（均填“做了”或“没有做”）

6. 如图 11-3-4 所示，在水平地面上，小明用 10 N 的水平力推重为 50 N 的木箱匀速向右移动 10 m，在此过程中，木箱受到的摩擦力为________N，重力对木箱做功________J，小明对木箱做功________J。

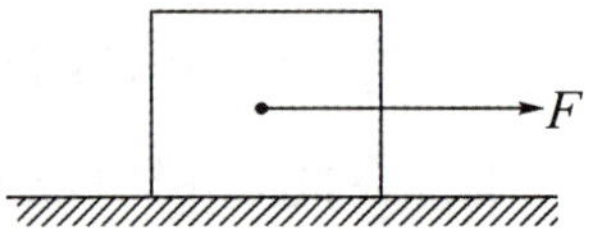

图 11-3-4

三、计算题

7. 如图 11-3-5 所示，一轻绳绕过定滑轮，一端与粗糙水平桌面上的滑块相连，另一端悬挂一个沙桶。调整桶内沙的质量，当沙桶和沙的总质量 $m=0.2$ kg 时，沙桶和滑块都做匀速直线运动，速度大小 $v=0.5$ m/s。不计滑轮的摩擦，求沙桶和滑块匀速运动时：（g 取 10 N/kg）

（1）滑块受到的摩擦力大小；

（2）沙桶和沙所受的重力在 2 s 内做的功。

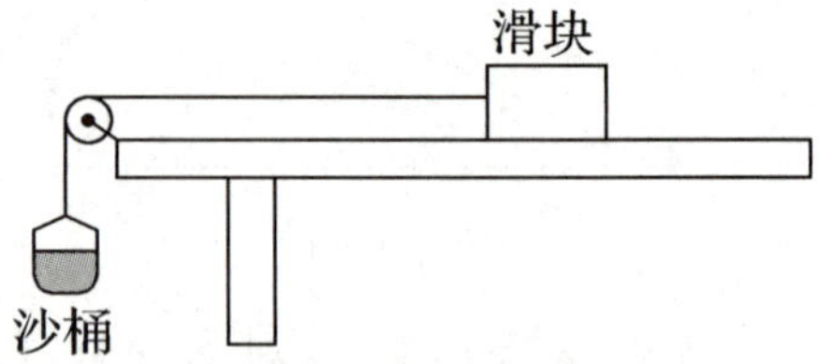

图 11-3-5

选做题

8. 如图 11-3-6 甲所示，小亮用力推车，车却一动不动，虽然累得满头大汗，可是小明说小亮“劳而无功”；图乙中小鸟将虫子从地里叼起来，虽然虫子很轻，但小明却认为小鸟对虫子做了功。你认为小明的观点正确吗？请说明理由。

图 11-3-6

第 2 课时

教材助读 · 自主学习

1. 做功的快慢

在物理学中，用功率来表示做功的________。

2. 功率

________时间里完成的________叫作功率。

用 W 表示功，t 表示做功用的时间，P 表示功率。则计算功率的公式可写成________________

在国际单位制中，功率的单位是________，符号是________。它有一个专门的名称叫作________，简称________，符号是________。1 W=________J/s。

3. 功的原理

大量的实验和理论研究表明：使用任何机械都不能省功，这个结论叫作________。

课内探究 · 展示交流

一、功率

例 1 甲、乙两位同学分别把同样重的木头从一楼搬到三楼，甲用的时间比乙用的时间长，两人对木头做功的大小关系是 $W_{甲}$________（填“>”“=”或“<”）$W_{乙}$，对木头做功快的是________同学。

【思路导析】 两人所搬木头重力相同，说明对木头施加的力相同，都是从一楼搬到三楼，说明木头在力的方向上移动的距离相等，因此两人对木头做的功相等；做同样多的功，甲用的时间比乙长，说明甲做功慢，乙做功快。

交流 · 分享

理解功率概念的两个易错点

比较“做功的快慢”一定要注意两种常见的错误：一是不考虑做功的时间，仅凭做功的多少来判断，误认为做功多的做功就快；二是不考虑做功的多少，仅凭做功的时间来判断，误认为时间短的做功就快。

二、功率的相关计算

图 11-3-7

例 2 在现代工程建设中，推土机（如图 11-3-7）发挥着重要作用。某型号推土机，其发动机的额定功率（正常工作时输出的功率）为150 kW。若推土机在水平场地上以额定功率作业，并以 2 m/s 的速度匀速前进了 10 m，求在这一过程中，它克服阻力所做的功及受到的阻力。

【思路导析】 先由推土机的前进速度和距离求时间，然后由时间和功率求出功，最后由功和距离求推力，而推土机匀速前进，则推力等于阻力。

【示范解答】 由题意知推土机的工作时间

$$t=\frac{s}{v}=\frac{10}{2}\text{ s}=5\text{ s}$$

由 $P=\frac{W}{t}$ 得，推土机克服阻力所做的功为

$W=$________

$=$________________________

$=$________

由于匀速运动，推土机受到的阻力与牵引力相等，即

$F_{阻}=F_{牵}$

$=$________

$=$________________________

$=$________

交流·分享

功率计算公式的推导式

由 $P=\frac{W}{t}$、$W=Fs$ 可得 $P=\frac{Fs}{t}=Fv$，即 $P=Fv$。这个推导式的意义是：当机器（如汽车）的功率一定时，它产生的牵引力与其速度成反比。

三、功的原理

例 3 如图 11-3-8 所示，用一块长 5 m 的木板，搭在离地面 1 m 高的卡车车厢上，用它把重 1 000 N 的货物匀速推到车上，若不计货物与斜面之间的摩擦，问：人需做多少功？需要用多大的推力？

图 11-3-8

【思路导析】 在不计货物与斜面之间的摩擦的前提下，人对货物的推力所做的功等于克服重力所做的功。由此可计算出人对货物所做的功。最后，根据 $W=Fs$ 变形计算出需要的推力。

【示范解答】 因货物与斜面之间的摩擦不计，所以，人对货物的推力所做的功等于克服重力做的功，即

$W=Fs=$________$=$________$=$________J

由 $W=Fs$ 得推力为

$F=$________$=$________$=$________N

课时作业·高效训练

一、选择题

1. 关于功的原理，下列说法中不正确的是 （　　）

A. 无论是简单机械还是复杂机械都不能省功

B. 功的原理只适用于滑轮组

C. 既省力同时又省距离的机械是不存在的

D. 省力的机械可以省力，但一定费距离

2. 如图 11-3-9 所示，光滑斜面 $AB>AC$，沿斜面 AB 和 AC 分别将同一重物以相同的速度从它们的底部拉到顶部，所做的功分别为 W_1 和 W_2，拉力的功率分别为 P_1 和 P_2，则 （　　）

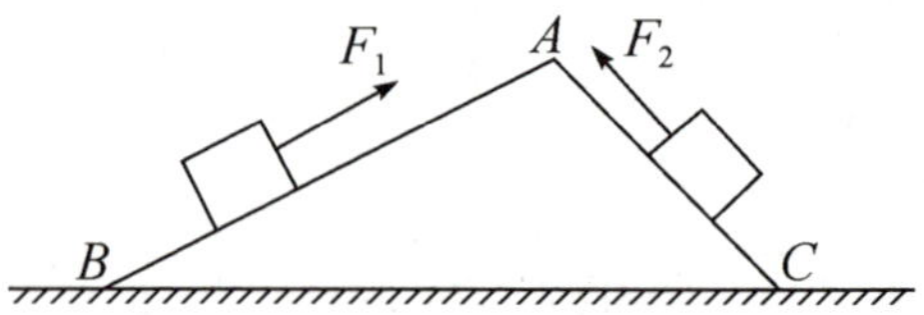

图 11-3-9

A. $P_1<P_2$，$W_1=W_2$

B. $P_1<P_2$，$W_1<W_2$

C. $P_1>P_2$，$W_1>W_2$

D. $P_1>P_2$，$W_1=W_2$

3. 某校八年级物理兴趣小组的同学学习了功率知识后，进行了“比一比谁上楼功率大”的比赛。其中某同学从一楼跑到三楼用了 10 s，则他上楼过程中的功率大约是（　　）

A. 3 W　　B. 30 W

C. 300 W　　D. 3 000 W

二、填空题

4. 重为 1 000 N 的小车，在水平拉力的作用下沿水平地面匀速前进 10 m，用时 30 s，小车所受阻力为车重的 $\frac{3}{10}$，则拉力对小车做功的功率为________ W，小车重力做的功为________ J。

5. 汽车发动机输出的功率是 60 kW，汽车以 36 km/h 的速度匀速行驶 1.2 km，则发动机在这段路程中共做功________ J，汽车受到的阻力为________ N。

三、实验与计算

6. 甲、乙、丙三位同学分别将铁块匀速竖直向上提升，所得实验数据如下表：

同学	铁块重力 G/N	升高高度 h/m	时间 t/s	
甲	2	1.5	2	
乙	4	1	4	
丙	5	0.5	5	

(1) 根据上表可知，做功最多的是________同学，做功最快的是________同学。

(2) 为了表示做功的快慢，他们在表中增加了最后一列（空栏）项目，这个项目的含义是________________________________，为此物理学中引入一个物理量叫________。

7. 扫地机器人是智能家用电器的一种，且正逐渐进入我们的生活。如图 11-3-10 所示，是一款集自动清扫技术和人工智能设计于一体的地面清扫机器人。小五在室内运动场上试用时发现，该机器人在 1 min 内沿直线匀速清扫的距离为 18 m，若它在运动中所受阻力为 105 N，问：

(1) 此机器人在清扫地面时运动的速度为多大？

(2) 此过程中机器人的水平推力所做的功及功率分别是多大？

图 11-3-10

选做题

8. 图 11-3-11 是使用汽车打捞水下重物的示意图，在重物从水底到被拉离水面的过程中，汽车以恒定速度向右运动，忽略水的阻力和滑轮的摩擦，四位同学画出了汽车功率（P）随时间（t）变化的图像（图 11-3-12），其中正确的是（　　）

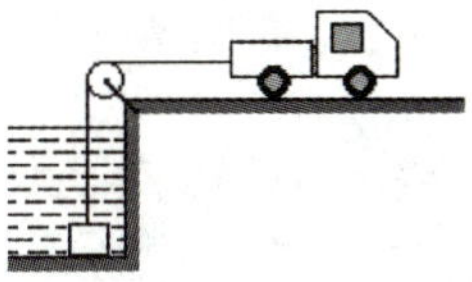

图 11-3-11

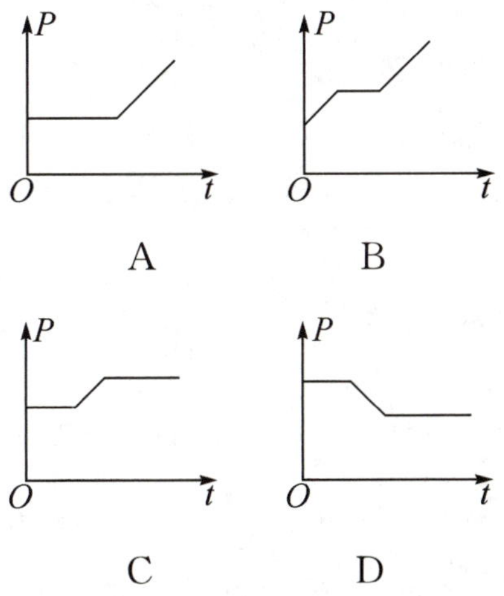

图 11-3-12

4. 机械效率

教材助读·自主学习

1. 有用功和额外功

为了达到目的而必须做的、是我们所需要的功叫作________，用________表示。

我们不需要但又不得不做的功叫作________，用________表示。

________和________的总和叫作总功，用______表示。

2. 机械效率

物理学中把________跟________的比值叫作机械效率。机械效率的符号是 η，其表达式为 $\eta=$________。

课内探究·展示交流

一、理解机械效率的概念

例 1 下列有关机械效率的说法中正确的是 (   )

A. 有用功一定时，额外功越小，机械效率越高

B. 总功越大，机械效率越高

C. 机械越省力，机械效率越高

D. 随着技术革新，将来的机械效率可以等于 1

【思路导析】$\eta=\frac{W_{有用}}{W_{总}}\times100\%=\frac{W_{有用}}{W_{有用}+W_{额外}}\times100\%$，由此可知，有用功一定时，额外功越小，机械效率越高，故 A 项正确；机械效率的高低跟有用功占总功的比例有关，跟总功的多少无关，故 B 项错误；机械效率跟机械省力的多少无关，故 C 项错误；无论技术多么发达，使用机械都不可避免地要做额外功，因此，机械效率永远小于 1，而不可能等于 1。

二、机械效率的计算

例 2 小强利用如图 11-4-1 所示的滑轮组去拉放在水平地面上的一个物体，使重为 2 000 N 的物体 A 沿水平方向匀速移动了 6 m，若 A 所受地面的摩擦力 $F_f=600$ N，小强所用拉力 $F=250$ N，则小强做的有用功为________J，总功为________J，该滑轮组的机械效率是________。

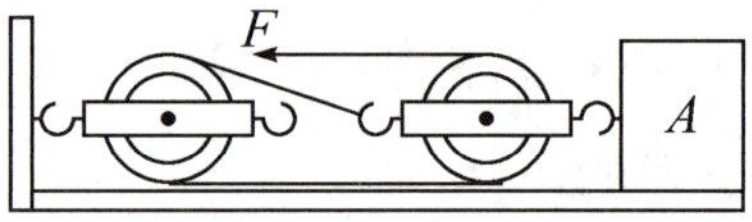

图 11-4-1

【思路导析】本题中使用滑轮组并不是用来提升重物的，而是用来克服物体与地面之间的摩擦力的，因此，使用过程中所做的有用功是克服摩擦力做的功，则

$W_{有用}=F_f s=600\ \text{N}\times6\ \text{m}=3\ 600\ \text{J}$

拉力做的总功

$W_{总}=Fs'=250\ \text{N}\times6\ \text{m}\times3=4\ 500\ \text{J}$

滑轮组的机械效率为

$\eta=\frac{W_{有用}}{W_{总}}\times100\%=\frac{3\ 600\ \text{J}}{4\ 500\ \text{J}}\times100\%=80\%$

三、测滑轮组的机械效率

例 3 在“测滑轮组机械效率”的实验中，用同一滑轮组进行两次实验，实验数据如下表：

次数	钩码重/N	钩码上升高度/cm	弹簧测力计示数/N	弹簧测力计移动的距离/cm
1	2	10	0.8	40
2	5	5	1.5	20

（1）此实验所用滑轮的个数至少是________个，其中动滑轮有________个。

（2）第一次实验测得滑轮组的机械效率为______，第二次实验时滑轮组的机械效率________（填“大于”“小于”或“等于”）第一次的机械效率。

【思路导析】（1）两次实验中，弹簧测力计移动的距离均是钩码上升的高度的 4 倍，这表明在滑轮组中，承担重物和动滑轮的绳子的段数为 4 段，因此，滑轮组中的滑轮个数至少为 3 个，其中动滑轮有 2 个。（2）第一次测量中，有用功 $W_{有用}=Gh=2\ \text{N}\times0.1\ \text{m}=0.2\ \text{J}$，总功 $W_{总}=Fs=0.8\ \text{N}\times0.4\ \text{m}=0.32\ \text{J}$，由 $\eta=\frac{W_{有用}}{W_{总}}\times100\%$ 可计算出机械效率。同理可求出第二次实验时滑轮组的机械效率，由此，可判断两次实验的机械效率的大小。

交流·分享

如何提高机械效率？

机械效率还可以表示为 $\eta=\frac{W_{有用}}{W_{有用}+W_{额外}}\times100\%$，这个变形式给我们提供了提高机械效率的两种思路：

（1）在额外功一定时，多做有用功；

（2）在有用功一定时，减少额外功。

课时作业·高效训练

一、选择题

1. 用水桶从井里提水时，需要对桶和水都做功；水桶掉进井里，从井里捞起水桶时，也需要对桶和水都做功。对以上两种情况，下列说法中正确的是（　　）
   A. 第一种情况对桶做的功是有用功
   B. 第一种情况对水做的功是总功
   C. 第二种情况对桶做的功是有用功
   D. 第二种情况对桶和水做的功是有用功

2. 机械效率永远小于 1，这是因为（　　）
   A. 动力总是小于阻力
   B. 总功总是小于有用功
   C. 总功小于机械克服所有阻力所做的功
   D. 永远存在额外功

3. 甲升降机比乙升降机的机械效率高，它们分别把相同质量的物体匀速提升相同的高度。两者相比，甲升降机（　　）
   A. 电动机做的总功较少
   B. 电动机做的总功较多
   C. 提升重物做的有用功较少
   D. 提升重物做的有用功较多

4. （2019·湖南衡阳）如图 11-4-2 所示，用滑轮组提升重 900 N 的物体，使它在 10 s 内匀速上升 1 m。已知所用的拉力 F 为 400 N。则在提升重物的过程中（不计绳重和摩擦）。下列说法正确的是（　　）

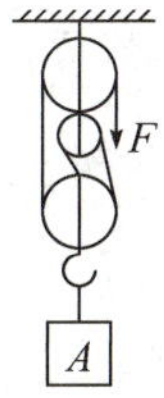

图 11-4-2

   A. 拉力做功的功率为 90 W
   B. 拉力在这 10 s 内做的功为 400 J

C. 动滑轮的重力为 300 N

D. 若用该滑轮组匀速提升更重的物体时，则绳子拉力会变大，但机械效率不变

5. 为了提高滑轮组的机械效率，下列措施中可行的是（　　）

A. 在可能的条件下，尽量减少定滑轮的个数及每个定滑轮的质量

B. 在可能的条件下，尽量减少动滑轮的个数及每个动滑轮的质量

C. 在可能的条件下，尽量增加每次提升货物的高度

D. 在可能的条件下，尽量减少每次提升货物的质量

二、填空题

6. 如图 11-4-3 所示，用动力臂是阻力臂 3 倍的杠杆，将重 600 N 的物体抬高 40 cm，手向下压杠杆的力是 250 N，手下降的高度是________cm，人做的总功是________J，有用功是________J，杠杆的机械效率是________。

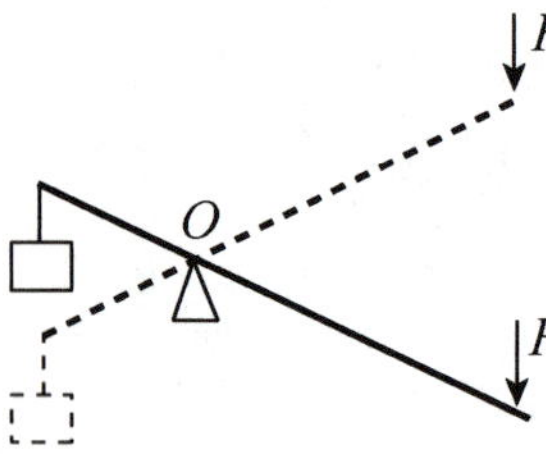

图 11-4-3

图 11-4-4

7. 如图 11-4-4 所示，斜面高为 1 m，长为 3 m，工人用 400 N 沿斜面方向的力将重为 840 N 的箱子推到车上。在此过程中工人做的有用功是________J，机械效率是________。

三、计算题

8. 用如图 11-4-5 所示的滑轮组提升物体 A。在匀速竖直提升 A 的过程中，卷扬机加在绳子自由端竖直向下的拉力 F 为400 N，物体 A 上升的速度 v_A 为0.1 m/s，滑轮组的机械效率为 90%，不计绳重和滑轮与轴的摩擦。求：

(1) 拉力 F 做功的功率 P；

(2) 物体 A 所受的重力 G；

(3) 动滑轮所受的重力 $G_{动}$。

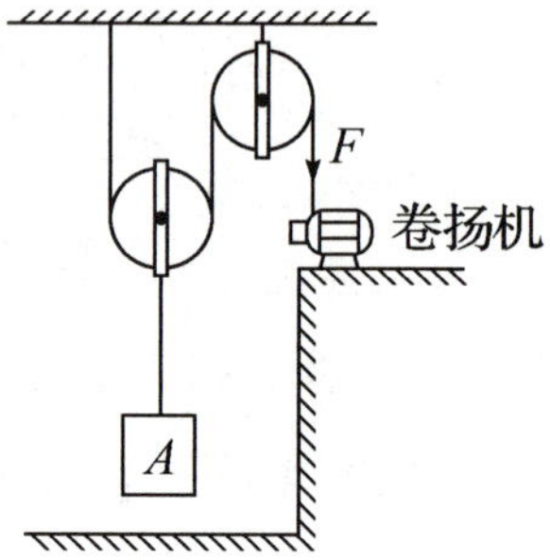

图 11-4-5

选做题

9. 用如图 11-4-6 所示的机械提升重物，弹簧测力计拉着绕在大轮上的细绳向上匀速移动 30 cm，其示数为 0.8 N。与此同时，缠绕在小轮上的绳子提着重为2 N 的物体上升 10 cm。求此机械的机械效率。

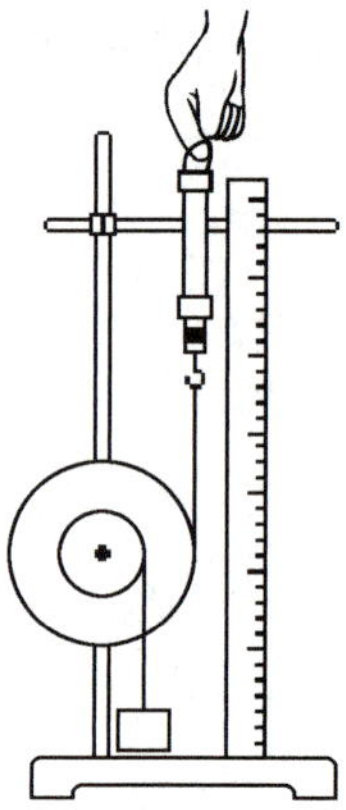

图 11-4-6

5. 改变世界的机械

教材助读·自主学习

1. 轮轴

(1) 轮轴由两个半径不等的圆柱固定在同一轴线上组成，大的称为________，小的称为________。

(2) 轮轴实质是一个可以连续转动的________。

(3) 如图 11-5-1 所示，R、r 分别是轮半径和轴半径，作用在轮上的力为 F，提升的重物的重力为 G。根据杠杆的平衡条件可得________________。

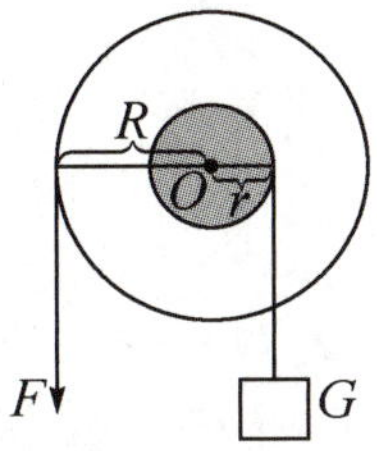

图 11-5-1

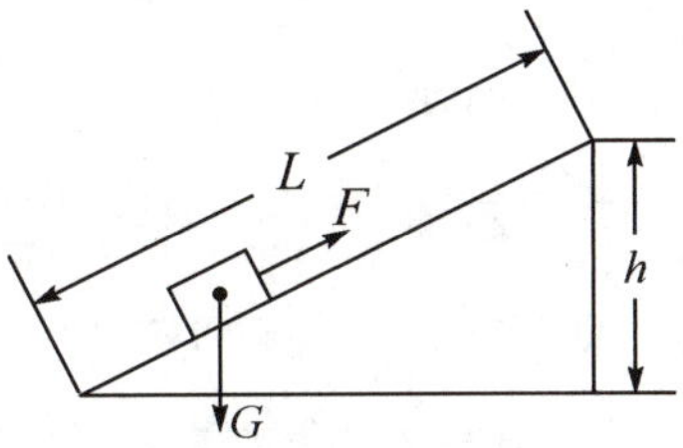

图 11-5-2

2. 斜面

斜面是一个与水平面成一定夹角的________。使用斜面的好处是________。

如图 11-5-2 所示，L、h 分别为斜面的长和高，将重为 G 的物体从斜面的底端拉上顶端，拉力为 F。如果不计物体与斜面之间的摩擦力，则拉力所做的功可表示为 $W_1=$________，克服重力所做的功可表示为 $W_2=$________。因为使用斜面不能省功，所以 $W_1=W_2$，即________=________。

3. 改变世界的机械

(1) 大型机械——随着钢铁工业和机器制造业的空前发展，人类制造出各种各样的钢铁机械。

(2) 精密机械——科学研究是推动精密机械和测量仪器发展的强大动力。

(3) 智能机械——信息时代，人们将智慧赋予了机械；大量自动化、智能化的机械进入我们的生活。

课内探究·展示交流

一、轮轴

例 1 如图 11-5-3 是一种常见的螺丝刀，它由 A、B 两部分组成，用它来拧螺丝时，下列说法正确的是（　　）

A. A 比 B 转动的角度要大

B. 它可以看成是一个斜面

C. 它可以看成是一个轮轴

D. 使用它可以省距离

图 11-5-3

【思路导析】 螺丝刀上的 A 与 B 是同轴，因此转动角度相同，它可以看成是以 A 为轴、B 为轮的机械。

例 2 如图 11-5-4 所示，辘轳木轴的直径是 20 cm，摇臂长为 50 cm（从轴心算起）。从井里提一桶水，桶和水共重 40 N，则加在摇臂端点的力是________N。（不计摩擦）

图 11-5-4

【思路导析】辘轳是一个轮轴，而轮轴的本质是一个杠杆。摇柄上所施加的力 F 是动力，摇柄的臂长 R 是动力臂；桶和水的总重力 G 是阻力，木轴的半径 r 是阻力臂，根据杠杆的平衡条件可知 $FR=Gr$。由此可计算出加在摇臂端点的力 F 的大小。

二、斜面

例3 如图 11-5-5 所示，斜面的高是斜面长的 $\frac{1}{3}$，若不计摩擦，沿斜面匀速上推 600 N 的重物时，推力的大小是________ N。

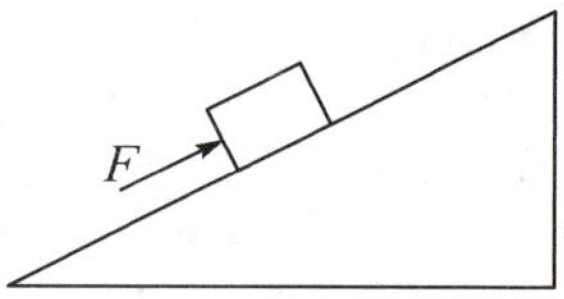

图 11-5-5

【思路导析】因不计物体与斜面之间的摩擦，所以根据功的原理有 $FL=Gh$，变形可得 $F=\frac{Gh}{L}$，将物体的重力 G、斜面的高与长的比值 $\frac{h}{L}$ 代入即可求出推力 F。

交流·分享

斜面的变形

在实际应用中，斜面常常变形为其他形状。如图11-5-6 所示的盘山公路、楼梯都是斜面的变形。

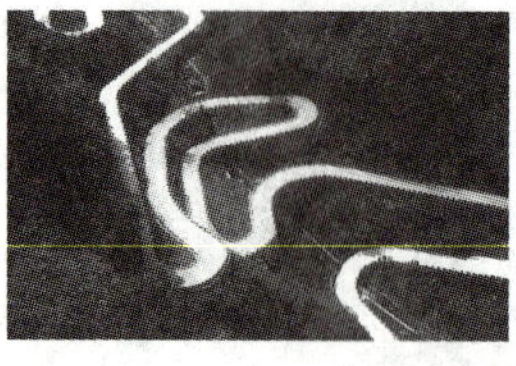

图 11-5-6

课时作业·高效训练

一、选择题

1. 下列各种器材中，不是轮轴的有（　　）
   A. 收音机上选台用的旋钮
   B. 汽车上的方向盘
   C. 自行车后轮的轮和轴
   D. 录音机的功能按键

2. 如图 11-5-7 所示是使用轮轴提升重物的两种方式，下列相关说法正确的是（　　）
   A. 甲方式既省力又省距离
   B. 乙方式省力但费距离
   C. 甲方式省距离但费力
   D. 乙方式费力但省距离

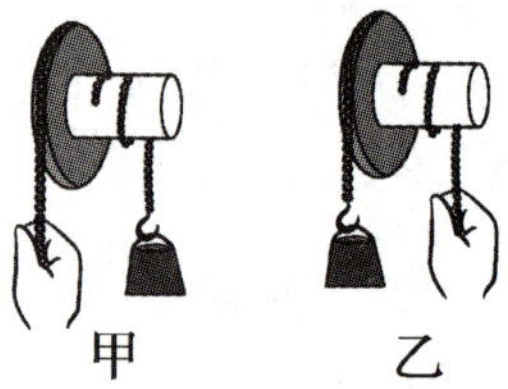

图 11-5-7

3. 如图 11-5-8 所示是一个大坝的横截面，小明和小华分别由坡面 AB 和 CD 以同样的速度登上坝顶，如果他们二人的体重相同，则下列说法正确的是（　　）

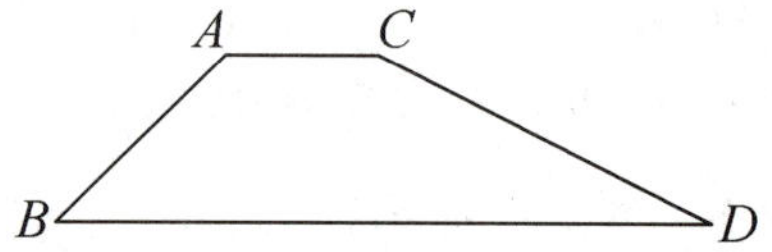

图 11-5-8

   A. 小明比小华省力
   B. 小华比小明省力
   C. 小明比小华省功
   D. 小华比小明省功

4. 如图 11-5-9 所示，斜面高为 1 m，长为 4 m，用沿斜面向上、大小为 75 N 的拉力 F，将重为200 N的木箱由斜面底端匀速缓慢拉到顶端，下列关于做功的判断正确的是（　　）

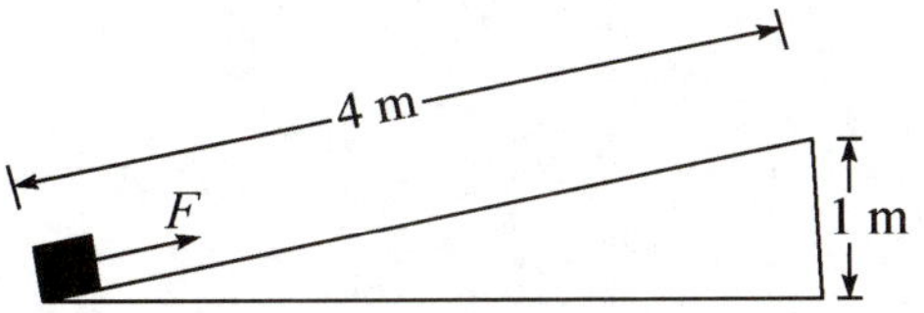

图 11-5-9

A. 木箱受到的重力做功的大小为 800 J

B. 木箱受到的斜面摩擦力做功大小为 100 J

C. 木箱受到的合力做功的大小为 125 J

D. 木箱受到斜面的支持力做功大小为 200 J

二、填空题

5. 将图 11-5-10 所示的钥匙插入锁孔转动开锁时，钥匙就相当于一个________（填一种简单机械），属于________（填“省力”或“费力”）机械。

图 11-5-10

6. 为了劈开较大的木头，有经验的工人会先在木头的一侧找到一个裂缝，将一个钢劈的窄刃插入裂缝，如图 11-5-11 所示，再用力向里击打钢劈，就可以轻松地将木头劈开。钢劈的实质是一个________（填一种简单机械的名称），使用它的作用是________。

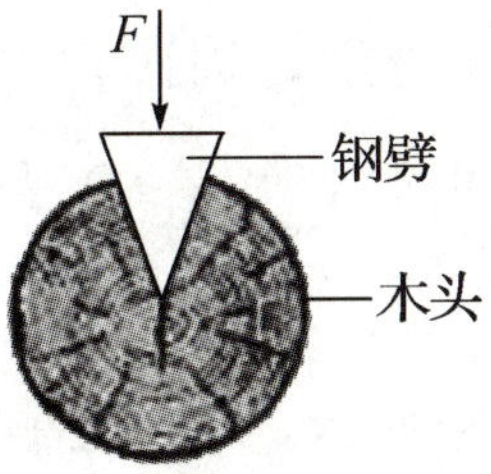

图 11-5-11

三、实验与探究

7. 小红在“探究斜面的机械效率与哪些因素有关”的活动中，提出了以下猜想：

A. 斜面的机械效率可能与物体的重力有关；

B. 斜面的机械效率可能与斜面的倾斜程度有关。

为了验证自己的猜想，小红用木板搭成了如图11-5-12所示的装置进行探究，记录数据如表：

实验次数	斜面倾角	物重 G/N	拉力 F/N	斜面高度 h/m	斜面长度 s/m	有用功 $W_{有用}$/J	总功 $W_{总}$/J	斜面机械效率 η
①	30°	5	4.2	0.6	1.2	3	5.04	
②	30°	3	2.5	0.6	1.2	1.8	3	60%
③	42°	3	2.8	0.8	1.2	2.4	3.36	71%

(1) 在实验过程中，应沿斜面向上________拉动木块；

(2) 第①次实验中斜面的机械效率 η=________（百分号前保留整数）；

(3) 对比实验①②的数据可以用来验证猜想________，对比②③两次实验数据，可初步得出的结论是________。

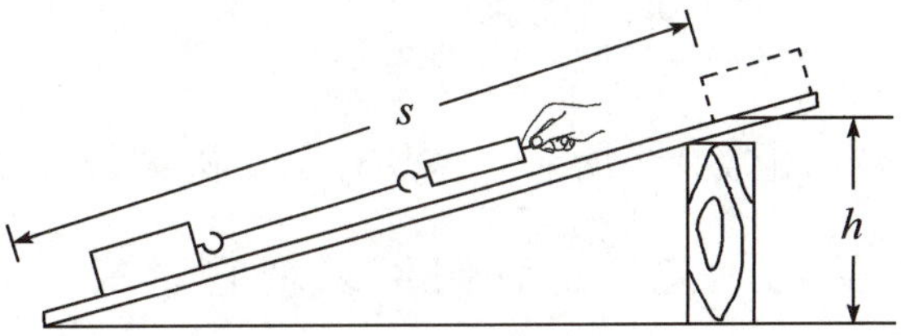

图 11-5-12

选做题

8. 请你在你的自行车上找到两个类似轮轴的部件，并说出这些部件的名称。

(1) ________；(2) ________。

微课堂讲解（九）

寻找杠杆的最小动力

微型讲解

【例】 如图微 9-1 所示，画出使轻质杠杆保持平衡的最小力 F 的示意图和对应的力臂。

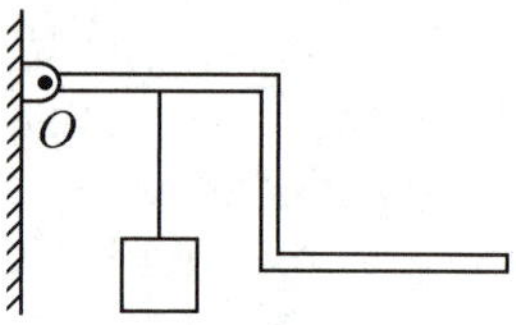

图微 9-1

【思路导析】 根据杠杆平衡条件，要使动力 F 最小，就需要先确定最长的力臂。根据几何知识可以发现，最小的动力的作用点作用在杠杆上离支点最远的地方，最长的力臂就是以这个最远的点到支点所连线段的长度为力臂。

针对练习

1. 如图微 9-2 所示，AOB 为一机械设备的简化示意图，我们可以把它看成杠杆（自重不计），已知 $AO=2OB$。固定 O 点，使 OB 处于水平位置，此时 B 端挂一重为 40 N 的物体，要使杠杆不发生转动，至少需在 A 端施加 $F=$________ N 的力，在图上画出此时力 F 的方向。

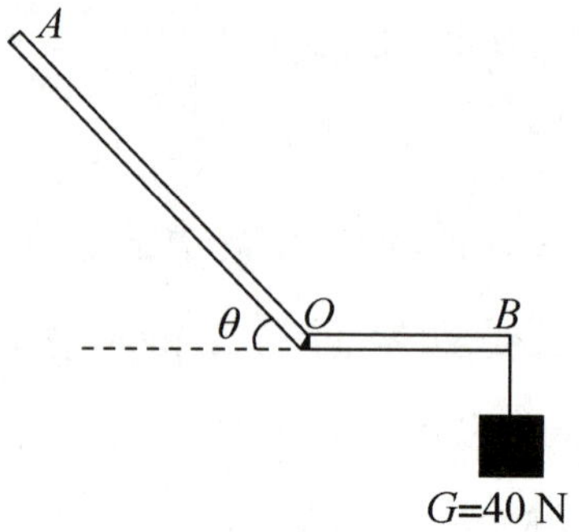

图微 9-2

2. 如图微 9-3 所示，重力不计的杠杆 OAB，可绕 O 点在竖直平面内转动。重力为 100 N 的物体挂在 OA 的中点处。已知 $OA=40$ cm，$AB=30$ cm，OA 垂直于 AB，杠杆与转动轴间的摩擦忽略不计。要使杠杆平衡，且 OA 段处于水平位置，那么作用于 B 端的最小力的力臂等于________ cm，最小力的大小等于________ N。

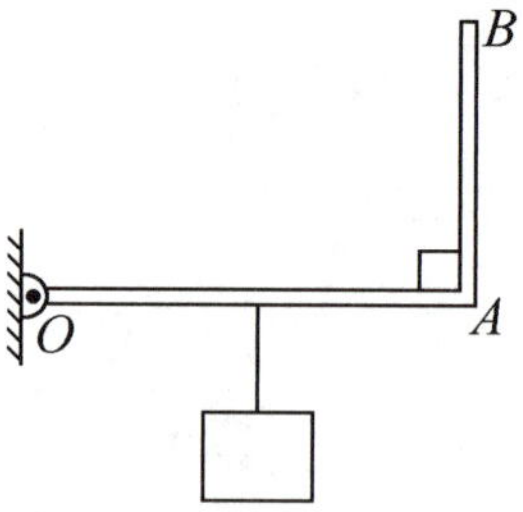

图微 9-3

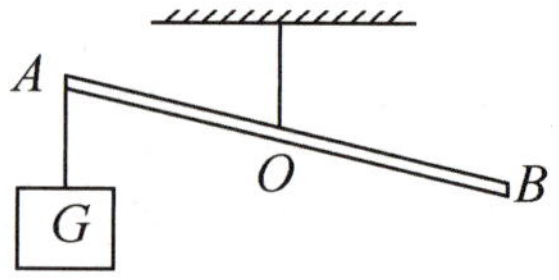

图微 9-4

3. 如图微 9-4 所示，请画出杠杆 AB 在图示位置静止时作用在 B 点的最小力 F 及其力臂 L。

4. 如图微 9-5 所示，AC 为杠杆，O 为支点，在 B 点处挂一个重物，请画出杠杆在如图所示位置平衡时，受到的最小动力 F 及其力臂 L，并画出重物受到重力的示意图。

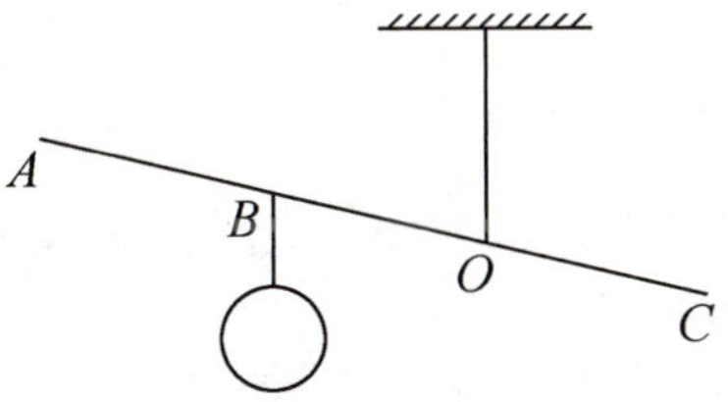

图微 9-5

5. 如图微 9-6 所示，杠杆 OA 在图示位置静止，画出阻力臂 L_2 及最小动力 F_1。

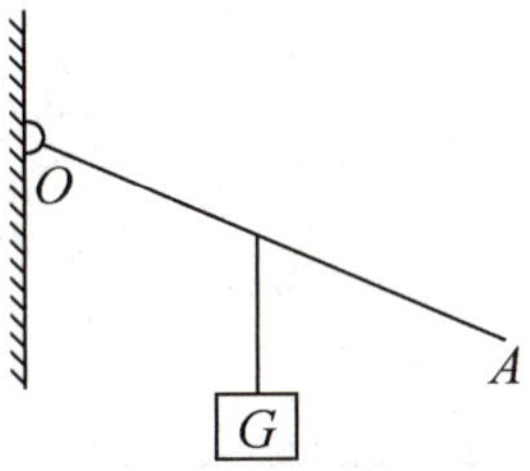

图微 9-6

6. 把羊角锤看作杠杆，如图微 9-7 所示，用羊角锤拔钉子，O 为支点，画出在 A 点施加的最小力 F 的示意图及其力臂 L。

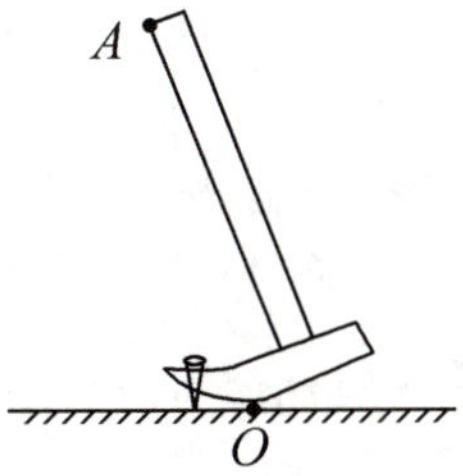

图微 9-7

7. 如图微 9-8 所示是校长为新装的空调室外机设计的支架，支架可以看作杠杆，以 O 为支点，在支架 P 孔处拉一根铁丝到墙上固定，要使铁丝受到的拉力最小，请从 P 孔处画出铁丝到墙的连线，并画出铁丝拉力 F 的力臂 L。

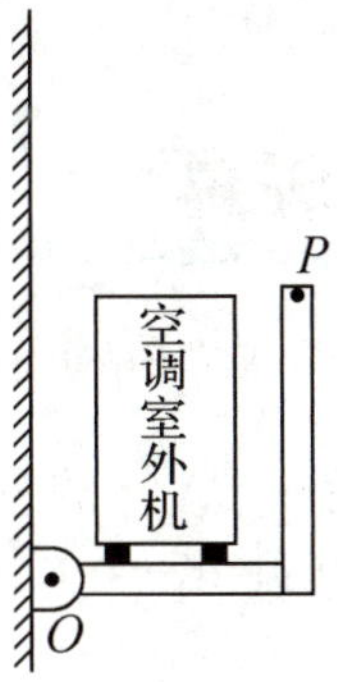

图微 9-8

8. 如图微 9-9 所示，用一根硬棒撬起一个石块，棒的上端 A 是动力的作用点，若用最小的力撬动石块，请标出此时杠杆的支点 O 并画出最小动力 F 及动力臂 L。

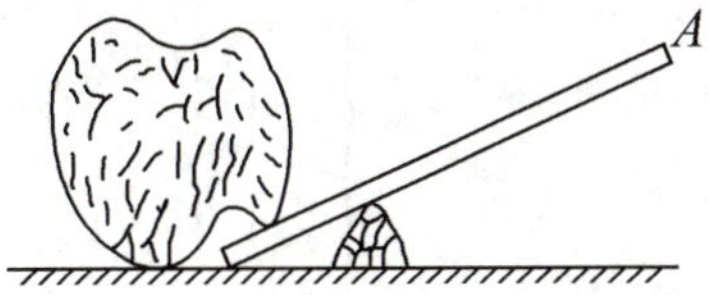

图微 9-9

9. 如图微 9-10 所示，用开瓶器开启瓶盖，请画出在 A 点所用最小力 F 的示意图。

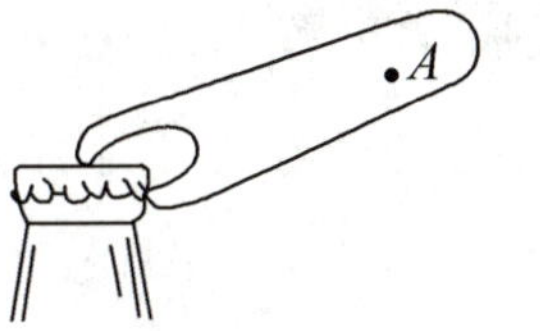

图微 9-10

微课堂讲解（十）

动态杠杆的分析

微型讲解

【例】重为 G 的均匀木棒竖直悬于 O 点，在其下端施一水平拉力 F，让棒缓慢转到图微 10-1 中虚线所示位置。在转动的过程中（　　）

A. 动力臂逐渐变大

B. 阻力臂逐渐变小

C. 动力 F 逐渐变大

D. 动力 F 逐渐减小

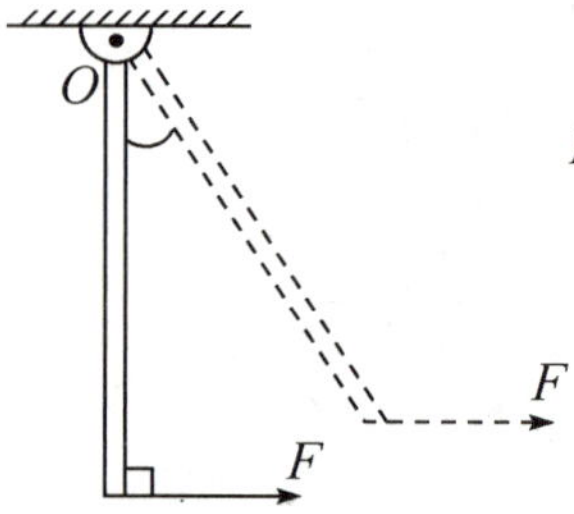

图微 10-1

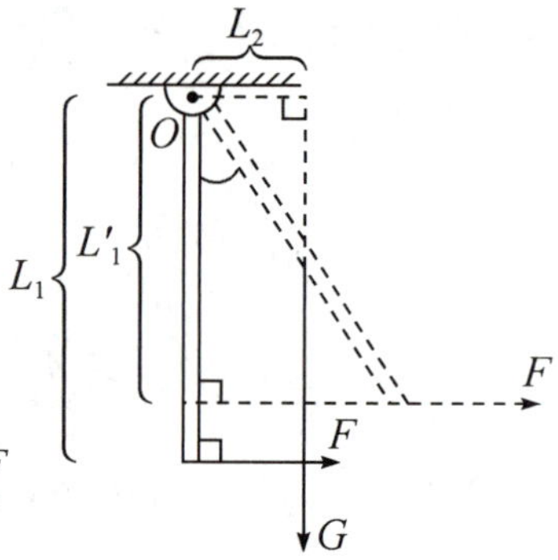

图微 10-2

【思路导析】如图微 10-2 所示，棒缓慢转到虚线所示位置时，力 F 的力臂由 L_1 变为 L'_1，也就是变小了，棒的重力的力臂由竖直位置时的零变为图微 10-2 中所示的 L_2，根据杠杆平衡条件可得 $G \cdot L_2 = F \cdot L'_1$，其中 G 是不变的，重力力臂变大，动力臂变小，所以 F 变大。

针对练习

1. 如图微 10-3 所示，轻质杠杆 OA 的中点处悬挂重为 60 N 的物体，在 A 端施加一竖直向上的力 F，杠杆在水平位置平衡，则力 F 的大小是________N，保持力 F 的方向不变，将杠杆从 A 位置匀速提升到 B 位置的过程中，力 F 将________（填“变大”“变小”或“不变”）。

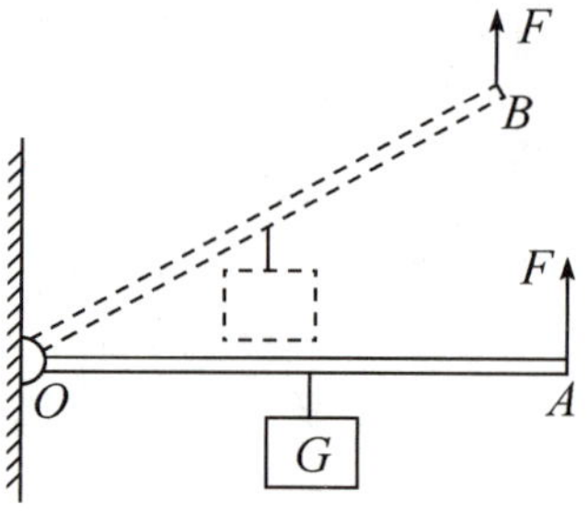

图微 10-3

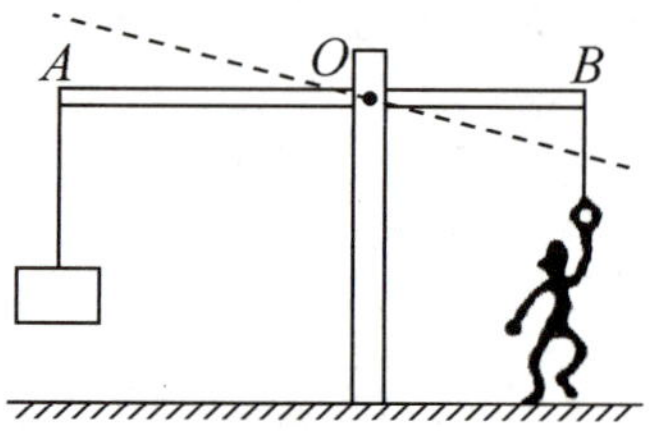

图微 10-4

2. 图微 10-4 中 AOB 为可绕 O 点无摩擦转动的轻杆，A 端挂重 300 N 的物块，AO 与 OB 长度之比为 5∶4。人始终沿竖直方向拉挂在 B 端的轻环。要使轻杆水平平衡，人应施加的拉力为________N，人要不被拉起，则人重至少为________N。与水平平衡相比，当轻杆在图中虚线位置平衡时，人的拉力将________（填“变大”“变小”或“不变”）。

3. 如图微 10-5 所示，一根粗细均匀的铁棒 AB 静止在水平地面上，现用力 F 将铁棒从水平地面拉至竖直立起。在这个过程中，力 F 作用在 B 端且始终与铁棒垂直，则力 F 将　（　　）

A. 逐渐变大

B. 逐渐变小

C. 保持不变

D. 先变小后变大

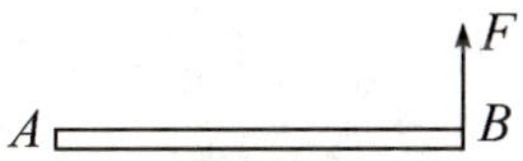

图微 10-5

4. 如图微 10-6 所示，轻质杠杆 AB 可以绕 O 点转动，在 A 点用细线悬挂一重物，在 B 点施加一竖直向下的动力，使杠杆在水平位置保持平衡。若将动力的方向改为沿虚线方向，仍使杠杆在水平位置保持平衡，则　（　　）

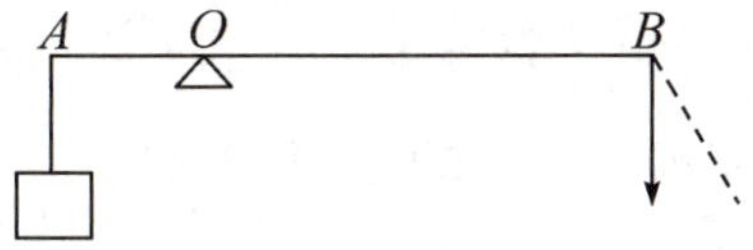

图微 10-6

A. 动力臂增大，动力增大

B. 动力臂增大，动力减小

C. 动力臂减小，动力减小

D. 动力臂减小，动力增大

5. 图微 10-7 为吊车从图示位置向上起吊货物的工作示意图，利用伸缩撑杆可使吊臂绕 O 点缓慢转动，如果伸缩撑杆为圆弧状，伸缩时伸缩撑杆对吊臂的支持力始终与吊臂垂直。下列说法正确的是　（　　）

A. 匀速缓慢顶起吊臂的过程中，伸缩撑杆的支持力大小不变

B. 匀速缓慢顶起吊臂的过程中，伸缩撑杆的支持力渐渐变小

C. 匀速缓慢顶起吊臂的过程中，伸缩撑杆的支持力渐渐变大

D. 吊臂是一个省力的杠杆

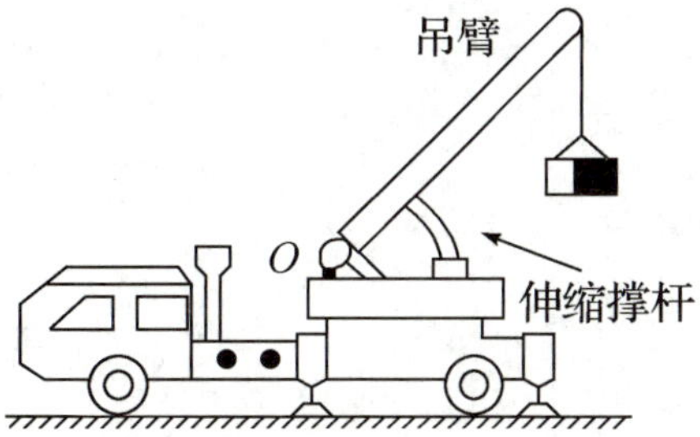

图微 10-7

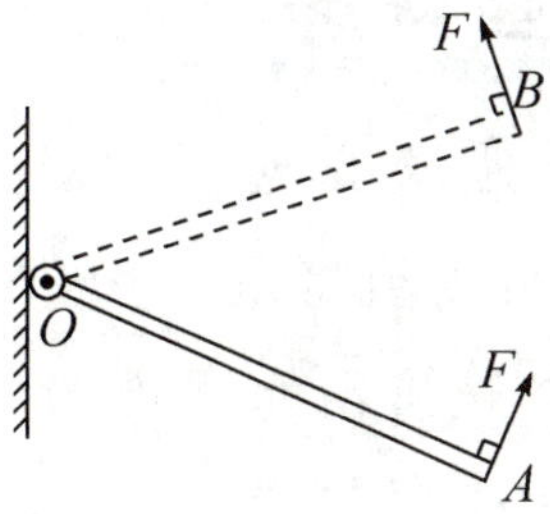

图微 10-8

6. 如图微 10-8 所示，一根质地均匀的木杆可绕 O 点自由转动，在木杆的右端施加一个始终垂直于杆的作用力 F，使杆从 OA 位置匀速转到 OB 位置的过程中，力 F 的大小将　（　　）

A. 一直是变大的　B. 一直是变小的

C. 先变大，后变小　D. 先变小，后变大

7. 在如图微 10-9 所示装置中，均匀木棒 AB 的 A 端固定在铰链上，悬线一端绕过一定滑轮，另一端用线套套在木棒上使棒保持水平。现使线套逐渐向右移动，但始终使木棒保持水平，则悬线上的拉力 F（棒和悬线足够长）　（　　）

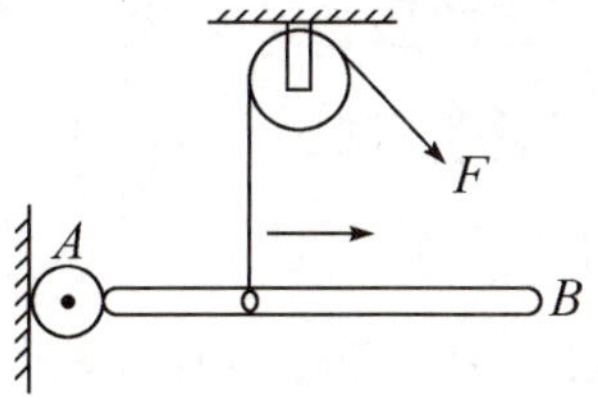

图微 10-9

A. 逐渐变小

B. 先逐渐变大，后又逐渐变小

C. 逐渐变大

D. 先逐渐变小，后又逐渐变大

微课堂讲解（十一）

功、功率和机械效率的综合计算

微型讲解

【例】 某建设工地上，工人用如图微 11-1 所示的滑轮组将重 2 000 N 的物体 A 以 0.4 m/s 的速度沿水平方向匀速向前拉动 2 m，拉力 F 大小为 250 N，物体 A 与地面间的滑动摩擦力大小是物体 A 重力的 $\frac{1}{5}$。

（1）物体 A 与地面间的滑动摩擦力大小是多少？

（2）该滑轮组的机械效率是多少？

（3）拉力 F 做功的功率是多少？

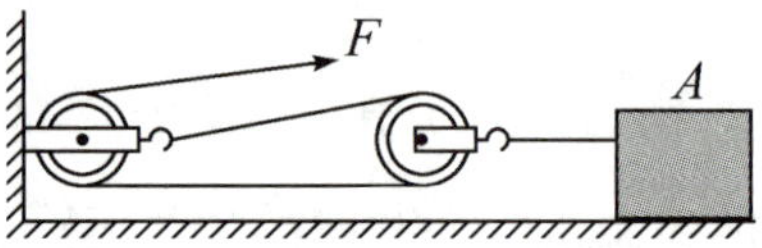

图微 11-1

【思路导析】 此题中拉力所做的有用功是用来克服物体所受摩擦力做功的，拉物体 A 的绳子有两段。

【示范解答】（1）物体 A 与地面间的滑动摩擦力

$F_f = 0.2G = 0.2 \times 2\ 000\ \text{N} = 400\ \text{N}$

（2）滑轮组的机械效率

$$\eta = \frac{W_{有用}}{W_{总}} \times 100\% = \frac{F_f s}{F \times 2s} \times 100\% = \frac{F_f}{2F} \times 100\% = \frac{400\ \text{N}}{2 \times 250\ \text{N}} \times 100\% = 80\%$$

（3）拉力做的功

$W = F \times 2s = 250\ \text{N} \times 2 \times 2\ \text{m} = 1\ 000\ \text{J}$

$t = \frac{s}{v} = \frac{2\ \text{m}}{0.4\ \text{m/s}} = 5\ \text{s}$

则拉力的功率 $P = \frac{W}{t} = \frac{1\ 000\ \text{J}}{5\ \text{s}} = 200\ \text{W}$

针对练习

1. 如图微 11-2 所示，一滑轮下端悬吊一个重 50 N 的物体，在拉力 F 的作用下使物体在 2 s 内上升了 2 m（不计滑轮、绳的重力和摩擦），则拉力 F=______ N，动滑轮上升的速度是 v=______ m/s，拉力 F 所做的功 W=______ J。

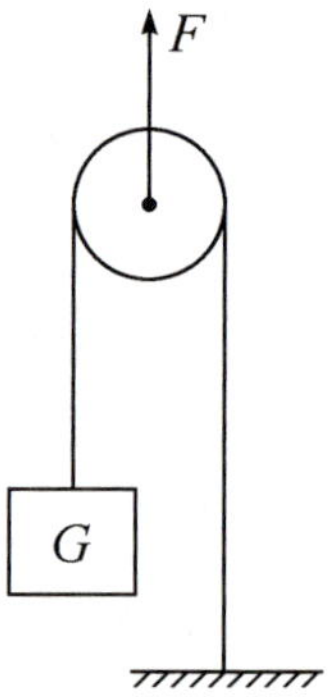

图微 11-2

2. 如图微 11-3 甲所示，用弹簧测力计测量水平桌面上的钩码所受的重力。弹簧测力计从图示位置开始向上缓慢提升，其示数 F 与上升的高度 h 之间的关系如图乙所示。试解答下列问题。

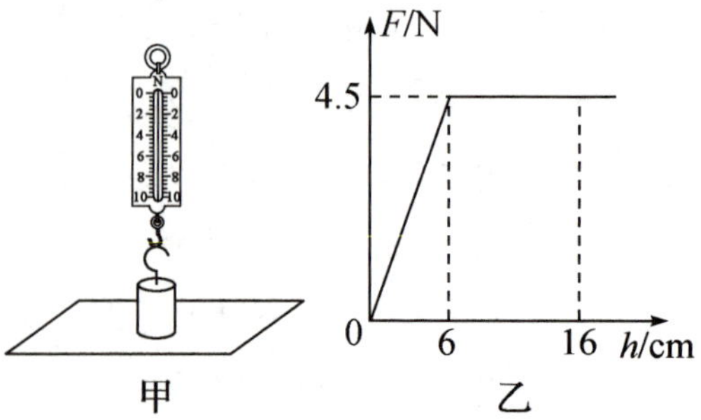

图微 11-3

(1) 钩码所受的重力为________N。

(2) 当 $h=4$ cm 时，弹簧测力计的示数是________N，桌面对钩码的支持力是________N。

(3) 从开始提升到 $h=16$ cm，弹簧测力计对钩码所做的功是________J。

3. 一质量为 3 000 kg 的汽车沿着长为 5.4 km 的盘山公路匀速行驶，当它从山脚行驶到高为 0.5 km 的山顶时，耗时 15 min，汽车发动机的牵引力为 4 000 N，求：

(1) 汽车发动机牵引力做的功；

(2) 汽车发动机牵引力的功率。

4. 一辆质量是 3.5×10^3 kg 的汽车不慎陷入泥泞地面，汽车司机组织人们用如图微 11-4 所示的滑轮组将汽车拖出。已知整个过程中，水平拉力 F 是 1×10^3 N，汽车沿水平方向匀速移动了 2 m，滑轮组的机械效率为 90%。

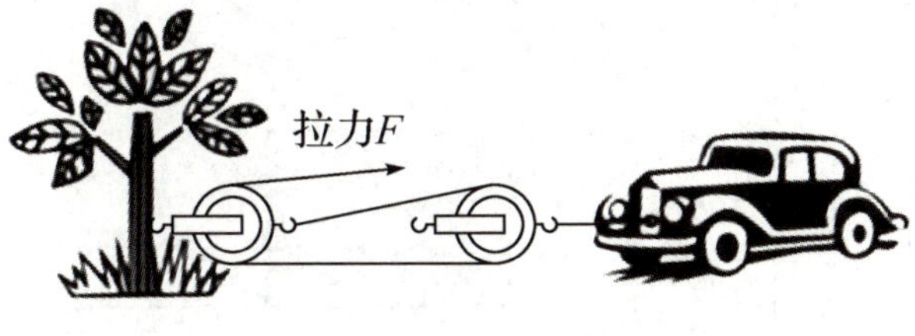

图微 11-4

(1) 求拉力 F 做的总功。

(2) 有用功为多大？

(3) 求汽车受到的阻力大小。

5. 图微 11-5 是一辆汽车通过滑轮组将深井中的物体拉至井口的装置图。已知井深 12 m，物体重 $G=6\times10^3$ N，汽车重 $G_{车}=3\times10^4$ N，汽车匀速拉绳子时的拉力 $F=2.2\times10^3$ N，汽车受到的阻力为车重的 $\frac{1}{10}$。

(1) 将物体从井底拉至井口的过程中，汽车拉绳子的拉力对滑轮组做了多少功？

(2) 滑轮组的机械效率为多少？（百分号前保留一位小数）

(3) 若汽车运动的速度为 3 m/s，则将物体由井底拉至井口需要多长时间？汽车牵引力为多少？牵引力的功率为多少？

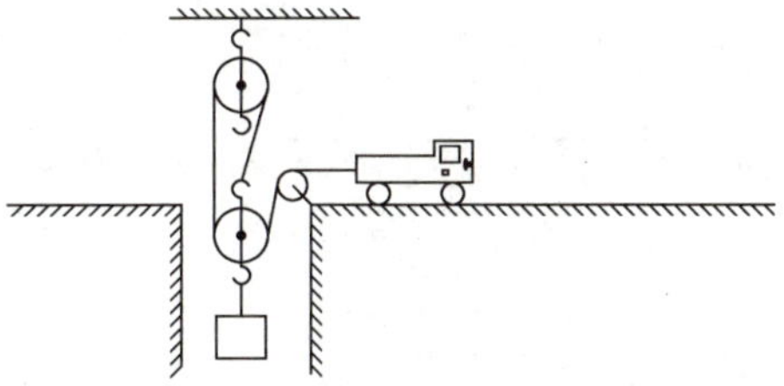

图微 11-5

6. 电梯的简化模型如图微 11-6 甲所示。考虑安全、舒适、省时等因素，电梯的速度要经过增大、不变和减小的过程，这一过程是通过改变拉力大小来实现的。某次上升过程中电梯所受拉力 F 随上升高度 h 变化的图像如图乙所示，这个过程用时 1 分钟。求在这个过程中：

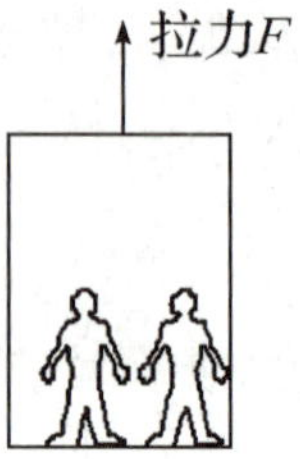

甲

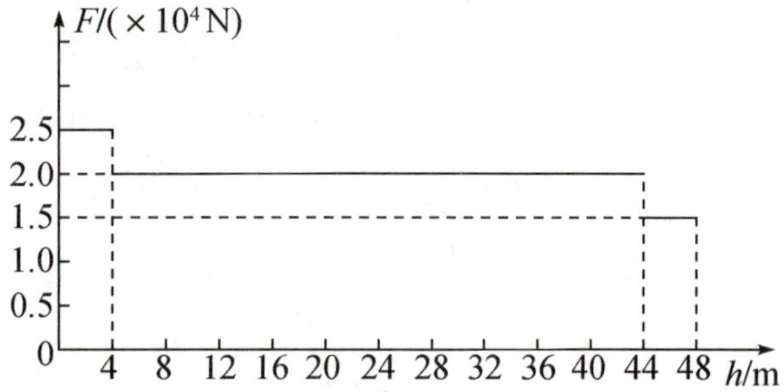

乙

图微 11-6

(1) 电梯上升的平均速度；

(2) 拉力做的功；

(3) 拉力做功的功率。

7. 如图微 11-7，已知斜面倾角为 30°，斜面高为 2 m。小兵同学用绳子沿斜面将重为 400 N 的木箱由斜面底端匀速拉到顶端，拉力大小为 300 N，绳重不计。求：

(1) 小兵对木箱做的有用功；

(2) 斜面的机械效率；

(3) 斜面对物体施加的摩擦力。

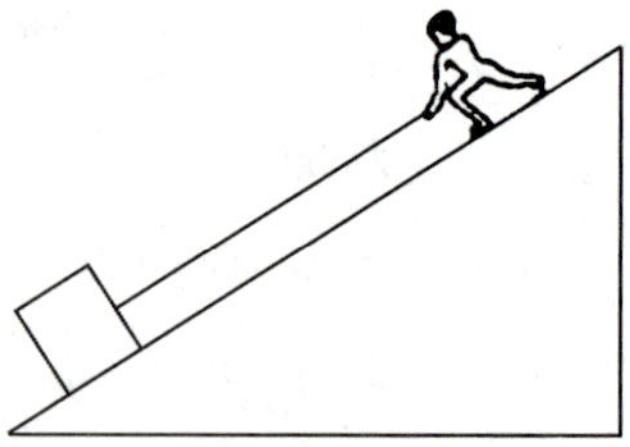

图微 11-7

8. 如图微 11-8 甲所示，滑轮组在竖直向上的拉力 F 作用下，将重为 105 N 的物体匀速提起，在 5 s 时间内绳子自由端移动的距离为 $s=3$ m。图乙是滑轮组工作时的拉力 F 与绳自由端移动距离 s 的关系图。

(1) 计算物体上升的速度。

(2) 图乙中阴影部分的面积表示的物理量是什么？并列式计算出该物理量。

(3) 计算滑轮组提升该重物时的机械效率。

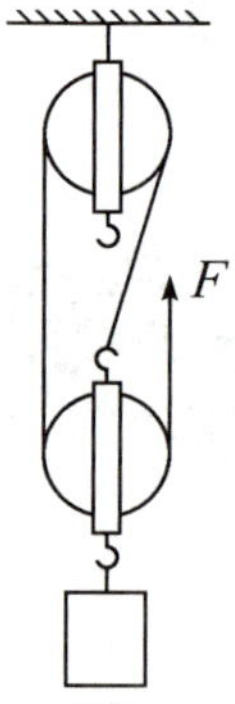

甲

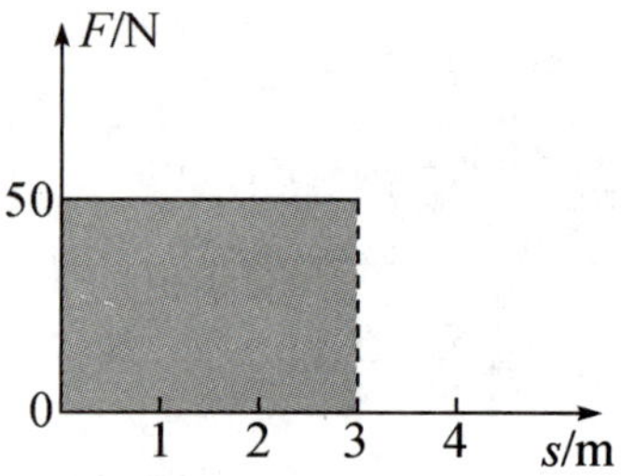

乙

图微 11-8

本章小结

考点题型探究

考点1 功和功率

1. (2019·江苏连云港) 小明同学用 20 N 的水平推力，将重为 280 N 的购物车沿水平地面向前推动了 10 m，在此过程中，推力对购物车做功________J，购物车的重力做功________J。

2. 某同学在 10 s 内做了 5 次引体向上，他的质量为 60 kg，每次上升的高度为 40 cm，该同学做一次引体向上克服重力做的功是________J，10 s 内克服重力做功的平均功率为________W (g 取10 N/kg)。

3. 现有 30 包大米，总质量为 150 kg，小明想尽快将它们搬上 10 m 高处的库房。图 11-1 为小明可以提供的用于搬运物体的功率与被搬运物体质量之间的关系图像。由图可知他可以提供的最大功率为________W；为了尽可能快地将大米搬上库房，他每次应搬________包。若每次下楼时间是上楼时间的一半，则他最快完成搬运任务并返回原地所用的时间为________s。(g 取 10 N/kg)

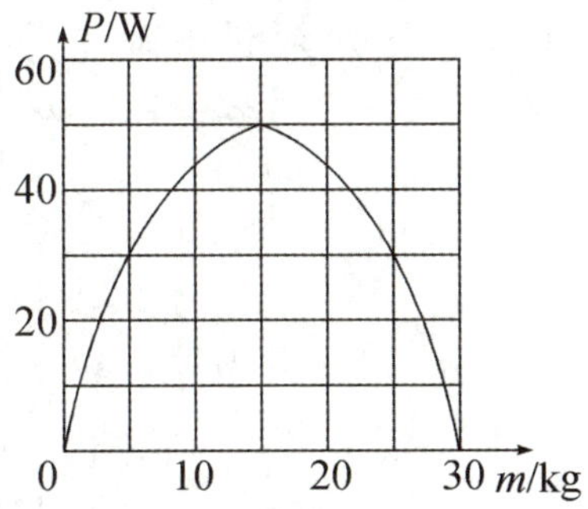

图 11-1

考点2 杠杆

4. (2021·山东德州) 下列工具中，属于费力杠杆的是 ( )

A. 镊子　　B. 瓶起子

C. 天平　　D. 钳子

5. 如图 11-2 所示，AB 为能绕 B 点转动的轻质杠杆，中点 C 处用细线悬挂一重物，在 A 端施加一个竖直向上、大小为 10 N 的拉力 F，使杠杆在水平位置保持平衡，则重物 $G=$______N。若保持拉力方向不变，将 A 端缓慢向上提升一小段距离，在提升的过程中，拉力 F 将______(填"增大""减小"或"不变")。

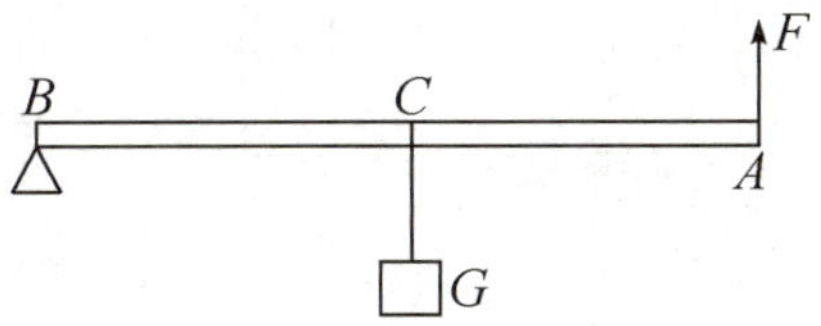

图 11-2

6. 图 11-3 为水平桌面上的圆形玻璃转盘 (转盘半径为 50 cm)，在水平力的作用下能绕转盘中心 O 点自由转动。转动时可视为杠杆。甲在 A 点施加一个大小为 20 N 的水平力 F_A，想让转盘转动。对面的乙在距离 O 点 40 cm 的 B 点同时施加一个水平力，想让转盘反方向转动。乙应沿图中________(填"F_1""F_2""F_3"或"F_4") 方向施加一个大于______N 的力，才可能达到目的。(假设只有甲、乙两人对转盘施力，忽略其他力对转盘的影响)

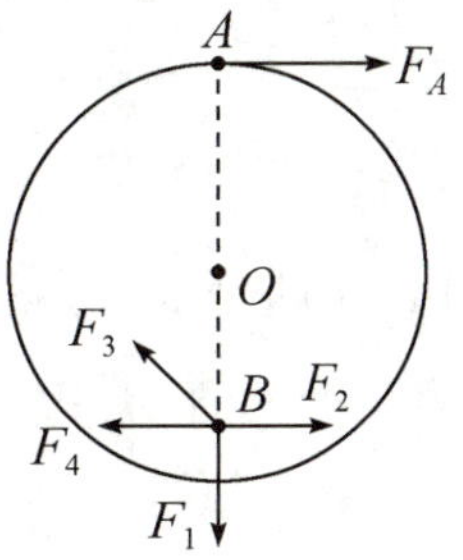

图 11-3

7. 如图 11-4 所示，质量分布均匀的直木棒一端支在地面上，O 为支点。

（1）请画出木棒所受重力 G 的示意图；

（2）请画出使木棒在图示位置静止时，作用在端点 P 的最小作用力 F 的示意图及其力臂 l。

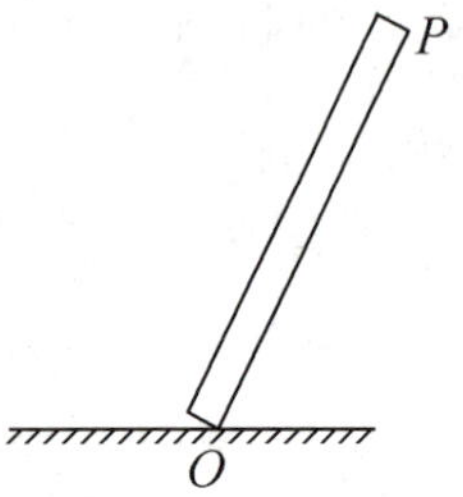

图 11-4

考点 3　滑轮

8. 如图 11-5 所示，工人利用滑轮组将 200 N 的重物匀速向上提升到 2 m 高的平台上，则他所用的拉力为________N，绳子自由端向下移动的距离为______ m。（不计绳重、动滑轮重及摩擦）

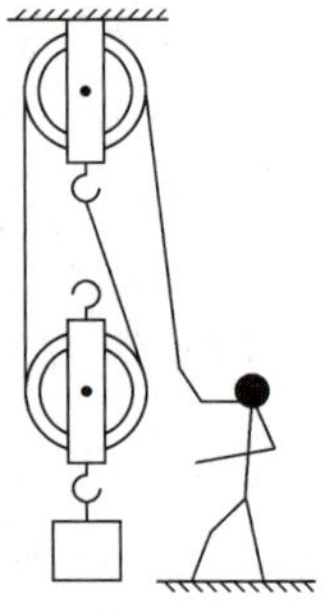
图 11-5

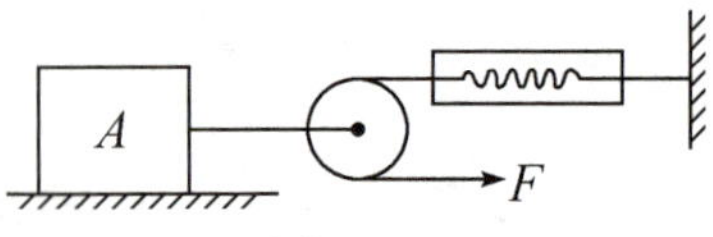

图 11-6

9. 如图 11-6 所示，物体 A 在水平拉力 F 的作用下，沿水平面以 0.4 m/s 的速度运动了 2 s，弹簧测力计的示数为 5 N。拉力 F 做功为________J。

10. 请在图 11-7 中用笔画线代替绳子，将两个滑轮连成滑轮组，要求人往下拉绳使重物升起。

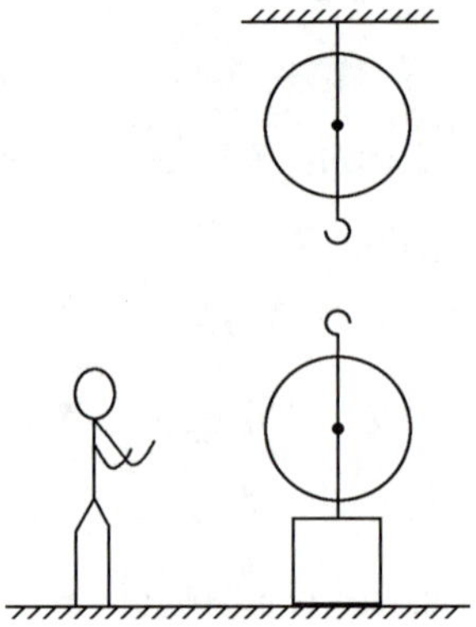
图 11-7

考点 4　机械效率

11. （2019・山东日照）如图 11-8 所示，甲、乙分别为同一滑轮组的不同绕法，忽略绳重及一切阻力。用图甲绕法匀速提升重为 900 N 的物体时，机械效率为 90%。下列判断正确的是（　　）

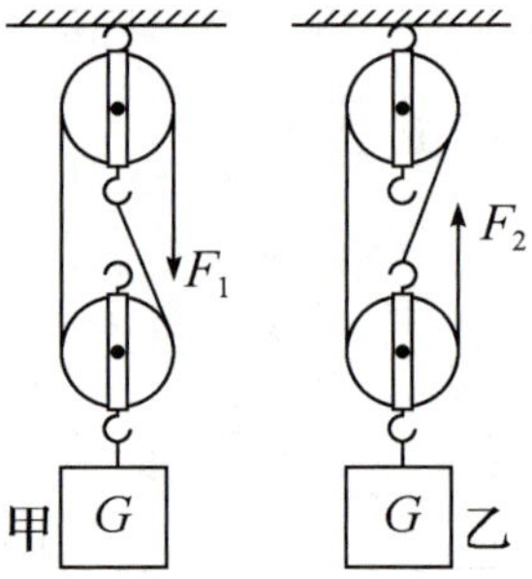

图 11-8

A. 拉力 F_1 的大小为 450 N

B. 用图乙绕法匀速提升 400 N 重物时，机械效率为 80%

C. 分别用两种绕法匀速提升相同重物时，图乙绕法机械效率大

D. 分别用两种绕法匀速提升相同重物升高相同高度，F_2 做功少

12. 用一个动滑轮将重为 4 N 的物体匀速提升1 m，拉力大小如图 11-9 所示，则（　　）

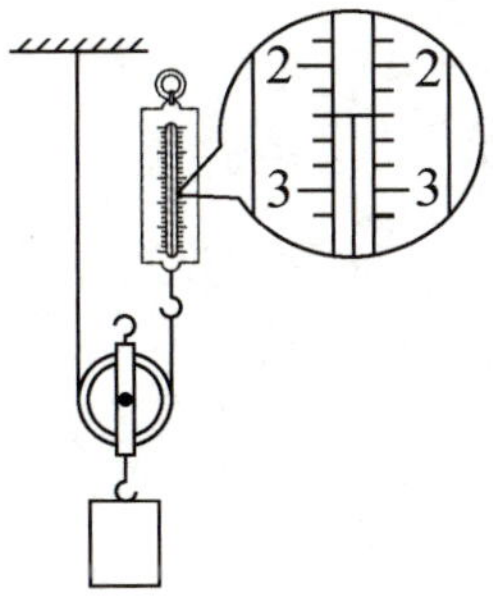

图 11-9

A. 拉力是 2.2 N

B. 有用功是 2.2 J

C. 总功是 4.8 J

D. 机械效率是 120%

13. 如图 11-10（a）所示，滑轮组在竖直向上的拉力 F 作用下，将重为 105 N 的物体匀速提起，在 5 s 时间内绳子自由端移动的距离为 $s=3$ m。图（b）是滑轮组工作时的拉力 F 与绳子自由端移动距离 s 的关系图。

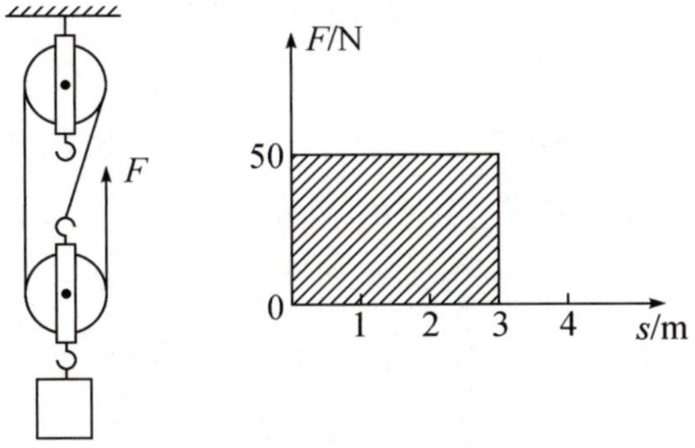

（a）　　（b）

图 11-10

（1）计算物体上升的速度。

（2）图（b）中阴影部分的面积表示的物理量是什么？列式计算出该物理量。

（3）计算滑轮组提升该重物时的机械效率。

最新考情分析

命题规律

纵观近几年全国各地中考试题，本章内容在中考中的命题特点如下：

1. 从题型来看，主要包括选择题、填空题、作图题、计算题、实验与探究题等。

2. 从命题角度来看，常以生活、生产、工程技术、体育运动中与功、功率、简单机械等密切相关的情景为背景命题。

3. 从考查内容来看，主要包括：（1）功的概念及做功的必要因素；（2）功、功率的大小比较及其计算；（3）杠杆上力或力臂的画法、滑轮组的绕法；（4）机械效率的概念及其计算；（5）探究影响机械效率的因素。

4. 从考查能力来看，主要考查同学们对概念的理解能力、实验探究能力、归纳概括能力、计算能力和知识的迁移应用能力等。

第十二章　机械能

1. 机械能

教材助读·自主学习

1. 动能

我们把物体由于________而具有的能量叫作动能。一切________的物体都具有动能。

质量相同的物体，运动的速度越大，它的动能越________；运动速度相同的物体，质量越大，它的动能越________。

2. 重力势能

我们把物体由于位置________而具有的能量叫作重力势能。物体的________越大，________越高，它具有的重力势能就越大。

3. 弹性势能

我们把物体由于发生____________而具有的能量叫作弹性势能；物体的____________越大，它具有的弹性势能就越大。

4. 势能

通常把________和________统称为势能。

5. 机械能

________和________统称为机械能。

课内探究·展示交流

一、判断物体具有什么形式的机械能

例 1 在如图 12-1-1 所示的三个物体中，只具有动能的物体是________，只具有重力势能的物体是________，同时具有动能和势能的物体是________。

甲：天空中飞行的飞机

乙：树上挂着的苹果

丙：草地上滚动的足球

图 12-1-1

【思路导析】 足球因在草地上滚动而具有动能；挂在树上的苹果因有一定的高度而具有重力势能；飞机既在运动又有一定的高度，它同时具有动能和重力势能。

二、动能或势能大小的比较

例 2 如图 12-1-2 所示是一个酒柜，在其最上层放着一只空酒杯，在第二层放着一小一大两瓶酒。下列说法正确的是　（　　）

A. 酒杯的重力势能一定比两瓶酒的大

B. 酒杯的重力势能一定比两瓶酒的小

图 12-1-2

C. 两瓶酒的重力势能可能相等

D. 两瓶酒的重力势能一定不相等

【思路导析】 酒杯的质量虽然比两瓶酒

的质量都要小，但其高度比两瓶酒都要高，因此，无法比较酒杯和两瓶酒的重力势能的大小。大瓶酒比小瓶酒的质量大，重心位置高，所以，大瓶酒的重力势能较大。

例 3 如图 12-1-3 所示，甲、乙两辆同样的小汽车在同一条平直的公路上做匀速直线运动，甲车的速度是 100 km/h，乙车的速度是 80 km/h。则________车的动能较大。如果路面上还有一辆与乙车速度相同的摩托车在行驶，则摩托车的动能比乙车________。

图 12-1-3

【思路导析】 甲、乙两车的质量相同，但甲车的速度较快，所以它的动能较大。摩托车与乙车的速度相同，但摩托车的质量较小，所以它的动能较小。

例 4 如图 12-1-4 所示，在同一根弹簧下挂上质量不同的物体，弹簧的伸长量不同，则　　(　　)

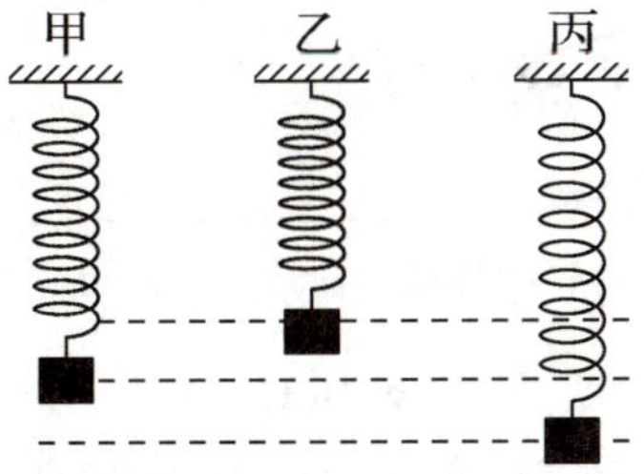

图 12-1-4

A. 甲图中弹簧的弹性势能最大
B. 乙图中弹簧的弹性势能最大
C. 丙图中弹簧的弹性势能最大
D. 三种情况下弹簧的弹性势能一样大

【思路导析】 对同一根弹簧来说，它的形变程度越大，弹性势能就越大。

课时作业 · 高效训练

一、选择题

1. 如图 12-1-5 所示，将山崖上的大石头推下去就可以砸死猎物，这就是古人狩猎的一种方法——坠石狩猎。这种方法利用的是石头的　　(　　)

图 12-1-5

A. 动能　　B. 重力势能
C. 弹性势能　　D. 惯性

2. 草原发生大面积蝗灾时，农业部门利用飞机喷洒农药消灭蝗虫。当飞机在某一高度水平匀速飞行喷洒农药时，它的　　(　　)

A. 动能不变，势能不变
B. 动能减少，势能增加
C. 动能增加，势能减少
D. 动能减少，势能减少

3. 如图 12-1-6 所示，一只路灯架上一高一低地装有甲、乙两只同样的路灯。下列说法中正确的是　　(　　)

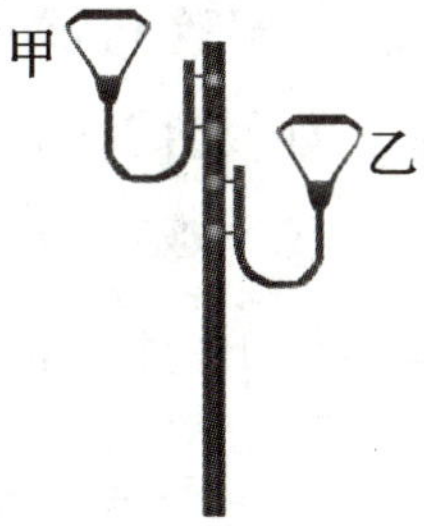

图 12-1-6

A. 甲路灯的重力势能较大
B. 乙路灯的重力势能较大
C. 两只路灯的重力势能一样大
D. 它们的重力势能都为零

4. 如图 12-1-7 所示，小明将一把钢尺的一端压在桌边，让另一端伸出桌面，此时伸出端对应的是位置 1。小明又用大小不同的力将钢尺压到位置 2 和位置 3，则　　(　　)

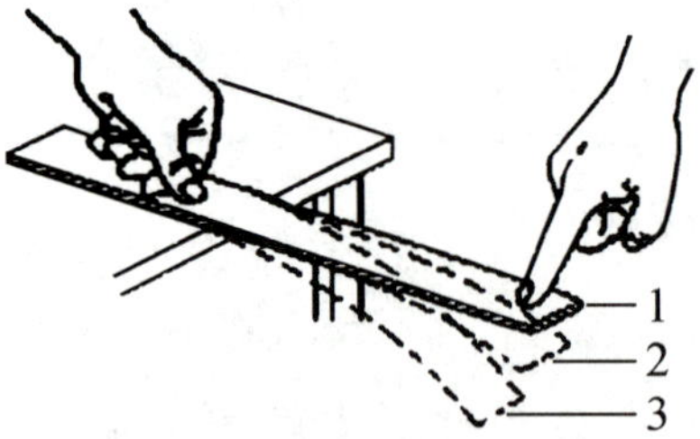

图 12-1-7

A. 位置 1 对应的弹性势能最大

B. 位置 2 对应的弹性势能最大

C. 位置 3 对应的弹性势能最大

D. 位置 1、2、3 对应的弹性势能相等

二、填空题

5. 悬挂在高处的广告牌具有________能；在水平公路上行驶的汽车具有________能；被拉长的橡皮筋具有________能。

6. 一只老鹰在空中追赶一只鸽子，如果它们的高度相同，则________的重力势能较大；如果它们的动能相同，则________的飞行速度较快。

三、实验与探究

7. 如图 12-1-8 所示是“探究物体动能的大小与哪些因素有关”的实验装置。

(1) 该实验利用了转换法，通过观察____________来判断____________（填“小球”或“木块”）动能的大小；

(2) 让同一小球从斜面的不同高度由静止滚下，推动木块做功，目的是为了探究动能的大小与____________的关系；

(3) 换用质量不同的小球，使它们从斜面的________（填“相同”或“不同”）高度由静止滚下，推动木块做功，目的是为了探究动能的大小与________的关系。

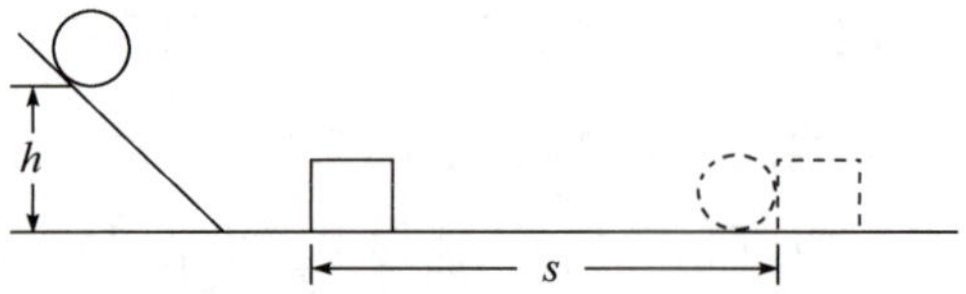

图 12-1-8

8. 为了探究“重力势能的大小与哪些因素有关”，小明设计了如图 12-1-9 所示的实验方案：甲、乙、丙是三个体积相等的实心金属球，它们都用细绳悬挂着，其中甲是铝球，乙和丙都是铜球，甲和乙的高度相同，丙的高度稍低。顺次用剪刀剪断细绳，它们便掉入沙盘中。

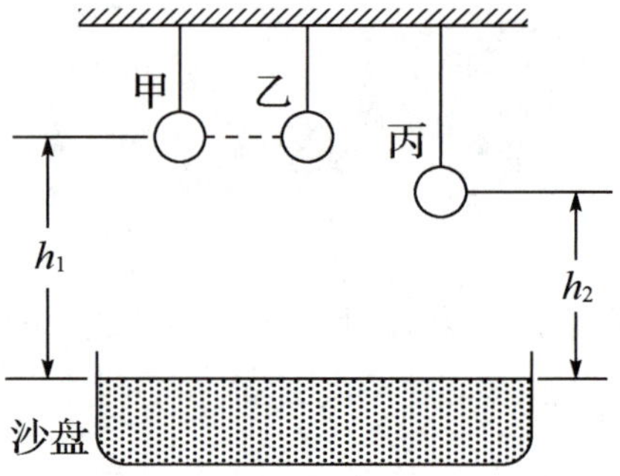

图 12-1-9

(1) 小明通过观察金属球在沙面上压出的凹痕的________来判断重力势能大小。

(2) 分析比较甲、乙两球在沙面上形成的凹痕可知：__________________________________。

(3) 分析比较________两球在沙面上形成的凹痕可知：质量相同的物体，高度越大，重力势能越大。

选做题

9. 小明将一个质量为 20 kg 的木箱从地面搬到 1 m 高的桌子上，他克服木箱的重力做了多少功？在这一过程中，木箱储存了多少重力势能？(g 取 10 N/kg)

2. 机械能的转化

教材助读·自主学习

1. **动能和势能的转化**

(1) 动能和重力势能的转化

一个被举高的物体，具有重力势能。它从高处自由下落的过程中，高度越来越小，速度越来越快，________能转化为________能。从低处向上抛出的物体的能量转化正好与此相反。

(2) 弹性势能和动能、重力势能的互相转化

如图 12-2-1 所示，被压缩的弹簧具有弹性势能，烧断拉弹簧的绳子后，弹簧恢复到原来的形状，形变程度越来越小，上面的砝码获得一定的速度，并被举得越来越高，________能转化为________能和________能。

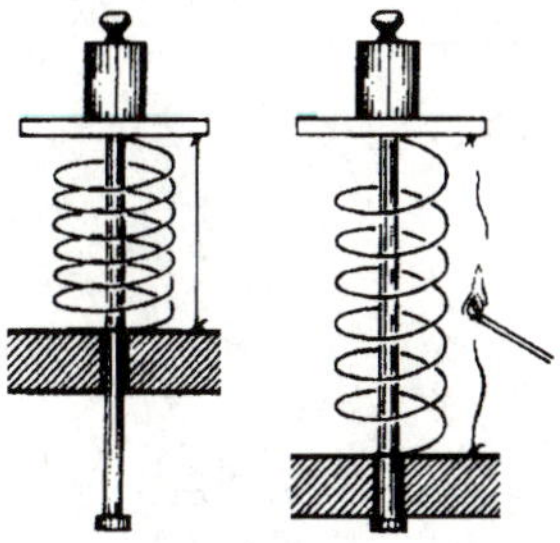

图 12-2-1

2. **机械能同其他形式能量之间的转化**

机械能是与物体的机械运动相关的能量。不仅动能和势能可以相互转化，在一定的条件下，机械能还可以与________能、________能、________能、________能、核能等进行转化。

课内探究·展示交流

一、分析动能和势能的转化

例 1 如图 12-2-2 所示是著名的麦克斯韦滚摆，它在升降的过程中，下列说法正确的是　　(　　)

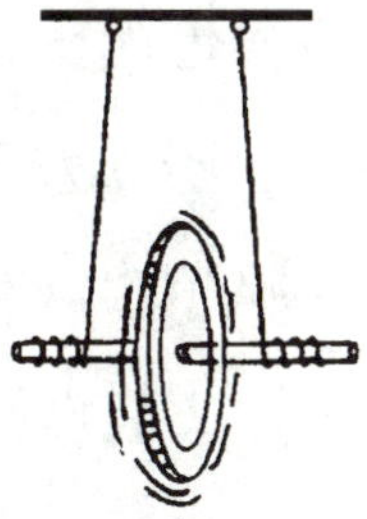

图 12-2-2

A. 上升时，滚摆机械能在增加

B. 上升时，滚摆动能转化为重力势能

C. 下降时，滚摆动能转化为重力势能

D. 上升、下降时，其他形式的能转化为机械能

【思路导析】滚摆的质量不变，其动能的大小由速度决定，重力势能的大小由高度决定。上升时，速度越来越小，动能越来越小；高度越来越大，重力势能越来越大，动能转化为重力势能。下降过程中的能量转化正好相反。

例 2 撑竿跳高的全过程可分为助跑、压竿、起跳上升、过杆下落等几个阶段，如图 12-2-3 所示。运动员在从助跑到压竿、上升、下降的过程中，机械能的转化过程是：运动员的__________→竿的__________→运动员的__________→运动员的__________。

图 12-2-3

【思路导析】在压竿的过程中，运动员的动能变小，竿的弹性势能变大；在上升的过程中，弹性势能变小，重力势能变大；在下降的过程中，重力势能变小，动能变大。

二、分析机械能与其他形式能量之间的转化

例3 太阳能汽车（图 12-2-4）能利用太阳光让汽车跑起来，在整个过程中，能量转化的正确顺序是　　（　　）

图 12-2-4

A. 光能→动能→电能

B. 光能→电能→化学能

C. 光能→电能→动能

D. 光能→化学能→电能

【思路导析】太阳能汽车上的核心部件是太阳能电池板和电动机。太阳能电池板将接受的太阳光的光能转化为电能，这些电能驱动电动机转动，即转化为动能。

课时作业·高效训练

一、选择题

1. 一个上紧发条的玩具汽车在水平地面上运动的过程中，下列说法正确的是　　（　　）

A. 动能转化为弹性势能

B. 弹性势能转化为动能

C. 重力势能转化为动能

D. 动能转化为重力势能

2. （2019·山东潍坊）无人机已被应用于诸多领域，在无人机匀速上升过程中，对其分析正确的是　　（　　）

A. 质量增加

B. 动能增加

C. 重力势能增加

D. 机械能不变

3. 某直升机悬停在空中。下列对直升机能量的分析，正确的是　　（　　）

A. 直升机具有重力势能

B. 直升机的动能不断转化为重力势能

C. 直升机的重力势能不断转化为动能

D. 直升机的机械能在不断增大

4. 如图 12-2-5 所示，足球以初速度 v 沿着凹凸不平的草地从 a 运动到 d。下列分析正确的是　　（　　）

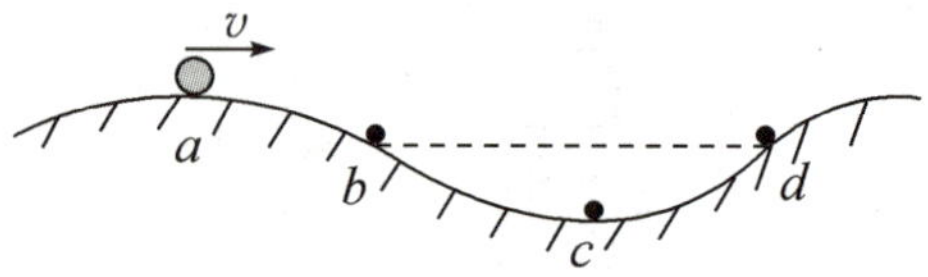

图 12-2-5

A. 在 b、d 两点动能相等

B. 在 a、d 两点机械能相等

C. 从 b 到 c 的过程中机械能减少

D. 从 c 到 d 的过程中重力势能减少

5. 小明模拟古人钻木取火，取得了成功，如图 12-2-6 所示是钻木取火的原理图。在钻木取火的过程中，能量的主要转化过程是　　（　　）

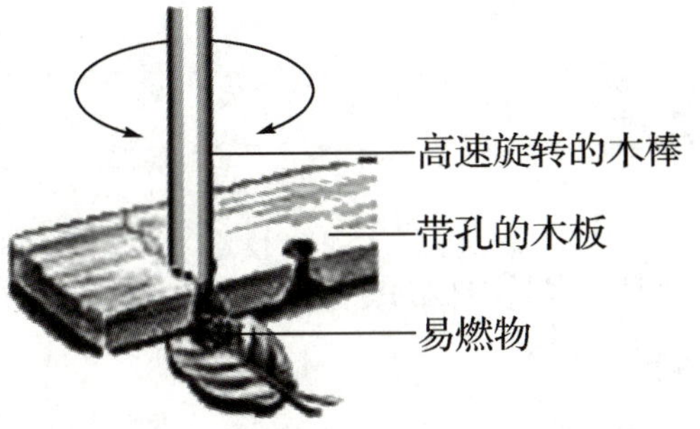

图 12-2-6

A. 内能转化为光能

B. 内能转化为机械能

C. 机械能转化为内能

D. 机械能转化为化学能

二、填空题

6. 如图 12-2-7 所示，把一个金属小球用细线悬挂起来，将小球拉到 A 点，然后放开，小球便从 A 点运动至 B 点（最低点），最后运动至 C 点。在从 A 点运动至 B 点的过程中，小球的__________能转化为__________能，在从 B 点运动至 C 点的过程中，小球的__________能转化为__________能。

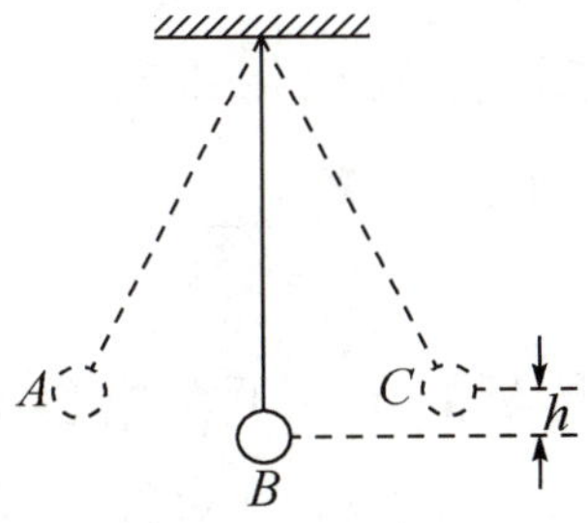

图 12-2-7

7. 如图 12-2-8 所示是小宇掷出的铅球在空中运动的轨迹示意图，从铅球出手到落地的整个过程中，铅球的动能的变化是先________，后________，重力势能的变化是先________，后________。（填“增大”“不变”或“减小”）

图 12-2-8

选做题

8. 如图 12-2-9 所示，让一个金属球从斜面上自由滚下，撞击停在平面起点处的一个木块，木块在平面上滑行一段距离后停下来。试分析在整个过程中，能量是怎样转化的。

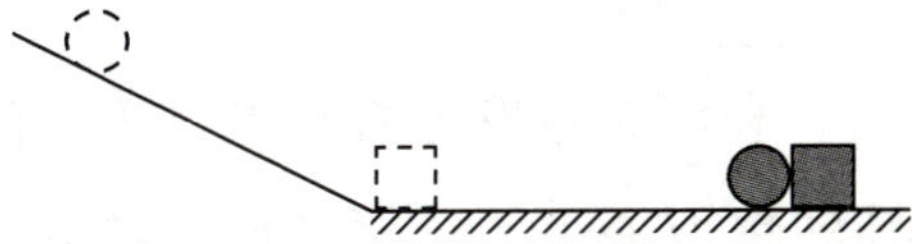

图 12-2-9

3. 水能和风能

教材助读·自主学习

1. **水能**

自然界中的瀑布、湍流、急速的河水和海浪都具有能量。我国较大的河流有________多条，水能蕴藏量约________kW，居世界第一位，大部分集中在我国________部。

利用水轮发电机，可以将水的________能转化为________能，再用输电线送到用电地区。

2. **风能**

风能的利用有两种方式：一是直接用来对物体做功；二是利用风力来发电。

风力的好处是：①利用起来比较________；②不会________________。缺陷是：①________；②不便于________。

课内探究·展示交流

一、水能及其利用

例1 如图12-3-1所示是水力发电的原理图，下列有关说法正确的是 （　　）

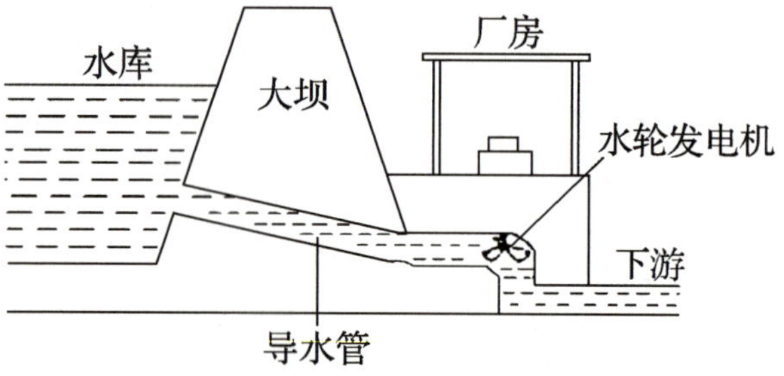

图12-3-1

A. 水库中水的重力势能的多少只与水位有关

B. 水库中水的重力势能的多少只与水的储量有关

C. 水在冲击水轮发电机的过程中，机械能在增大

D. 水轮发电机在转动的过程中，机械能转化为电能

【思路导析】水力发电的过程是水的机械能通过水轮发电机转化为电能的过程。水库里高水位的水储存有较大的重力势能，重力势能的多少与储水量和水位两个因素有关。这些水通过导水管后，动能增大，但机械能的总量不会增大。动能较大的水冲击水轮发电机转动，最终转化为电能。

例2 在昆明世博园内，经园林专家的精心装点，到处都是繁花似锦的亮丽风景。世博园中的古老水车和高压喷水组成了一处气势宏伟、独具特色的景观。如若高压喷水的落差为20 m，每分钟有120 t水落下且水的能量有20%用来带动古老水车抽水，古老水车的功率是________W。（g取10 N/kg）

【思路导析】水在下落过程中一部分重力势能转化为抽水机的动能，每分钟重力做功可由$W=mgh$求出，其中20%转化为古老水车的动能，$E_k=W\times20\%$，则古老水车的功率$P=\frac{E_k}{t}$。

二、风能及其利用

例3 新疆的达坂城号称“百里风区”，当地民谣说：“达坂城，老风口，大风小风天天有，小风刮歪树，大风飞石头。”这首民谣通俗地表达了风具有__________能。如图 12-3-2 所示是达坂城的风车田，利用风车可以将风的__________能转化为__________能。

图 12-3-2

【思路导析】风是由空气流动形成的，与其他物体一样，运动的空气也具有动能。风吹动风车转动，带动发电机转动，将机械能转化为电能。

课时作业·高效训练

一、选择题

1. 下列关于水能利用的说法正确的是（　　）

A. 在水轮发电机发明之前，人们没有利用水能

B. 只有流动的水才具有水能，静止的水则没有

C. 水力发电对环境几乎不产生污染

D. 我国煤炭储量较大，有利于发展火力发电，不需要发展水力发电

2. 如图 12-3-3 所示是我国古代的一种利用水能的机械——卧式水磨，在轮的立轴上安装磨的上扇，流水冲击水轮带动磨转动。这种水磨在工作过程中能量的转化规律是（　　）

A. 水的动能全部转化为磨的动能

B. 水的动能中的一部分转化为磨的动能

C. 水的动能转化为磨的重力势能

D. 水的动能转化为磨的弹性势能

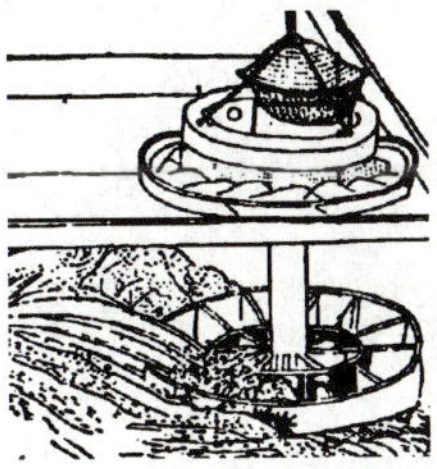

图 12-3-3

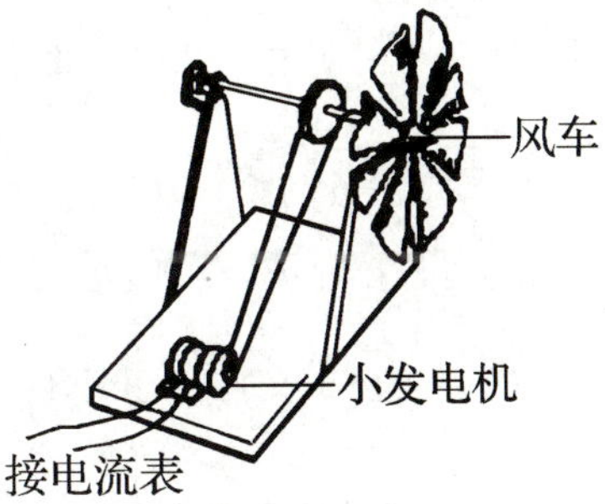

图 12-3-4

3. 如图 12-3-4 所示是一个风力发电站的模型，仔细观察其结构，下列相关说法中正确的是（　　）

A. 风力很小时，发电机内也会产生电能

B. 发电机产生的电流的大小与风车的转速无关

C. 发电站工作时，将机械能转化为电能

D. 发电站工作时，将电能转化为机械能

二、填空题

4. 流动的空气形成了风，风具有一定的能量，称为风能。风力发电利用自然界的风，通过风力发电系统来为人类提供电能。风力发电机中的叶片在风力的推动下转动，并带动机头发电机发电。风力发电机是将________能转化为________能的设备。

5. 建水电站时要让水轮机产生出较大的功率，在流量一定的条件下，需要水流有较大的流速，因此就要在河中选择合适的地方修建水坝，这是利用了将________能转化为________能的道理。

6. 帆船是一种直接利用风来驱动的船，它的本质是将空气的________能转移到________上，从而推动船前进。

三、实验与探究

7. 为了探究风车的输出功率与风速的关系，小明设计了如图 12-3-5 所示的实验装置，利用电风扇（从 1 挡到 3 挡，风力逐渐增大）产生的风来吹动风轮转动，利用缠绕在风轮转轴上的线来提升砝码。实验的记录如下表。

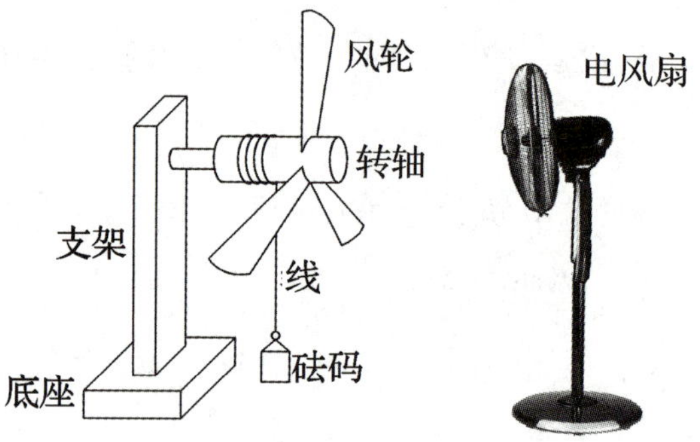

图 12-3-5

电风扇挡位	砝码的质量/g	提升砝码到转轴的时间/s
1	50	15
2	50	13
3	50	10

请回答：

(1) 这个实验是通过测量____________来比较风车输出功率的大小，在实验过程中，小明应保证电风扇到风轮的________不变。

(2) 分析实验数据可知，风力越大，风车的输出功率越________。

(3) 除了风速这一因素之外，风车的输出功率还可能与____________（填一项即可）有关。

选做题

8. 如图 12-3-6 所示是一种喷嘴水轮机，从喷嘴中喷出的水柱冲击水轮上的水斗时，水轮就可以旋转。水轮转速可能与哪些因素有关呢？请你提出 2 个猜想。

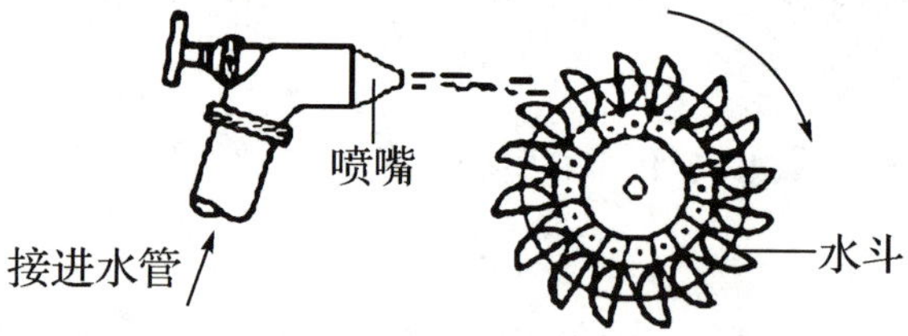

图 12-3-6

(1) 猜想 1：可能与____________有关；

(2) 猜想 2：可能与____________有关。

微课堂讲解（十二）

探究决定动能和势能大小的因素

微型讲解

在探究过程中用到的主要探究方法是控制变量法，为比较动能或势能的大小，通常还用到了转换法。

【例】在探究“物体动能的大小与哪些因素有关”的实验中，小丽同学设计了如图微 12-1 所示的甲、乙、丙三次实验。让铁球从同一斜面上某处由静止开始向下运动，然后与放在水平面上的纸盒相碰，铁球与纸盒在水平面上共同移动一段距离后静止。

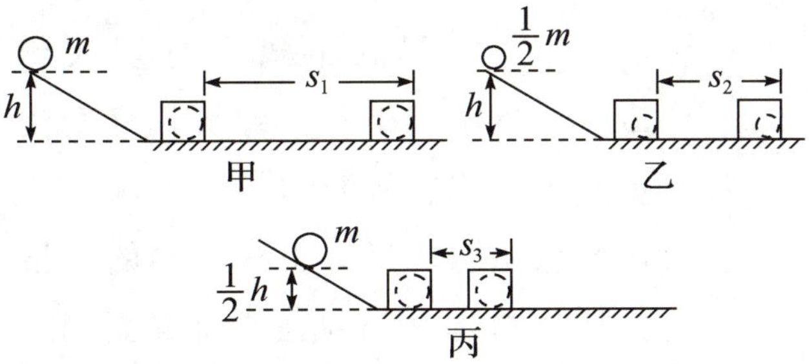

图微 12-1

（1）要探究动能大小与物体质量的关系应选用________两图；实验中应保证____________相同，为了达到这一目的所采取的具体操作方法是________________________。

（2）选用甲、丙两次实验可以得出的结论是________________________。

（3）该实验是通过观察____________来比较铁球动能的大小，从而得出结论的。

（4）若水平面绝对光滑，铁球将做__________运动。

【思路导析】本题主要的探究方法是控制变量法，探究动能与质量的关系时，要保证铁球的速度不变，而控制速度的方法就是：让铁球从斜面上相同的高度由静止下滑，就具有相同的速度；从不同的高度下滑，就具有不同的速度。动能的大小是通过做功来反映的，纸盒被推动的距离越大，表明铁球做的功就越多，动能就越大。

针对练习

1. 如图微 12-2 所示，用装有细沙的容器、三脚小桌和质量不同的木块做“探究重力势能大小与哪些因素有关”的实验。①该实验是通过观察比较________来间接判断物体重力势能大小的。②实验中采用质量不同的木块，是为了探究物体重力势能大小与物体________的关系，操作时应该让木块从________（填“相同”或“不同”）的高度自由下落。③若要探究物体重力势能大小与物体高度的关系，请简要说明具体做法________________________。

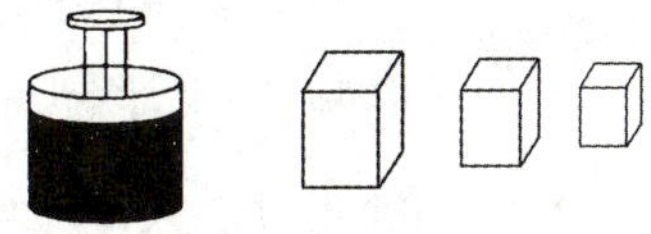
图微 12-2

2. 利用如图微 12-3 所示的装置探究“物体动能大小与哪些因素有关”，将小球 A、B 分别拉到与竖直方向成一定角度 θ 的位置，然后都由静止释放，当小球摆动到竖直位置时，将与静止在水平面上的木块 C 发生碰撞，木块都会在水平面上滑行一定距离后停止。图中的摆长 L 都相同，$\theta_1<\theta_2$，球 A、B 的质量分别为 m_A、m_B（$m_A<m_B$）。

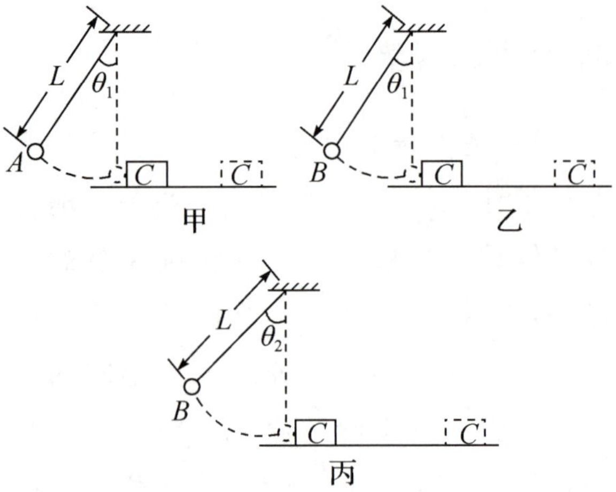

图微 12-3

（1）如图甲、乙所示，同时释放 A、B，观察到它们并排摆动且始终相对静止，同时到达竖直位置。这表明两小球在摆动过程中的任一时刻的速度大小与小球的________无关。

（2）如图甲、乙所示，观察到 B 球能将木块 C 撞得更远，由此可得出结论：________________________。

（3）图乙中小球 B 到达竖直位置时的速度________（填“大于”“小于”或“等于”）图丙中小球 B 到达竖直位置时的速度，如图乙、丙所示，图丙中木块 C 滑行得更远些，由此可得出结论：____。

3. 李明等几位同学准备探究“弹簧弹性势能的大小与什么因素有关”。同学们猜想弹簧弹性势能可能与弹簧长度变化量和弹簧粗细有关，他们设计的实验装置如图微 12-4 所示，弹簧左端固定在墙上，水平面 A 点左侧光滑，右侧粗糙，物体 P 压缩弹簧到 B 点后从静止释放，运动到 C 点弹簧恢复到原长时物体 P 与弹簧脱离，物体 P 运动到 D 点停止。请补充完成他们的探究过程。

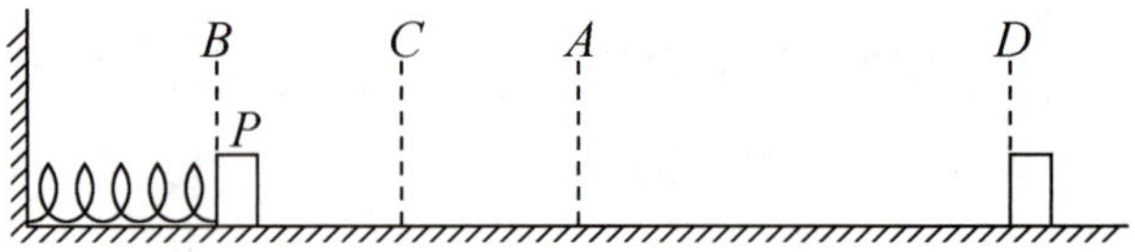

图微 12-4

（1）对同一根弹簧，物体 P 压缩弹簧至 B 点，从静止释放，运动到 D 点。测量________之间的距离和________之间的距离，并改变________之间的距离进行多次测量，分析数据得到：弹簧长度变化量越大，弹性势能越大。

（2）对原长相同、只有粗细不同的两根弹簧，物体 P 分别压缩弹簧至同一位置 B 点，从静止释放，运动到 D 点。分别测量________之间的距离，改变压缩量，重复实验，分析数据得到：弹性势能与弹簧粗细有关。

本章小结

考点题型探究

考点 1 机械能及其转化

1. (2021·山东济宁)蹦蹦杆备受青少年喜爱。某人依靠自身的重力挤压蹦蹦杆下端的弹簧时，原有的重力势能就以________的形式储存在弹簧中。

2. (2021·山东泰安)在蹦床比赛中，运动员从高处落到蹦床上又被弹起，该过程中有关机械能及其转化的说法正确的是 ( )

A. 运动员上升到最高点时重力势能为零

B. 运动员下降过程中机械能增大

C. 运动员从高处下落到蹦床前，重力势能转化为动能

D. 运动员弹离蹦床后，上升的过程中，弹性势能转化为动能

3. 2022年北京冬奥会单板滑雪男子大跳台决赛，17岁中国小将苏翊鸣摘得金牌，成为冬奥历史上该项目最年轻的金牌获得者。比赛场地简化如图12-1所示，AC 为助滑道，B 为 AC 的最低点。运动员某次从 A 点由静止开始下滑到达 B 点的过程中(不考虑一切阻力)，重力势能转化为________能，机械能________(填“增大”“减小”或“不变”)。

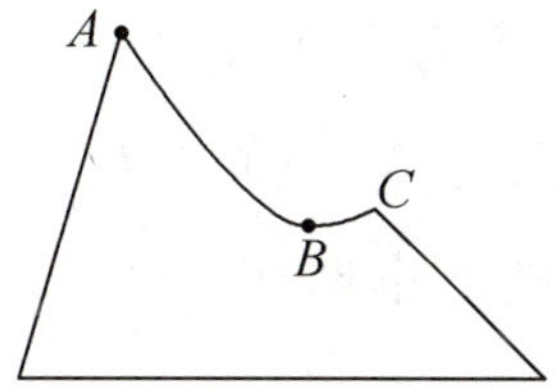

图 12-1

4. 如图12-2 (a) 所示，小球从高处下落到竖直放置的轻质弹簧上并压缩弹簧。从小球刚接触弹簧到将弹簧压缩到最短的过程中，得到小球的速度 v 和弹簧被压缩的长度 ΔL 之间的关系如图 (b) 所示，其中 b 为曲线最高点，不计空气阻力，弹簧在整个过程中始终发生弹性形变，则小球 ( )

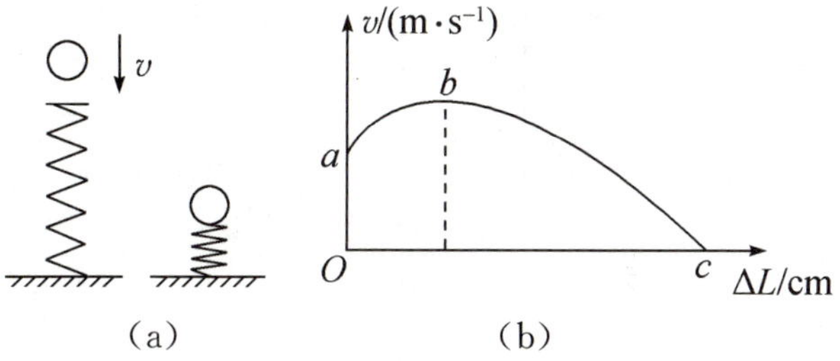

图 12-2

A. 受到的弹力始终不变

B. 运动过程中动能一直增大

C. 运动过程中机械能不变

D. 在 b 点时重力等于弹力

考点 2 探究机械能的大小与哪些因素有关

5. 小球在没有空气阻力的情况下，沿无摩擦轨道运动。

(1) 如图12-3 (a) 所示，小球从 A 点由静止释放，达到 C 点时速度是否为零？________

（2）将轨道 BC 段改为水平，如图（b）所示，小球仍然从 A 点释放，小球经过 M 点时的机械能________（填“大于”“小于”或“等于”）其在 A 点时的机械能。以小球经过 M 点为计时起点，在图（c）中大致画出小球在 MN 段运动的速度—时间图线。

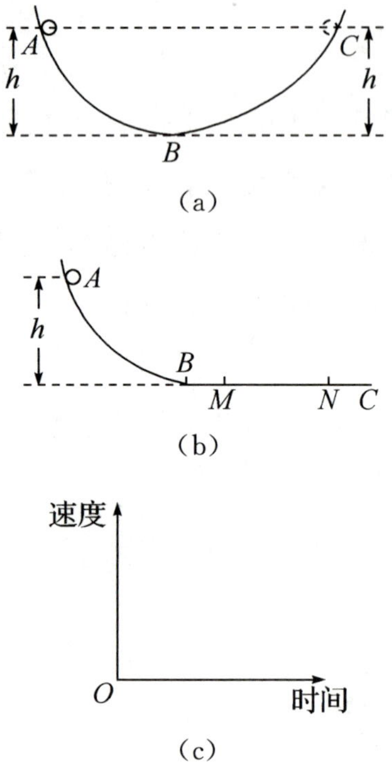

图 12-3

最新考情分析

命题规律

纵观近几年全国各地中考试题，本章内容在中考中的命题特点如下：

1. 从题型来看，主要包括选择题、填空题、实验与探究题等。

2. 从命题角度来看，常以生活、生产、工程技术、体育运动中与机械能，包括水能和风能密切相关的情景为背景命题。

3. 从考查内容来看，主要包括：（1）动能、重力势能、弹性势能大小的比较；（2）动能、重力势能、弹性势能之间的转化情况分析；（3）判断机械能的大小及其转化；（4）探究动能或势能的大小与哪些因素有关。

4. 从考查能力来看，主要考查同学们对概念的理解能力、实验探究能力、归纳概括能力、知识的迁移应用能力等。